KB069541

기독교 상담의
이해와 원리

Understandings and
Principles of
Christian Counseling

| 김용태 저 |

학지사

| 머리말 |

'기독교 상담이 무엇인가?'라는 주제는 참으로 무겁고 어려운 과제이다. 기독교 상담에 대한 고민은 결국 상담의 본질에 대한 고민과 맞닿아 있다. '사람의 마음이 무엇인가?'에 대해서 시작된 고민은 이제 상담이 무엇인지 그리고 기독교 상담이 무엇인지에 대한 주제로까지 확장된 상태이다. 『기독교 상담의 이해와 원리』는 이러한 고민들을 정리한 책이다. 그동안 기독교 상담이나 상담의 본질에 대해서 학회 또는 기타 여러 강연회에서 조금씩 언급해 오고 있었다. 그리고 이러한 내용은 때로 책이나 논문 등에서 단편적으로 다루어 왔다. 이러한 단편적인 내용을 한 자리에 모아서 이 책에 기록하였다.

이 책은 제목이 시사하듯이 기독교 상담에 대한 두 가지 측면을 다루고 있다. 첫 번째는 기독교 상담에 대한 이해이다. 상담에 대한 이해는 점차 높아지고 있지만 아직 기독교 상담에 대한 이해는 미미한 형편이다. '상담' 앞에 붙는 많은 수식어들이 있다. 이러한 수식어들은 상담의 영역들을 대변하고 있다. 가족 상담은 가족을 중심으로 하는 상담이고, 개인 상담은 개인을 중심으로 하는 상담이다. 마찬가지로 기독교 상담이란 기독교를 중심으로 이루어지는 상담이다. 기독교 상담에 대한 이해는 기독교와 상담이라는 두 가지 개념을 이해함으로써 이루어진다. 기독교를 이해하기 위해서는 신학, 성경, 영성과 같은 여러 가지 개념을 필요로 한다. 그만큼 기독교 상담에 대한 이해는 일반적인 상담에 대한 이해보다는 어렵고 복잡하다.

두 번째는 기독교 상담의 원리이다. 앞에서 언급한 신학, 성경, 영성과 같은 개념을 바탕으로 기독교 상담의 내용이 결정된다. 필자는 그동안 기독교 상담의 학문적 구조를 담은 『통합의 관점에서 본 기독교 상담학』을 2006년에 출판하였다. 이 책에서 필자는 기독교 상담학을 상담과 기독교의 통합적 관점에서 구조적으로 다루었다. 이러한 구조를 내용적으로 담은 책이 『기독교 상담의 이해와 원리』이다. 이 책에서는 기독교 상담의 내용을 여섯 가지 원리로 담고 있다. 성경을 통해서 추출된 여섯 가지 원리가 상담과 어떤 관련이 있는지 다루고 있다. 또한 상담의 스펙트럼에 대해서도 네 가지 영역으로 나누어서 소개하고 있다.

이 책은 기독교 상담을 가르치는 학교뿐만 아니라 다른 여러 기관에서 교재로 사용할 수 있다. 우선 기독교 상담에 대한 전반적 이해를 다루면서 상담에 대한 이해도 다루고 있다. 그렇기 때문에 일반 상담을 가르치는 학교에서도 이 책을 참고하면 도움이 될 것이다. 필자는 이 책이 많은 상담학도와 기독교 상담학도들이 상담에 대한 더 진지한 고민을 하는 데 도움이 되기를 바란다.

이 책을 출판하기 위해서 도움을 준 많은 이들이 있다. 먼저 하나님께 감사를 드리면서 영광을 돌린다. 생각이 번잡하고 어디로 가야 할지 모르는 많은 순간에 하나님은 지혜로 나에게 응답을 주셨다. 하나님이 주신 지혜를 내 것인 양 사용하는 자기애적 태도를 가지고 있는 나를 보면서 좀 더 겸손한 마음을 가져야 함을 느낀다. 이 책이 나오기까지 횃불트리니티 신학대학원대학교 기독교상담학과 박사과정 학생들이 수고를 많이 했다. 김은영 선생님을 중심으로 이소영, 김승희, 안윤경, 유은영, 장은영, 성희연 선생님이 한 자 한 자 읽으면서 토론하고 교정을 하였다. 그리고 학지사 김진환 사장님과 편집부원들에게도 깊은 감사를 드린다. 이런 많은 분들의 도움이 없이는 이 책이 빛을 보기 어려웠다. 감사하다.

2018년 1월
저자 김용태

| 차례 |

제2부 기독교 상담의 원리

제1부
상담의 정의와 기독교 상담

UNDERSTANDINGS AND
PRINCIPLES OF
CHRISTIAN COUNSELING

제1장
기독교 상담에 대한 오해

1. 기독교 상담은 기독교인이 하는 상담활동이다

1) 상담의 정의에 대한 논의

상담이 무엇인가에 대해서 나름대로 여러 가지 방식으로 정의를 내릴 수 있다. 상담에 대한 전문적 지식이 부족하거나 없는 경우 상담에 대해서는 초보적이고 기초적 수준의 정의를 내릴 수밖에 없다. 해당 분야의 전문가가 하는 일의 내용을 잘 이해하지 못하는 경우에는 그 전문가를 보고 상담이 무엇인지를 짐작하게 된다. 이러한 짐작 중 하나가 상담은 상담자가 하는 활동이고 기독교 상담은 기독교인이 하는 상담이라는 방식의 생각이다. 이 생각은 언뜻 보면 상담의 정의를 내리는 데 괜찮은 아이디어처럼 보인다. "상담은 상담자의 활동이다."라는 문장에서 상담자의 전문적 활동이라는 내용적 측면이 담보된다면 이는 상담의 본질에 대한 정의에 가까워진다. 그러나 상담자의 활동이 상담의 전문적 활동이 아닌 다른 것을 의미한다면 이는 상담의 본질에서 멀어진다. 마찬가지로 "기독교 상담은 기독교인이 하는 활동이다."라는 명제 속에 기독교인의 전문적 상담활동이 가정된다면 기독교 상담의 본질에 가까워진다.

"상담은 상담자의 활동이다."라는 명제를 다시 들여다보자. 이 명제가 상담자의 활동이 전문적 영역이 아닌 다른 영역이라고 하면, "상담자가 내담자와 수다처럼 대화한다면 이를 상담으로 볼 것인가?"라는 주제가 발생한다. 상담자의 활동이 상담 이외의 외적 활동을 지칭한다면 상담자의 활동으로 상담을 정의하기는 어렵다. 마찬가지로 기독교인 상담을 하는 경우에도 내담자에게 상담 대신 전도를 한다면 상담의 본질이라고 하기 어렵다. 물론 전도를 상담의 일환 또는 상담의 방식으로 정의하는 경우는 다르다.

그렇다면 왜 이런 오류가 발생하는 것일까? 상담자의 본질적 활동보다는 상담자의 일반적 활동으로 정의를 하려고 하기 때문에 이러한 오류가 발생한다. 기독교 상담에 대한 오해도 바로 이러한 본질적 정의보다는 기독교 상담을 기독교인이라는 일반적 측면으로 정의를 하려고 하기 때문에 발생한다. 상담자의 활동을 내담자를 돕는 본질적 측면으로 접근하는 내용적 측면의 정의가 필요한 것과 마찬가지로 기독교 상담의 정의도 내담자를 기독교적으로 돕는 본질적 측면으로 접근할 필요가 있다.

2) 인간과 지위 또는 위치

기독교 상담을 '기독교인이 하는 상담'이라고 정의를 하는 사람들은 사람이 가지고 있는 지위나 위치를 통해서 상담을 정의하려고 한다. 이는 마치 부동산 업자가 하는 부동산 상담, 목회자가 하는 신앙 상담, 법률가에 의한 상담인 법률 상담 등을 모두 상담이라고 보는 방식이다. 이렇게 사람이 가진 지위를 통해서 상담을 정의하려고 하면 그들이 어떤 종류의 활동을 하고 있는지에 대한 내용을 검토하지 않게 된다. 이들이 하는 상담활동이 과연 상담의 본질을 반영하는 상담인지 아니면 자신들 나름대로 하는 상담인지를 검토할 수 있는 내용적 측면을 간과한 상태에서 상담을 정의하게 되는 것이다.

구체적으로 예를 들어, 목회자가 우울증이 있는 성도를 상담한다고 생각해 보자. 목회자는 신앙적 관점을 가지고 성도에게 권면하게 된다. 목회자는 성도에게 "성령 충만하세요. 그리고 기도를 많이 하세요. 예수가 모든 것을 치유해 줍니다."라고 말하고 상담을 종결했다. 이런 경우에 목회자가 성도에게 한 말이 아주 쓸모가 없거나 불필요하다고 치부하기는 어렵다. 물론 어떤 성도들은 목회자의 이 말을 듣고 더 열심히 기도를 하고 성령 충만해져서 자신의 우울증을 해결할 수도 있을 것이다. 그러나 일반적으로 볼 때 목회자의 이런 말은 우울증이 있는 사람들을 더 우울하게 만들 수도 있다. 목회자는 우울증의 특성이나 우울증을 다루는 과정에 대한 이해가 전혀 없는 상태에서 이런 말을 했기 때문에 우연히 좋아지게 할 수는 있지만 이러한 말을 상담의 원리로 받아들이기는 어럽다.

법률 상담 같은 경우에도 마찬가지로 생각해 볼 수 있다. 변호사에 의한 법률적 지식을 안내 받은 사람은 자신의 심리적 문제가 어느 정도 해결될 수는 있다. 특히 법률적 지식이 모자라서 이로 인해 마음의 문제가 발생한 경우에는 도움이 될 수도 있다. 그러나 변호사는 그 직업 자체가 법률을 다루는 사람이지 사람의 마음을 다루는 사람이 아니다. 그렇기 때문에 법률 상담은 법률적 지식을 제공하는 상담의 가장 기초적 형태 중 하나일 뿐이지 상담의 원리를 이해하고 이를 반영하는 상담이라고 하기는 어렵다.

사람이 가진 위치나 지위 또는 직책을 통해서 정의된 상담은 상담의 가장 초보적 수준인 정보 제공의 성격을 갖는다. 이런 경우 상담은 정보 상담(김용태, 2006: 63) 또는 조언 상담의 특성을 갖는데, 이는 정보를 가진 사람이 정보가 부족한 사람에게 자신의 지식 또는 정보를 제공하는 방식의 상담이다. 정보를 제공하는 사람은 해당 분야의 전문지식을 가지고 있는 사람일 수 있다. 그러나 그렇지 않은 사람들도 많은 경우에 정보를 제공하면서 상대방에게 상담을 하게 된다. 이러한 상담은 상담의 이해와 원리에서 보면 치명적인 약점을 가지고 있다. 정보를 제공하는 사람은 정보가 어떻게 활용되고, 정보를 통해서 그 사람이 어떻게 되는지에 대한 이해가 없고, 정보를 받는 사람이 어떤 사람인지에 대한 이해가 없는 상태에서 정보를 제공하게 된다. 그렇기 때문에 정보 상담 또는 조언 상담은 상담의 이해와 원리 차원에서 보면 가장 낮은 수준의 상담이라고 할 수 있다.

이제 기독교 상담에 대한 오해 중 하나인 기독교인이 하는 상담의 주제로 돌아가 보자. 기독교인이 하는 상담의 정의에서 기독교인이라는 사람이 가진 위치를 통해서 상담을 정의하게 되면 앞에서 언급한 문제를 가질 수 있다. 마치 목회자가 우울증 성도에게 "성령 충만하세요. 그리고 기도하면 좋아질 것입니다."라고 말하는 것처럼 기독교인도 우울한 사람에게 동일한 접근을 할 수 있다. 기독교인도 성경의 구절 중 하나를 소개한다든지 자신의 경험을 소개해 준다든지 등과 같은 방식으로 성경적 지식을 제공하거나 자신의 경험적 지식을 제공하는 방식의 정보 상담 또는 조언 상담을 하게 된다. 여전히 다른 직업의 사람들처럼 내담자에 대한 이해가 없거나 부족한 상태에서 이런 정보나 지식을 제공하게 된다.

상담을 정의하는 데 중요한 세 가지 요인은 상담자, 내담자 그리고 상호작용이다. 사람의 지위나 직책을 통해서 상담을 정의하는 경우는 상담자 중심의 상담 정의이다. 이러한 상담자 중심의 상담 정의는 내담자에 대한 이해와 상담자와 내담자의 상호작용에 대한 부분을 간과할 수밖에 없게 된다. 그러나 상담자 중심의 상담 정의를 한다 하더라도 상담의 본질의 관점에서 정의를 하게 된다면 내담자와 상호작용이 모두 고려된 상담 정의를 할 수 있다. 이러한 상담의 본질적인 측면보다 사람이 가진 지위나 직책을 통한 상담자 중심의 상담 정의는 내담자와 상호작용에 대한 이해를 반영하기 어렵다. 결국 상담자의 활동으로만 상담을 정의하려는 방식은 환원주의 오류를 범하게 된다.

3) 환원주의 오류

(1) 두 종류의 오류

환원주의 오류에는 수준적 관점과 차원적 관점의 두 가지 종류가 있다. 수준적 관점의 환원주의 오류는 높은 수준을 낮은 수준으로 보려고 하거나 낮은 수준을 높은 수준으로 보려는 시도로 인해 발생한다. 예를 들어, '사랑은 성적 흥분이다.'라는 주장은 높은 수준을 낮은 수준으로 보려는 환원주의이다. 사랑에는 생리적 측면, 심리적 측면, 영적 측면과 같은 다양한 요인이 있다. 그러나 사랑을 성적 흥분이라고 주장하면 사랑의 심리적 측면인 애틋함, 간절함, 따듯함과 같은 열정, 영적인 측면인 희생, 섬김, 돕는 기쁨과 같은 순수함을 놓치게 된다. 마찬가지로 사랑을 희생이라고만 하면 사랑의 심리적이고 생리적인 측면을 놓치게 된다.

차원적 관점의 환원주의 오류는 큰 차원을 낮은 차원으로 보려고 하거나 낮은 차원을 높은 차원으로 보려는 시도로 인해 발생한다. 예를 들어, '인간은 동물이다.'라는 주장은 높은 차원을 낮은 차원으로 보려는 환원주의라고 할 수 있다. 동물과 인간은 차원이 다른 존재이다. 동물성만 가진 동물에 비해 인간은 동물성과 신성을 모두 가진 존재이다. 인간과 동물의 차원적 차이는 수학적으로 일차원과 이차원의 차이로 설명할 수 있다. 일차원은 앞과 뒤라는 방향만 있고 이차원은 앞뒤의 방향과 옆이라는 평면이 있다. 이차원은 일차원의 요소인 방향을 가지고 있으면서 일차원에는 없는 옆이라는 평면을 가진다. 따라서 이차원은 일차원보다 더 큰 차원이다. 인간은 동물이라는 주장은 이차원적 존재를 일차원적으로 이해하려는 시도이다. 따라서 인간을 동물이라고 주장하면 인간에게서 신성을 배제하게 되어 인간의 이해에 대한 환원주의 오류를 범하게 된다. 인간을 광물인 물질로 이해하려는 시도나 인간을 분자나 원자적 요소로 이해하려는 시도들은 모두 이처럼 환원주의 오류를 범하는 것이다. 거꾸로 낮은 차원을 높은 차원으로 이해하려는 시도도 같은 오류를 범하게 된다. '모든 생명체에는 영혼이 있다.'라는 주장이 바로 낮은 차원을 높은 차원으로 이해하려는 오류를 범한 예이다. 생명체 중에는 영혼이 없는 생명체들이 많이 있다. 생존 본능에 의해서만 존재하는 생명체들에게 영혼이 있다고 말하기는 어렵다. 그럼에도 불구하고 생존 본능에 의해서만 이끌리는 존재에게 영혼이 있다고 말하면 낮은 차원의 존재를 높은 차원의 존재로 오해하게 된다. 다시 말하면 일차원을 이차원이라고 말하는 오류와 같은 현상이다.

(2) 상담활동과 범주 오류

상담활동에는 많은 수준들이 있다. 가장 낮은 수준의 상담활동은 자신이 알고 있는 지식을 단순히 상대방에게 전달하는 방식의 상담이다. 이러한 낮은 수준의 활동인 정보 제공 또는 조언을 상담이라고 정의하면 상담활동의 다른 여러 가지 활동들이 모두 정보 제공으로 환원된다. 상담활동에는 공감, 반영, 요약, 탐색, 질문, 도전, 견딤, 나눔, 대속 등과 같은 많은 요소가 있다. 이러한 요소들을 단지 정보 제공이라는 활동으로만 환원시킬 수 없다. 이런 면에서 사람이 가지고 있는 지위나 직책을 통해서 상담을 정의하려고 하면 환원주의 오류가 발생한다.

이러한 환원주의 오류는 결국 범주에 대한 인식의 부족으로 인해 발생한다. 공감, 요약, 탐색을 하면서도 정보 제공 활동은 일어난다. 예를 들어, 내담자가 자신의 마음이 힘들다고 상담자에게 호소하고 있다고 하자. 이런 경우에 상담자는 내담자의 마음에 공감하면서 탐색하게 된다. 탐색을 하면서 상담자는 경우의 수를 제공하는 활동을 한다. 상담자가 내담자에게 "힘들다는 말이 우울하다는 건가요? 아니면 화가 난다는 뜻인가요?"라고 말하면서 탐색하고 있다면 이는 상담자가 정보를 제공하면서 내담자의 마음을 탐색하는 것이다. 상담자는 탐색 활동을 하면서 정보 제공을 할 수도 있고 하지 않을 수도 있다. 정보 제공이 기초적으로 이루어지면서 동시에 질문을 통해서 내담자의 마음을 확인하는 활동이 탐색이다. 탐색 활동 속에는 정보 제공도 포함된다. 바꾸어 말하면 탐색 활동은 정보 제공 활동보다 더 큰 활동이면서 고급의 상담활동이다. 이러한 탐색을 모두 정보 제공이라고 정의하면 더 큰 활동을 더 작은 활동 속에 집어넣는 범주 오류를 범하게 된다.

범주 오류란 큰 범주를 더 작은 범주 속에 넣는 행위를 말한다. 예를 들어, 목회자, 그리스도인, 인간이라는 범주가 있다고 하자. 목회자들 중에는 모든 인간적 요소들을 목회자 범주 속에 넣으려는 범주 오류를 범하는 사람들이 있다. "나는 목회자인데 어떻게 사람들을 미워할 수 있지?"라는 말 속에는 목회자 속에 인간을 집어넣으려는 범주 오류가 있다. 이런 방식으로 사고하는 목회자들은 목회자를 가장 큰 범주로 놓고 그 속에 그리스도인과 인간을 집어넣으려고 한 것이다. 이를 그림으로 표현하면 다음과 같다.

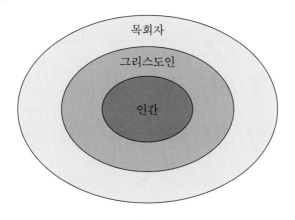

[그림 1-1] 범주 오류의 예

그러나 성경의 진리는 다르다. 특히 사도 바울도 자신의 인간적 요소를 고백하고 있다. "그러므로 내가 한 법을 깨달았노니 곧 선을 행하기 원하는 나에게 악이 함께 있는 것이라. 내 속 사람으로는 하나님의 법을 즐거워하되 내 지체 속에서 한 다른 법이 내 마음의 법과 싸워 내 지체 속에 있는 죄의 법으로 나를 사로잡는 것을 보는도다. 오호라 나는 곤고한 사람이로다."(로마서 7:21-24)라는 사도 바울의 고백은 자신이 인간임을 충분히 인정하고 있다. 사도 바울은 비록 목회자였지만 자신의 인간적 요소를 인정하면서 이를 성경에 기록까지 하고 있다. 마찬가지로 성경에서는 "의인은 없나니 하나도 없으며"(개역개정, 로마서 3:10)라고 말을 하고 있다. 모든 인간은 죄인이기 때문에 그리스도인이 되든 목회자가 되든 모두 죄성을 가진 사람이라는 뜻이다. 성경의 진리는 명백하다. 죄인인 인간이 하나님을 믿어서 그리스도인이 된다. 그리고 그 그리

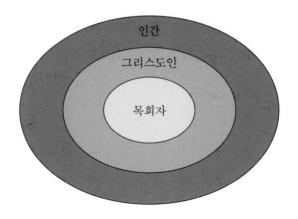

[그림 1-2] 제대로 된 범주의 예

스도인들 중에 하나님의 부름을 받아서 목회자가 된다. 즉, 목회자는 인간이라는 큰 범주에 들어가는 작은 범주이다. 이를 그림으로 표현하면 [그림 1-2]와 같다.

　상담자의 활동만으로 상담을 정의하려는 방식은 높은 차원을 낮은 차원으로 환원시키거나 큰 범주를 작은 범주에 집어넣는 범주 오류의 환원주의를 범하는 것이다. 상담의 정의에 빠질 수 없는 세 가지 요소인 상담자, 내담자, 그리고 이들의 상호작용 중 하나의 요소로만 상담을 정의하려는 방식이 상담자만으로 상담을 이해하려는 상담 정의이다. 이러한 방식으로 상담을 정의하면 낮은 수준으로 높은 수준을 환원하거나 작은 범주로 큰 범주를 환원하는 오류를 범하게 된다. 따라서 기독교 상담은 기독교인이 하는 상담활동이라는 정의는 범주를 잘못 이해한 결과라고 할 수 있다.

2. 기독교 상담은 기독교인만 대상으로 하는 상담 활동이다

1) 내담자에 의한 상담의 정의

대상을 통해서 상담이 무엇인지를 정의하려는 노력은 상담활동을 대상에 국한시키려는 부분적 정의이다. 앞에서도 이미 언급한 바와 같이 상담활동의 가장 중요한 요소는 상담자, 내담자, 그리고 이들의 상호작용이다. '기독교인이 하는 상담활동이 기독교 상담'이라는 정의가 상담자 중심의 정의라면, '기독교인을 대상으로 하는 상담활동이 기독교 상담'이라는 정의는 내담자 중심의 정의로, 마찬가지로 상담의 요소 중에서 하나의 부분만을 가지고 상담을 정의하는 경우이다. 물론 상담을 상담자 중심, 내담자 중심 그리고 상호작용 중심으로 정의할 수는 있다. 그러나 내담자만, 상담자만, 그리고 상호작용만 있는 각각의 상담 정의는 상담의 본질적 활동을 제약하게 된다.

기독교 상담 내담자들 중에 기독교인이 많다는 점은 사실이다. 그러나 기독교인 내담자가 많다는 점만으로 기독교 상담을 정의할 수는 없다. 만일 이런 식의 논리라면 내담자의 종류가 상담을 정의하게 된다. 각각의 내담자군은 상담 전문가 입장에서 보면 일종의 특수한 영역이다. 상담 전문가들은 자신이 훈련받은 내용을 가지고 일반 내담자들을 상담할 수도 있고 특수한 영역의 내담자들을 상담할 수도 있다. 중독자들, 우울한 사람들, 편집증 내담자들과 같은 특정한 영역의 내담자들은 상담활동의 특수한 예들이다. 이러한 예들이 상담이 무엇인지를 제한하거나 결정할 수 있지는 않다. 단지 상담이 정의되고 난 뒤에 이러한 특수한 영역들은 모두 적용 대상자들이 된다.

기독교인 내담자를 상담할 때 기독교인 상담자가 더 적절한가 또는 비기독교인 상담자가 더 적절한가의 주제가 있을 수 있다. 실제로 많은 기독교인 내담자들이 상담을 받으러 올 때 기독교인 상담자를 찾는다. 그래야 자신이 가지고 있는 신앙적인 문제들을 상담자가 이해할 수 있다고 생각하기 때문이다. 그리고 이러한 점은 사실이다. 비기독교인 상담자들은 기독교인 내담자의 신앙과 믿음의 문제를 이해하기 어렵다. 이들은 기독교인이 가진 믿음의 체계를 가지고 있지 않은 사람들이기 때문이다. 그렇다고 해서 비기독교인 상담자가 기독교인 내담자를 상담할 수 없다는 의미는 아니다. 기독교인 내담자들도 일반 다른 내담자들처럼 심리적 문제를 가지고 있기 때문에 이러한 심리적 문제들은 비기독교인 상담자들도 해결할 수 있다. 그러나 기독교인 상담자들은 기독교인의 심리적 문제들도 영적 측면에서 다루고 이해할 수 있다. 이는 비기독교인 상담자들이 하지 못하거나 안 하는 상담활동이다. 기독교인을 대상으로 하는 상담활동은 상담의 정의 측면보다는 상담의 적절성이라는 면에서 더 논의가 필요하다. 마찬가지 방식으로 어떤 상담자들이 중독자들을 상담하는 것이 더 적절한가 하는 논의와 같다. 중독자들을 많이 상담하는 중독 상담 전문가가 그렇지 않은 상담자에 비해서 더 적절하다. 기독교 상담이 기독교인만을 대상으로 하는 상담활동이라는 인식은 상담의 적절성에 관한 논의이지 상담의 정의에 관한 논의는 아니다.

2) 상담 범위

기독교인만을 대상으로 하는 상담이 기독교 상담이라는 주장은
마치 알코올 중독을 상담하는 상담 전문가가 일반 내담자를 상담
할 수 없다는 말과 같다. 알코올 중독이 없는 내담자의 상담과 알
코올 중독자의 상담은 서로 별개가 아니다. 알코올 중독자 상담은
상담의 일반적 원리에 알코올 중독자의 특성이 더해진 상담이다.
마찬가지로 기독교 상담은 상담의 일반적 원리에 기독교인의 특성
이 더해진 상담이다. 기독교 상담은 그 범위가 일반 상담에 비해서
더 넓고 크다. 이는 알코올 중독 상담을 하는 상담 전문가의 범위
가 일반 상담에 대해서 더 넓고 큰 이치와 같다. 이러한 점은 기독
교 상담이라는 단어에서도 찾아볼 수 있다. 기독교는 상담 앞에 붙
어 있는 수식어로 상담을 기독교적으로 한다는 의미이다. 상담의
일반적 원리와 기독교적 특성을 결합하여 진행하는 상담 방식이
기독교 상담이다. 기독교 상담은 상담과 기독교를 통합하여 일정
한 틀을 가지고 진행하는 방식의 상담활동인 것이다.

기독교 상담에 대한 이러한 이해는 기독교 상담이 일반 상담보
다 내담자군이 더 넓다는 자연스러운 결론을 이끌어 낸다. 마치 알
코올 중독 상담은 일반 상담과 알코올 중독 상담이 합쳐진 활동으
로 알코올 중독 상담을 하는 상담자들은 일반인 상담도 하면서 알
코올 중독자들을 상담하는 것과 같다. 마찬가지로 기독교 상담도
일반인 내담자와 기독교인 내담자를 합친 상담활동이다. 기독교

상담자는 기독교를 떼면 일반 상담 전문가이면서 동시에 기독교를 붙이면 기독교 상담 전문가가 된다. 이런 의미에서 기독교 상담 전문가는 더 넓은 내담자군을 상담할 수 있다.

기독교 상담의 범위가 일반 상담보다 더 넓다는 자연스러운 결론은 역으로 일반인을 상담하는 전문가는 그 범위가 제한된다는 의미이다. 알코올 중독 상담을 해 보지 않은 사람들은 자연스럽게 중독자 상담을 할 때는 중독자의 특성을 배우게 된다. 이들은 중독자의 특성을 배우면서 중독자 상담을 진행하게 된다. 비록 숙련된 상담자라 할지라도 중독자를 상담해 보지 않았다면 중독자 상담이 서툴 수밖에 없다. 마찬가지로 일반인만 상담하는 숙련된 상담자들은 기독교인들을 상담할 때 서툴 수밖에 없다. 이들은 기독교인들의 특성을 잘 이해하지 못하기 때문에 상담을 하는 데 제한이 있다. 이러한 현상은 내담자의 특수한 성격뿐만 아니라 상담의 영역에도 같이 적용된다. 부부 상담이나 가족 상담의 경험이 없거나 적은 상담자들은 부부 상담이나 가족 상담을 할 때 새롭게 배워야 할 점들이 많다. 숙련된 개인 상담자들은 부부 상담이나 가족 상담을 개인 상담 하듯이 상담할 가능성이 높다. 부부간의 심리적 역동이나 가족 간의 전체적 역동에 익숙하지 않은 개인 상담자들은 이들의 역동을 파악하고 이해하는 훈련이 필요하다. 이런 훈련이 진행되면서 개인 상담자는 자연스럽게 부부 상담 또는 가족 상담 전문가가 되어 간다. 즉, 부부나 가족 상담의 경험이 부족한 개인 상담 전문가들은 부부 상담이나 가족 상담에 있어서 그 범위가 제한된다는 의미이다.

3) 환원주의 오류

내담자군으로만 상담을 정의하려는 시도는 앞에서 논의한 상담자의 활동으로만 상담을 정의하려는 시도와 같은 환원주의 오류를 범하게 된다. 중독 상담이나 부부 또는 가족 상담의 경우와 같이 기독교 상담이 일반 상담보다 범위가 더 넓다는 논의는 자연스럽게 상담의 범주에 대한 생각을 하도록 만든다. 알코올 중독 상담의 범위는 알코올 중독의 특성과 일반 상담의 원리가 결합되어 있고, 부부 상담이나 가족 상담의 경우에는 부부나 가족의 역동과 일반 상담의 원리가 결합되어 있다. 마찬가지로 기독교 상담이란 기독교의 특성인 기독교적 세계관과 일반 상담의 원리가 결합되어 있다.

큰 범주는 작은 범주와 관련해서 포괄 차이의 특성을 갖는다. 포괄 차이는 "발달단계에서 이전 단계들을 포함하면서 차이를 보이는"(김용태, 2006: 56) 특징을 갖는다. 기독교 상담이 기독교인만을 대상으로 한다는 주장은 포괄 차이의 원리를 위배하고 있다. 포괄 차이 원리의 위배는 바로 환원주의 오류로 이어진다. 기독교 상담은 기독교 세계관, 상담자, 내담자 그리고 상담자와 내담자의 상호작용으로 구성된 특성을 갖는다. 그러나 기독교 상담은 기독교인만을 대상으로 한다는 정의는 그중 내담자만을 가지고 있다. 내담자만으로 정의된 상담은 내담자를 포함한 여러 요소를 가지고 있는 상담의 정의에 비해서 낮은 차원이다. 높은 차원을 낮은 차원에다 집어넣는 것은 환원주의적 오류이다. 높은 차원을 낮은 차원으로 집어넣으려는 것도 환원주의적이지만 높은 수준을 낮은 수준으로 넣으려는 것 또한 환원주의 오류이다.

본질적 의미에서 기독교 상담의 범주는 기독교인만을 대상으로 하는 상담보다 그 범주가 크다. 차원이 달라질수록, 즉 이차원은 일차원에 비해 그리고 삼차원은 이차원에 비해 그 범주의 크기가 커진다. 범주의 크기는 양적으로도 차이가 나지만 질적으로도 차이가 난다. 만일 기독교 상담이 양적 차이만 보이는 상담활동이라면 범주에 있어서 질적 차이는 존재하지 않는다. 그러나 앞에서도 논의한 바와 같이 기독교 상담의 정의에는 상담자, 기독교 세계관 그리고 상담자와 내담자의 상호작용과 같이 '기독교인만을 대상으로 하는 기독교 상담'에는 없는 요인들이 포함되어 있다. 이러한 요소들은 내담자군이 어떠한지와 관계없이 존재하는 요인들이다. 상담자, 기독교 세계관, 상담자와 내담자의 상호작용과 같은 요인들은 내담자 요인만으로는 설명할 수 없다. 이런 의미에서 본질적 의미의 기독교 상담은 내담자 중심의 기독교 상담과 질적 차이를 보이는 포괄 차이의 성격을 갖는다. 본질적 의미의 기독교 상담은 내담자만의 기독교 상담에 비해 차원이 다른 범주를 가지고 있다. 이러한 범주를 질적으로나 양적으로 작은 범주에 집어넣으려고 하면 환원주의 범주 오류를 범하게 된다.

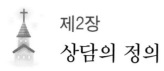

제2장
상담의 정의

1. 상담을 구성하는 본질적 요소

기독교 상담에 대한 오해가 풀린 독자들이라면 이제 "기독교 상담이 무엇인가?"라는 질문이 생길 것이다. 이 질문에 답을 하기 위해서는 먼저 상담이 무엇인지에 대한 이해가 필요하다. 기독교 상담이라는 단어를 보면 기독교가 앞에 있고 상담이 뒤에 있다. 명사가 두 개 겹쳐 나오면 대체로 앞에 있는 명사가 뒤에 있는 명사를 수식하는 역할을 한다. 그런 면에서 기독교 상담을 이해하기 위해서는 상담이 무엇인지를 먼저 이해해야 한다. 그리고 나서 상담이 기독교적으로 이루어지기 위해서는 어떤 점들을 더 고려해야 하는지 알 필요가 있다. 그렇다면 먼저 상담이 무엇인지에 대해서 논의해 보자.

1) 상담의 공통 요인

상담은 상담자, 내담자 그리고 이들의 상호작용으로 이루어진 활동이라고 이미 앞 장에서 밝힌 바 있다. 많은 학자의 상담 정의에는 이러한 상담에 대한 본질적 요인들이 반영되어 있다(김용태, 2006: 65; 박성희, 2001: 27; 정원식, 박성수, 1978: 29; 이장호, 1987: 3; 한재희, 2002: 29; 홍경자, 2001: 77; Corsini & Wedding, 1995: 1; Hill, 2004: 18; Nystul, 1999: 2). 예를 들면, 김용태(2006)는 상담을 "인간을 자유롭게 하는 만남의 과정"이라고 정의하고 있다. 이 정의에서 '인간을 자유롭게'라는 표현은 내담자가 앞으로 되어지는 상태를 의미한다. '만남'은 상담자와 내담자의 만남이며 '과정'은 상담자와 내담자의 상호작용을 의미한다. 이장호(1987)는 상담을 '도움을 필요로 하는 사람인 내담자와 전문적 훈련을 받은 상담자가 관계를 통해서 문제를 해결하기 위한 학습의 과정'이라고 정의하였다. 다른 학자들도 유사한 방식으로 상담에 대해서 정의하고 있다.

Nystul(1999)은 상담을 "Dynamic process associated with an emerging profession. It involves a professionally trained counselor assisting a client with a particular concerns"라고 정의하고 있다. 그의 정의 속에는 상담자, 내담자 그리고 상호작용이 직접적으로 언급되어 있다. 상담자에 대해서는 전문적으로 훈련을 받은 상담자라고 언급되어 있고, 내담자의 경우에는 특정한 관심사를 가진 사람이라고 규정되어 있다. 그리고 상담자와 내담자의 상호작용에 대해서 역동적 과정이라고 정의하고 있다. Corsini와 Wedding(1995)은 내담자의 어려움의 영역과 상담자의 돕는 방식을 좀 더 자세하게 언급하면서 상담의 정의를 내리고 있다. 내담자의 인지적, 정서적, 행동적 기능들에 대해서 그들의 상담 정의 속에 언급하고 있다. 그리고 그들은 상담자는 내담자의 성격 발달, 기원, 유지, 변화 등과 같은 이론적 이해와 전문적이고 법적인 행동에 대한 이해를 가진 사람이라고 말하고 있다. 또한 상담자와 내담자의 상호작용에 대해서는 내담자의 문제를 해결하기 위한 형식적 과정이라고 하였다.

상담학자들은 상담자, 내담자, 상호작용에 대해서 각자 다른 방식으로 정의하고 있지만 공통적으로 이 세 가지 요인을 통해 상담을 정의하고 있다. 상담자 입장에서 보면 상담은 상담자가 보유한 전문성에 의해서 상담 수준의 차이가 발생한다. 상담자의 전문성에는 교육과 훈련에 의해서 생긴 상담자의 역량이 포함된다. 상담의 아주 낮은 단계의 초보 상담자부터 고도의 전문성을 가지고 있는 숙련된 상담자까지 상담의 수준은 다양하다. 초보 상담자가 제공할 수 있는 상담과 숙련된 상담자가 제공할 수 있는 상담은 질적으로 차이를 보인다. 이러한 질적 차이로 인해서 상담의 종류는 다양하게 달라진다.

2) 내담자의 유형과 호소문제로 인한 상담

내담자의 유형에 따라서도 상담의 정의는 달라진다. 상담을 받으러 오는 내담자는 그 유형이 다양하다. 마음에 상처를 입고 갈등을 해결하기 위해서 오는 내담자, 자신의 궁금함을 해결하기 위해서 오는 내담자, 그리고 다른 사람에 의해서 의뢰된 내담자, 단체나 조직의 생리로 인해 발생되는 많은 문제를 해결하기 위한 내담자 등과 같이 내담자군은 다양하다. 각각의 내담자군은 상담자에게 가져오는 호소문제가 다르다고 할 수 있다. 마음을 치료하거나 갈등을 해결하기 위한 내담자의 호소문제는 치료적 성격을 띠고, 자신의 궁금함을 해결하기 위한 내담자의 호소문제는 탐구적 성격을 갖는다. 그리고 다른 사람에 의해서 의뢰되어 오는 내담자는 호소문제가 없거나 방어적 성격의 호소문제를 말하고 단체나 조직의 운영과 관련된 호소문제가 있는 내담자는 조직의 생리와 심리에 관한 내용을 말하게 된다.

각각의 내담자군은 각각 다른 종류의 상담을 필요로 한다. 예를 들면, 마음의 상처를 치료하기 원하는 내담자의 경우에 적극적이고 주도적인 태도보다는 소극적이고 반응적 태도의 상담을 필요로 한다. 이러한 상담은 방어적 성격을 띤 호소문제를 가지고 오는 내담자를 상담할 때와는 전혀 다른 종류의 활동이다. 마찬가지로 궁금함을 해결하기 위한 내담자와 조직의 운영을 위한 내담자는 치료를 위한 상담과는 다른 종류의 상담을 필요로 한다. 마음에 상처를 입은 내담자의 경우, 지지적이고 허용적이며 격려 중심의 상담이 필요하다. 이러한 상담은 내담자로 하여금 마음의 힘을 얻도록 하여 자신의 마음을 치유할 수 있도록 한다. 방어적인 내담자의 경우에는 지지나 격려보다는 신뢰 형성을 위한 각종 활동이 필요하다. 이러한 내담자는 내담자의 성향 파악이 우선이다. 내담자가 무슨 생각을 하고 있으며, 그러한 생각에 근거해서 어떤 활동을 하는지를 상담자가 미리 알고 있어야 한다. 예측을 통한 활동이 먼저이다. 이와 같은 이유들로 인해 내담자군이 달라지면 상담자는 각각의 내담자군에 알맞은 상담 방식을 개발하지 않으면 상담을 제대로 진행하기 어렵다. 각각의 내담자군에 알맞은 상담 방식이 무엇인지는 상담 스펙트럼 부분에서 자세하게 다루도록 한다.

상담의 종류는 내담자가 제기하는 호소문제의 영역에 따라 달라진다. 일반인들이 접하고 있는 상담 영역은 각종 전문 영역에 상담이라는 단어를 붙여서 진행되는 상담이다. 부동산 상담, 세무 상담, 법률 상담, 신앙 상담, 민원 상담, 미용 상담 등과 같이 인간의 전문 영역별 상담이다. 이러한 종류의 상담은 인간 삶의 다양한 영역이 반영된 활동을 그 특징으로 가지고 있다. 인간의 삶은 다양하고 복잡하다. 이렇게 다양하고 복잡한 영역을 가지고 있는 인간은 다양한 종류의 정보를 필요로 한다. 따라서 각각의 전문 영역을 가지고 있는 다양한 전문가는 자신의 전문적 지식을 필요로 하는 사람에게 필요한 정보를 제공한다.

내담자의 호소문제가 교육문제와 심리문제에 관련된 영역이라면 이는 교육 상담이거나 심리 상담이다. 교육 상담이나 심리 상담은 앞에서 언급한 전문 영역별 상담과는 종류가 다르다. 교육 영역에 해당되는 내용을 가지고 상담에 오면 이는 교육 상담이고, 심리 영역에 해당되는 내용을 가지고 상담에 오면 이는 심리 상담이다. 내담자가 제기하는 호소문제의 종류가 상담 영역을 결정하는 방식이다.

이와 유사한 방식의 상담이 가족 상담이다. 내담자가 가족 문제를 가지고 상담에 오면 이는 가족 관련 문제의 상담이다. 이러한 내담자는 가족 관계에서 오는 다양한 문제를 가지고 상담자에게 온다. 상담자는 가족 문제에 대해서 다양한 훈련을 받고 이러한 훈련을 통해서 내담자에게 상담을 제공한다. 가족 역동, 가족 관계 그리고 가족들이 만들어 내는 역기능의 상호작용 등과 같은 다양한 분야를 가족 상담자는 훈련을 받게 된다. 내담자는 가족 문제를 상담자에게 호소함으로써 가족 상담에 전문성을 가지고 있는 상담자에게 필요한 도움을 받는다.

3) 상담의 수준별 논의

영역별 상담에서 이미 논의하였듯이 상담의 수준은 전문 영역별 상담이나 심리 상담, 교육 상담, 가족 상담에 따라 다르다. 이러한 이유는 내담자가 제기하는 호소문제 때문이다. 내담자가 제기하는 호소문제는 상담자의 전문성에 따라서 다른 수준의 상담을 요구한다. 인간의 다양한 삶의 영역에서 발생하는 간단한 호소문제부터 고도의 전문성을 요하는 호소문제까지 다양하다. 이 때문에 상담자의 전문성 수준에 따라서 상담이 달라진다. 상담은 상담자의 전문성에 따라서 정보 상담, 과학 상담, 예술 상담, 철학 상담으로 그 수준이 달라진다(김용태, 2006: 63-64). 정보 상담은 단순히 내담자가 원하는 정보를 제공하는 상담으로 상담의 전문 영역과 관계없이 진행되는 각종 전문 영역별 상담이 이 경우에 해당된다. 예를 들어, 법률 상담을 살펴보자. 법률 전문가는 자신이 가지고 있는 전문적 법률 지식을 정보로 제공한다. 자문을 구하는 내담자의 상태나 심리 구조와 관계없이 법률적 정보만 제공하는 방식의 상담이다. 이러한 종류의 상담은 부동산 상담, 신앙 상담, 민원 상담, 세무 상담 등과 같은 다양한 영역에서 이루어진다.

상담 외적 활동만이 아니라 상담 전문 영역에서도 정보를 제공하거나 조언을 하는 상담이 이루어진다. 상담 전문가는 상담에 대한 이해가 없는 내담자에게 상담이 무엇인가에 대한 정보를 제공하기도 한다. 이러한 정보를 바탕으로 내담자는 상담에 대한 기초적 이해를 하게 된다. 상담자의 이러한 활동은 상담 구조화라는 이름으로 진행된다. 상담 구조화는 내담자를 상담의 세계로 입문시키기 위해서 필요한 상담자의 활동이다. 사람이 어떤 영역에 입문하기 위해서는 그 영역에 대한 정보가 필요하기 때문이다. 이런 의미에서 정보 상담은 상담활동의 가장 기초적 수준에서 내담자에게 중요한 역할을 한다.

과학 상담은 "인간의 마음에 관한 과학적이고 체계적인 지식에 따라서 제공하는 상담"(김용태, 2006: 63)이다. 이러한 정의는 과학 상담이 인간의 마음을 과학적 지식에 따라서 배우기도 하고 이를 임상에서 연구함으로써 제공되는 상담임을 말하고 있다. 상담에 관한 과학적 지식은 두 가지 방식으로 얻을 수 있는데, 강의실에서 체계적인 지식으로 배우기도 하고 상담 현장인 상담실에서 내담자와 면접을 통해서 배우기도 한다. 강의실에서 배우는 체계적 지식은 이미 형성된 상담 지식이다. 상담이론, 상담 과정, 내담자의 심리구조 및 관계 형태, 인간의 발달 과정 등과 같은 수많은 지식이 과학적으로 형성된 체계적 지식이다. 이러한 지식은 상담자로 하여금 내담자를 과학적으로 이해할 수 있는 안목을 제공해 준다.

상담실에서 배우는 내담자에 관한 체계적 지식을 임상적 지식(clinical knowledge)이라고 부른다. 임상적 지식은 내담자와의 면접을 통해서 내담자의 마음과 관계 그리고 영적 세계를 이해하게 한다. 내담자와 많은 시간 대화를 나누면서 상담자는 내담자에 관한 여러 가지 구체적 정보인 데이터를 얻게 된다. 이렇게 데이터를 얻는 활동은 면접을 통한 상담자의 과학적 노력이다. 이렇게 얻어진 정보는 모두 분류를 통해서 과학적으로 의미가 있는 자료로 태어난다.

임상적 지식은 상담자의 과학적 지식을 내담자의 데이터 속에 녹여낸 내용이다. 이러한 내용은 이론적 개념으로 재구조화할 수 있다. 내담자의 데이터와 이것들을 해석할 수 있는 틀인 이론적 지식을 가지고 진행되는 활동이 사례 개념화이다. 사례 개념화는 상담 전문가가 임상 현장에서 내담자로부터 얻은 데이터를 자신의 이론적 입장에 따라서 의미 있게 해석하는 노력이다. 데이터와 이론적 틀이 결합되면 상담 전문가는 이제 과학적으로 내담자를 도울 수 있는 중요한 방법을 갖게 된다.

과학 상담은 이론적 지식을 배우는 과정과 내담자를 만나서 데이터를 획득하는 과정 그리고 이를 의미 있게 이해하려는 사례 개념화와 이러한 사례 개념화를 바탕으로 진행되는 상담 과정 모두를 포함한다. 이런 의미에서 과학 상담은 단지 정보만을 제공하는 정보 상담보다는 그 범위와 범주가 훨씬 크다. 과학 상담을 제공하기 위해서는 상담에 관한 기초적 정보, 내담자에 관한 데이터나 인간에 관한 심리적 구조, 관계적 형태 그리고 영적 방향성과 같은 내용이 필요하다. 정보 상담은 이러한 요인들 중 하나만을 가지고 있기 때문에 그 수준이 과학 상담에 비해서 낮다고 할 수 있다.

예술 상담은 과학적 지식을 적용하면서 발생하는 수많은 변수와 관련된 활동이다. 상담 전문가는 임상 현장에서 과학적 지식의 다양한 경우의 수를 만나게 된다. 이러한 경우의 수는 체계적인 과학적 지식으로는 다 설명하기 어렵다. 이러한 변수는 내담자에 따라서 그리고 내담자와 상담자의 상황에 따라서 달라진다. 상담자는 이러한 변수를 체험적으로 또는 직감과 직관을 통해서 다르게 상담에 적용하게 된다. 이러한 방식의 상담에는 임상적 감각이 필요하다. 임상적 감각은 상담을 진행하면서 발생되고 활용된다. 상담을 진행하는 상담자는 이러한 임상적 감각을 토대로 많은 경우의 수의 변수를 다루어 나간다.

예술 상담의 임상적 감각은 과학 상담의 체계적 활동 위에 서 있다. 물론 예술과 과학을 별도의 활동으로 이해할 수도 있다. 그러나 많은 경우에 예술 활동은 수많은 반복을 통한 체계적 지식을 감각적으로 승화한 노력이다. 바꾸어 말하면 체계적 지식 없이 단순히 기술이나 기법만 가진 예술 활동은 기술적 수준에만 머물게 된다. 마찬가지로 임상적 감각은 과학적인 활동을 수없이 반복하면서 발생한다. 같은 패턴을 수없이 반복하다 보면 과학적 활동만으로는 그 현상을 다 이해할 수 없음을 알게 된다. 체계적 지식은 고정된 형태로 머물러 있지 않고 여러 가지 변수나 영역과 맞물려 있는 현상임을 알게 된다. 체계적 이해만을 하면 경직되어서 수많은 변수로 인해 벌어지는 현상이나 다른 영역에서 진행되는 다른 방식에 대처할 수 없게 된다.

예술 상담은 과학 상담의 체계적 활동을 포함하면서 동시에 과학 상담에는 없는 임상적 감각이 포함되는 상담활동이다. 인간의 마음은 고정되고 일정한 구조적 측면이 있지만 이러한 구조가 상황에 따라서 달라지고 변화한다. 만일 인간의 마음이 물리적 세계와 같이 변하지 않는 구조로만 형성되어 있다면 인간을 더 이상 인간이라고 할 수 없다. 특히 인간은 자신이 가지고 있는 의지에 따라서 자신의 마음의 구조를 변경하기도 하고 마음의 구조를 넘어서는, 예측이 가능하지 않은 활동을 하기도 한다. 이러한 변화와 변수를 모두 과학으로만 이해하기는 어렵다. 그렇기 때문에 예술 상담은 과학적 체계를 넘어서는 더 큰 범주에 해당되는 상담활동이다.

철학 상담은 내담자가 제기하는 호소문제에 대해서 깊은 철학적 이해를 바탕으로 진행되는 활동이다. 상담자는 자신이 가지고 있는 과학적 지식 외에 내담자의 호소문제에 대한 깊은 철학적 이해를 필요로 한다. 예를 들면, 성문제를 가지고 오는 내담자는 마음 깊은 곳에 더러운 느낌이라는 감정을 가지고 있다. 이러한 감정은 깨끗함과 더러움이라는 인간의 깊은 철학적 사고와 관련이 있다. 이러한 주제에 대해서 심도 있는 이해가 없으면 상담자는 내담자의 성문제를 제대로 다루기 어렵다. 철학적 주제는 종교적이고 신학적인 주제와 연결되어 있다. 이러한 경우 상담자는 깊이 있는 성찰을 통한 깨달음을 통해 상담을 진행하게 된다. 내담자의 호소문제를 깊이 들여다보면 이렇듯 철학적이고 신학적인 주제에 도달하게 된다. 상담자는 이러한 주제에 직면할 때마다 깊은 성찰과 이해를 위한 노력을 필수적으로 요구받게 된다. 상담자의 철학적 노력 없이는 철학 상담을 진행하기 어렵다.

철학 상담의 주요 활동은 선택이다. 인간은 선택을 위해 많은 것을 필요로 한다. 인간이 선택을 하기 위해서는 선택과 관련된 가장 기초적인 정보에서부터 영적 방향성에 이르기까지 그 스펙트럼을 이해하고 있어야 한다. 선택의 가장 낮은 수준은 단순히 정보를 가지고 그 정보에 따른 결정을 하게 되는 경우로 이 경우는 정보가 선택의 기준이 된다. 그러나 좀 더 나은 선택을 하기 위해서는 정보를 체계적으로 분류하고 이해하여 하나의 과학적 틀을 필요로 하는 경우도 있다. 그래서 많은 사람은 선택을 위해서 과학적 활동을 한다. 이렇게 과학적 활동에 근거해서 선택을 하다 보면 과학적 활동에 맞지 않는 여러 가지 경우의 변수를 만나게 된다. 이러한 변수를 다루는 예술적 감각을 익히면서 선택을 하게 되면 과학적 활동에만 근거하여 선택하는 사람보다는 더 나은 선택을 할 수 있다. 이에 더해서 자신이 하는 선택이 어떤 방향성을 가지고 있는지를 이해하면서 선택을 하게 되면 이는 철학적 선택이 된다.

철학 상담은 정보, 체계적 지식, 임상적 감각과 같은 모든 요인을 가지고 있는 임상적 선택을 바탕으로 하는 활동이다. 앞에서 언급한 성문제를 가지고 있는 내담자를 상담하는 경우를 살펴보도록 하자. 상담자는 내담자의 성문제에 관한 가장 기초적 활동인 정보가 필요하다. 물론 상담자는 이러한 기초적 정보를 바탕으로 조언을 할 수도 있고 격려를 할 수도 있다. 그리고 성에 관한 정보를 제공함으로써 내담자를 상담할 수도 있다. 그러나 상담자는 성에 관한 기초적 정보와 내담자의 심리구조 및 관계 형태를 결합하여 상담을 진행할 수도 있다. 이는 성에 관한 체계적 지식에 근거한 과학 상담이다. 마찬가지로 상담자는 이러한 체계적 지식에 덧붙여 임상과정에서 발생하는 수많은 변수를 감안하면서 상담을 진행할 수도 있다. 이는 예술 상담이다. 결국 이러한 예술적 감각은 최종적으로 내담자의 선택을 돕는 방향으로 상담이 진행된다. 상담자는 성에 관한 삶의 방향성을 내담자와 논의하게 된다. 이러한 삶의 방향성은 철학적 고려를 통한 삶의 선택이다. 이러한 선택에는 엄중한 책임이 따르기 때문에 상담자는 내담자로 하여금 이러한 선택을 할 수 있도록 돕는 철학 상담을 하게 된다.

내담자가 철학적 선택을 하도록 돕는 철학 상담은 이렇게 정보만 단순히 제공하는 정보 상담에서부터 삶의 의미를 진지하게 고민하고 이에 근거한 선택을 하도록 돕는 상담까지 다양한 스펙트럼 속에서 이루어진다. 따라서 상담자는 이러한 철학 상담을 진행하기 위해서 간단한 정보, 체계적 지식인 과학, 임상적 감각인 예술 그리고 삶의 방향성으로 이어지는 많은 요인을 알고 체득하고 있어야 한다.

2. 상담의 스펙트럼

상담이란 상담자, 내담자 그리고 이들의 상호작용으로 이루어진 세계이다. 상담자와 내담자를 어떻게 이해하고 바라보는가에 따라서 상담의 방식, 방향, 종류 등이 달라질 뿐 아니라 상담자와 내담자의 상호작용은 많이 달라진다. 상담자는 상담자의 전문성과 수준에 대한 이해가 필요하고 내담자의 경우에는 내담자의 유형에 대한 이해가 필요하다.

상담자와 내담자의 상호작용에 대해서 상담자 중심의 상호작용인가 아니면 내담자 중심의 상호작용인가라는 질문이 생긴다. 물론 학자들이 가지고 있는 자신의 철학적 입장에 따라서 이 질문에 대한 대답이 달라질 수 있다. 상담자가 받은 이론적 훈련이나 전문성 중심의 철학을 가진 학자들은 상담자 중심의 상호작용을 먼저 생각할 수 있다. 이 경우는 상담자의 전문성에 의한 전문적 도움의 형태인 상호작용이 먼저이다. 그러나 내담자가 어떤 종류의 사람인가에 대한 이해에 따라서 상호작용이 달라질 수도 있다. 상담자는 자신의 이론적 경향이나 전문적 훈련보다는 자신이 만나는 내담자가 어떤 사람인가에 따라서 상호작용 형태를 다르게 할 수 있다. 여기서는 내담자의 종류에 따른 상담자와 내담자의 상호작용과 상담자의 전문적 훈련의 방향을 논의해 보고자 한다.

1) 내담자와 치료 상담

(1) 내담자라는 단어의 의미

먼저 내담자라는 단어에 대해서 알아보자. 내담자는 client를 번역한 단어이다. client는 자신의 필요를 알고 도움을 요청하는 사람으로, 즉 내담자는 자신에게 무엇이 필요한지를 이해하고 이를 토대로 상담자에게 도움을 요청하는 사람이다. 물건을 사고파는 곳에서 client는 고객으로 불린다. 고객은 자신이 무엇을 사고 싶은지 그리고 자신이 원하는 것을 파는 곳이 어디인지를 아는 사람이다. 그래서 고객은 자신의 필요에 따라서 물건을 고르기도 하고 파는 곳을 이리저리 옮겨 다니기도 한다. 그리고 점원이 무엇을 원하는지 물으면 자신이 원하는 것을 쉽게 대답한다. 이러한 대답에 근거해서 점원은 고객에게 물건을 제시한다.

상담에서도 내담자는 대체로 고객과 같은 위치에 있다. 자신들이 필요로 하는 서비스가 무엇인지를 알고 자신에게 맞는 서비스

2. 상담의 스펙트럼 **39**

를 요청한다. 물론 내담자는 상담의 전문적 영역을 다 알지는 못한다. 그렇기 때문에 미국에서는 'informed consent'라는 개념이 있다. 'informed'라는 단어는 내담자에게 알려 준다는 의미이고, 'consent'라는 단어는 동의라는 의미이다. 이 둘을 합치면 내담자는 정보를 제공받고 이에 동의한다는 의미이다. 'informed consent'는 고지된 동의로 번역되는데, 고지된 동의라 할지라도 기본적으로 내담자는 자신의 필요를 이해하고 이를 바탕으로 상담자에게 서비스를 신청한다. 상담자들이 자신들의 이론적 경향이나 상담 방향 등에 대해서 내담자에게 설명을 하고 내담자로 하여금 선택을 하도록 한다. 내담자의 신청을 근거로 해서 상담자는 자신의 전문 서비스인 상담을 제공한다. 이런 의미에서 상담자의 전문적 서비스는 내담자의 요청에 의해서 발생하는 상담 현상이다.

내담자를 좀 더 다른 각도로 이해해 보도록 하자. 고객으로서의 내담자와 상담에 오는 내담자는 모두 공통점을 가지고 있다. 자신이 원하고 필요로 하는 것을 점원이나 상담자에게 알리는 사람이 client이다. 내담자 또는 고객은 자신이 생각하고 느끼는 것을 상대방에게 알린다. 내담자의 한자어를 풀이해 보면 내담자의 의미가 분명해진다. 내는 올 래(來)자고, 담은 말씀 담(談)자로 스스로 와서 자신의 말을 하는 사람이 곧 내담자(來談子)이다. 내담자는 자신의 마음을 열어서 자신의 필요가 무엇인지를 상대방에게 공개하고 서비스를 요청하는 사람이다. 상담 장면에서의 내담자는 자신이 누구인지 그리고 자신이 무엇을 필요로 하는지를 스스로 상담자에게 밝히는 사람이다. 예를 들면, 우울증이 있는 내담자는 자신의 증상들과 우울증이 생기게 된 배경 그리고 사건들을 상담자에게 말하고 이를 통해서 자신의 우울증을 상담자에게 해결해 달라고 요청한다.

(2) 내담자의 의미와 대학(원) 상담 프로그램

현재 대학 또는 대학원에서 운영되고 있는 상담 프로그램들은 모두 이러한 내담자의 경향을 해결하기 위해서 만들어졌다. 대학(원) 상담 프로그램에서 훈련을 받는 상담자들은 자연스럽게 이러한 내담자들의 요구를 해결하기 위해서 노력한다. 이들은 내담자들의 요구가 무엇인지를 분석하면서 자신이 배운 상담의 이론에 따라서 내담자의 성격을 분석하기도 하고 배경을 이해하기도 하며 관계 양식이나 행동 형태들을 이해하여 요구를 해결한다. 임상적으로는 내담자와 대화하기 위해서 여러 가지 훈련을 받는다. 이러한 훈련 중에 맨 처음 배우는 것이 공감이다. 공감은 내담자가 한 말이나 행동을 상담자가 반영하는 활동으로 언어적으로 반영하기도 하고 비언어적으로 반영하기도 한다. 상담자는 내담자가 말을 하거나 행동을 하고 난 뒤에 공감을 한다. 상담자의 공감은 내담자의 자기 공개 뒤에 '따라서 나오는' 행동이다. 마찬가지로 내담자의 마음을 분석하거나 이해를 하는 경우에도 상담자는 내담자가 허용하는 범위 내에서만 내담자의 마음에 들어갈 수 있다. 그렇지 않으면 법적 문제나 윤리적 문제가 발생할 가능성이 있다.

이러한 상담자의 활동들은 모두 일정한 방향성을 가지고 있다. 상담은 내담자가 허용을 하면, 내담자가 말을 하면, 내담자가 요청을 하면 등과 같은 일정한 조건 속에서 진행된다. 다시 말하면 상담자의 활동은 모두 내담자의 허용적 조건 뒤에 따라오는 반영적이고 수세적이며 반응적인 행동이다. 상담자가 되기 위한 전문적 훈련은 모두 이러한 조건 내에서 이루어진다.

상담자는 들으면서 내담자의 마음을 이해하려고 한다. 내담자의 마음을 이해하기 위해서 상담자는 강의실에서 인간의 성격에 대한 이론적 이해, 상담이론들의 여러 접근들, 상담의 기법 등과 같은 다양한 과목들을 수강한다. 임상 현장에서는 내담자를 만나면서 내담자의 말의 의미, 행동의 특징들, 내담자의 호소문제와 관련된 사건들과 역사들을 알아간다. 그리고 이 과정을 상담자가 얼마나 정확하게 이해를 하고 실제로 상담을 진행하고 있는지를 점검하는 슈퍼비전을 받는다. 이러한 모든 것이 전문적 훈련의 방식이고 방향이다. 상담에 관한 여러 과목의 이론 강의와 상당한 시간 동안의 임상 실습을 거쳐서 상담자는 상담 전문가로 탄생하게 된다.

2) 대상자와 돌봄 상담

(1) 다양한 유형의 내담자

상담 전문가들은 상담 현장에서 일반적인 내담자와 성격이 다른 여러 다른 종류의 사람들을 종종 만난다. 비자발적 내담자로 불리는 사람들, 다중 목적으로 가지고 상담에 오는 사람들, 방문 상담 대상자들이 이러한 사람들이다. 여기서 소개하고 있는 세 종류의 내담자들은 비자발적 내담자, 다중 목적 내담자, 대상자이다. 비자발적 내담자는 상담 장면에 오기는 했지만 협조적이지 않은 사람이다. 다중 목적 내담자는 상담에 자발적으로 오기는 했지만 상담

이외의 다른 목적을 가지고 온 사람이다. 마지막으로 대상자는 상담을 거부하는 사람이다.

비자발적 내담자는 대체로 다른 사람들에 의해서 강제로 상담에 보내진 사람들이다. 부모, 교사, 남편이나 부인, 판사 등과 같이 의뢰인이 상담을 요청해서 온 사람들이 비자발적 내담자이다. 이들은 상담에 협조적이지 않기 때문에 자신의 마음을 잘 열지 않는다. 자신의 마음을 열기보다는 상담자를 탐색하거나 다른 곳으로 화제를 바꾸는 경우도 종종 있다. 다중 목적을 가지고 상담에 온 내담자는 자신이 스스로 상담에 왔지만 마음을 열면서도 부분적으로 상담자와 마음의 관계를 한다. 상담 이외의 다른 목적이 있기 때문에 마음을 열어서 말을 하더라도 온전히 마음을 열지는 않는다. 자신에게 유리하다고 판단되면 마음을 열고 그렇지 않으면 다른 이야기를 한다. 쉽게 화제를 전환하면서 상담보다는 자신이 관심을 가지고 있는 복지나 양육권 또는 재산권 등에 관심을 보인다. 마지막으로 대상자들은 상담을 거부하기 때문에 아예 상담에 오지 않는다. 이들은 방문 상담 대상자들이 대부분인데 자신에 대해서 전혀 노출을 하려고 하지 않는다. 이들은 극도의 경계심을 가지고 상담자를 대하는 경우가 많다. 그렇기 때문에 상담자들은 이들에게 말을 걸기도 힘들고, 말을 걸었다 하더라도 거절당하기 쉽다.

앞에서 언급한 세 유형의 내담자들은 모두 대상자의 특징을 갖는 내담자들이다. 여기서 내담자와 대상자의 차이를 이해할 필요가 있다. 내담자는 자신의 정체를 밝히는 사람으로, 많은 경우에 내담자들은 자신이 무엇이 필요한지 인식을 하고 이러한 인식을 바탕으로 상담자에게 도움을 요청한다. 전형적인 심리치료의 경우에 우울증 내담자들은 자신의 우울한 마음을 고쳐 주기를 바란다. 이러한 사람들은 상담자에게 자신이 우울할 때 드는 감정, 생각, 행동들을 자세하게 말한다. 그리고 상담자의 안내에 따라서 자신이 왜 이러한 우울증을 갖게 되었는지에 대해서도 상세하게 말을 한다. 상담자는 이러한 내담자의 말을 듣고 내담자를 이해하면서 내담자를 돕는 사람이다. 그러나 대상자들은 자신의 정체를 밝히지 않으려고 애쓰는 사람들이다. 설사 정체를 밝힌다 하더라도 부분적으로 밝히거나 왜곡해서 상담자가 자신의 마음을 이해하지 못하도록 만든다. 자신에 대해서 아예 접근을 하지 못하게 하거나 접근을 했다 하더라도 엉뚱한 곳으로 인도하기도 한다. 상담자가 대상자의 마음에 접근을 한 것처럼 보이지만 정보의 부족이나 왜곡으로 인해서 마음을 알기가 어렵게 된다. 이러한 대상자들을 상담하는 상담자들은 자주 자괴감에 빠지기도 한다. '내가 무엇을 하고 있는가?' '이들에게 상담의 효과는 있는가?' 등과 같은 질문을 스스로에게 하기도 한다.

심리치료에 익숙한 상담 전문가들은 내담자처럼 자신의 정체를 스스로 열어서 보여 주는 사람들에게 필요한 방식으로 훈련을 받는 사람들이다. 심리치료적 상담 전문가들은 모두 반응적 태도에 대해서 훈련을 받았다. 공감은 공세적이거나 적극적 행동이기보다는 수동적이며 반응적 행동이다. 내담자가 말을 하면 상담자는 이 말을 듣고 요약하거나 말을 이어 주거나 마음을 읽으면서 반응을 한다. 이러한 반응이 공감이다. 그러나 대상자들의 경우에는 이들이 대체로 먼저 말을 하지 않는다. 그렇기 때문에 상담자들은 내담자를 대하는 경우처럼 공감을 먼저 할 수 없게 된다. 반응적 태도나 말이 아니라 공세적 태도나 공세적 말이 필요하다. 그러나 치료적 상담 전문가들은 듣기 훈련을 통해 내담자의 말을 먼저 듣고 이에 대한 반응을 어떻게 할지를 배운 사람들이다. 대상자와 상담을 하려면 대상자들에게 먼저 어떻게 말을 할지 고민할 필요가 있다. 상담자가 듣고 공감하면서 말을 하는 대화 형태가 아니라 대상자를 파악하고 이를 토대로 어떻게 말을 할지를 고민하는 대화 형태가 필요하다.

(2) 대상자와 프로파일링

대상자들을 상담할 때 상담자들에게 꼭 필요한 훈련 중 하나가 프로파일링(profiling)이다. 프로파일링의 원래 의미는 사람의 특성에 따라 분류해서 이들이 어떤 특징을 가지고 있는지를 감별하고 판단하는 과정이다. 프로파일링은 사람의 유형과 특징을 이해하고 이를 바탕으로 이들에게 대응하기 위한 목적을 갖는다. 프로파일링을 사용하는 대표적 영역 중 하나는 범죄자들을 다루는 경찰과 검찰이다. 범죄자들의 범죄 종류와 특징을 파악해서 사전에 범죄를 막기 위해 도입된 방식이 프로파일링이다. 대상자들은 모두 자신의 정체를 밝히기를 거부하거나 부분적으로 밝히거나 또는 왜곡하는 사람들이기 때문에 이들의 마음에 접근하기 위해서는 대상자들의 호소문제의 종류와 특징을 파악할 필요가 있다. 치료적 상담을 하는 많은 상담 전문가들은 내담자에 관한 정보를 대부분 내담자와의 면담을 통해 얻는다. 물론 일부 정보는 의뢰자나 다른 방식을 통해서 얻기도 하지만 대부분의 경우에는 내담자가 직접 말을 하고 이를 통해서 정보를 얻는다. 그러나 대상자의 경우에는 주변 사람들을 통해서 정보를 얻거나 기존에 있는 정보를 수집해서 대상자들이 어떤 유형의 사람인지 그리고 어떤 특징을 가지고 있는지 파악하는 프로파일링이 필수적이다.

프로파일링은 상담자로 하여금 수세적이거나 반응적 행동에 머물러 있지 않도록 한다. 오히려 상담자로 하여금 적극적이면서 공세적이고 선제적으로 행동하도록 만든다. 예를 들면, 부모에 의해서 의뢰된 청소년의 경우를 생각해 보자. 이 경우 상담자는 청소년으로부터 정보를 얻기보다는 청소년이 상담에 오기 전에 이미 청소년에 대해서 많은 정보를 가지고 있어야 한다. 상담자는 부모나 주변의 친구들을 통해서 정보를 먼저 확보하고 이를 토대로 자신이 만나게 되는 청소년이 어떤 종류의 문제를 호소하고 어떤 특징을 가지고 있는지 먼저 프로파일링을 한다. 만일 프로파일링의 결과 청소년이 반사회적 성향과 특징을 가지고 있다고 한다면 상담자는 반사회적 성향과 특징을 가진 사람과 어떤 말을 어떤 방식으로 할지를 미리 결정한 상태에서 상담에 임하게 된다.

이러한 정보의 프로파일링 작업은 상담자로 하여금 대상자와 동등한 위치에 있기보다는 대상자보다 몇 수 위에 있는 위계적 관계를 갖도록 만든다. 이는 마치 부모가 아이들을 양육하면서 아이들이 무엇이 필요한지, 이러한 필요를 어떻게 채워 주어야 하는지를 미리 알아서 아이들을 돌보는 관계와 유사하다. 상담자는 부모가 아이를 키우듯이 대상자의 마음을 미리 헤아리는 말을 통해서 대상자와 상담적 관계를 맺는다. 이러한 상담적 관계는 분명 치료적 상담관계와 많이 다르다. 상담자가 선제적으로 대상자의 마음을 이해하고 관계를 맺는 상담관계를 돌봄 상담이라고 부르자.

(3) 상담의 한 영역으로서 돌봄 상담

돌봄 상담은 상담자를 대상자보다 지도적 위치에 있도록 만든다. 치료 상담은 상담자가 내담자를 조력하는 위치에 있게 된다. 내담자의 말에 따라서 반응을 하고 이를 뒷받침해 주는 방식이 치료 상담인데 돌봄 상담에서는 상담자가 대상자에게 할 말을 미리 정하고 관계를 이끌어 간다. 상담 영역에서 이러한 돌봄 식의 관계는 기독교 또는 목회 상담의 영역에서 찾아볼 수 있다. 기독교의 역사에서는 오랜 기간 동안 목회자들이 자신의 교구에 있는 성도들을 돌보아 왔다. 기독교의 이런 돌봄의 역사가 현대적 의미의 상담과 만나면서 목회 상담에서는 전통적으로 상담을 돌봄과 상담이라고 하고 있다. 미국목회상담학회 초대 회장을 지낸 Howard Clinebell은 『Basic Types of Pastoral Care and Counseling: Resources for the Ministry of Healing and Growth』라는 책을 1984년에 출간했다. 이 책의 제목을 보면 care와 counseling이라는 단어가 붙어 있다. 이러한 제목은 목회 상담 영역에서 돌봄과 상담을 같이 활용하고 있다는 의미이다. 또 다른 예로 목회 상담의 사전을 보면 제목이 이와 유사하다. Hunter, Malony, Mills와 Pstton이 편집하여 1990년에 출간한 목회 상담 사전은 『Dictionary of Pastoral Care and Counseling』이라는 제목을 가지고 있다. 목회 상담 영역에서는 확실히 care, 즉 돌봄을 상담과 같은 영역으로 보고 있다. 기독교 역사에서는 목회자들이 성도들을 돌보는 지도자적 역사를 가지고 있다. 이러한 지도자적 역사는 목회자들이 성도들에게 필요한 것이 무엇인지를 미리 파악하고 이를 토대로 목회를 하는 사역과 밀접한 관련이 있다. 이러한 돌봄의 역사가 현대적 의미의 상담과 만나면서 목회 상담은 돌봄과 상담이라는 두 단어를 붙여서 상담 영역으로 제시하고 있다.

이렇게 돌봄이 상담의 한 영역으로 자리를 잡은 목회 상담의 예에서 보는 바와 같이 내담자의 유형, 즉 대상자 성격을 가진 내담자들은 모두 돌봄의 대상들이다. 이들에게는 마음의 치료를 하기 전에 돌봄을 통해서 상담자와 관계를 형성하게 하는 돌봄의 상담이 필요하다. 돌봄 상담의 초점은 치료 상담과 달리 대상자 성격의 내담자와 관계를 맺고 이러한 관계를 토대로 이들을 돌봐 주는 데 있다. 이러한 상담적 관계 형성을 하기 위해서 상담자는 대상자 성격의 내담자의 프로파일을 정확히 분석하고 이를 토대로 관계를 형성하는 전문적 훈련을 필요로 한다. 이러한 전문적 훈련은 분명 치료적 관계를 중점으로 하는 치료 상담의 전문적 훈련과 그 성격이 많이 다르다. 앞에서 이미 언급한 바와 같이 돌봄 상담은 먼저 말하기를 배우면서 대상자 성격의 내담자들이 자신의 마음을 열지 않을 수 없는 어떤 특별한 기술이나 접근이 필요하다. 이러한 기술이나 접근에는 아마도 대상자 성격의 내담자들의 약점을 잘 파악하여 이들을 딜레마에 빠트려서 입을 열도록 하는 상담 방식이 필요할지 모른다. 돌봄 상담자가 상담기법이나 접근방법을 통해 대상자 성격의 내담자들이 꼼짝없이 자신의 마음을 열 수밖에 없는 상황을 만들 필요가 있다. 그리고 이러한 상황을 만들기 위해서 공감도 필요하겠지만 약점 공략, 협박 기술, 보상 제시 등과 같은 영역들이 돌봄 상담자들이 배우고 익혀야 하는 영역일지 모른다. 이런 의미에서 대상자 성격의 내담자를 돌보는 상담 프로그램은 현재 기존 상담 프로그램과 많이 달라질 것이다.

3) 질문자와 자문 상담

(1) 객관적 사실과 질문자

상담 전문가들이 만나는 또 다른 유형의 사람들은 타인의 문제로 상담을 받으러 오는 사람들이다. 이들은 주로 다른 사람들의 상태에 대해서 질문을 한다. 질문을 통해서 상대방을 이해하거나 이해를 통해서 그들과 어떻게 관련을 맺어야 할지를 질문하고 논의하기를 원한다. 이러한 사람들은 다른 사람들에 대한 관심이 높다. 자녀 문제로 상담을 받으러 온 부모, 배우자 문제로 상담을 받으러 온 부인이나 남편, 학생 문제로 상담을 받으러 온 교사, 부모 문제로 상담을 받으러 온 자녀, 사원을 뽑기 위해서 성격 검사를 요청하는 인사 담당자 등 다양한 영역의 사람들이 질문을 하고 질문에 대한 대답을 상담자에게 원한다. 이들은 대체로 "상대는 어떤 사람이고 이런 사람과 어떻게 관계를 맺을 수 있는가?"라는 질문에 대답을 원한다. 이러한 질문에 답하기 위해서 상담 전문가는 앞에서 논의한 돌봄 상담이나 치료 상담과는 또 다른 전문적 훈련을 필요로 한다.

질문자는 대상자나 내담자와 다른 특징을 가지고 있다. 질문자들은 객관적 사실을 필요로 하는 경우가 많다. 예를 들어, 남편의 알코올 문제로 상담을 받으러 온 부인은 "제 남편이 알코올 중독인가요? 아니면 그냥 술을 많이 마시는 사람인가요?"라는 질문을 상담자에게 던진다. 부인은 남편의 상태에 대해서 궁금하다. 또 부모들 중에는 자녀들의 상태가 아주 궁금한 사람이 많이 있다. 이들은 자녀들이 문제를 일으키면 "우리 아이가 조금 지나면 괜찮아질까요? 그렇게 말을 잘 듣던 아이가 왜 이러지요?"라는 질문을 상담자에게 던진다. 이러한 질문을 던지는 질문자들은 일차적으로 자신이 질문을 던지는 사람의 상태에 대해서 많은 관심을 보인다. 이들은 상담자의 전문적 식견이나 지식이 필요한 사람들이다. 그래서 이들은 전문가가 자신들이 질문하는 사람들을 어떻게 보고 있는지에 대해서 관심이 많다. 내담자는 자신의 마음의 치료에 관심이 많고, 대상자들은 자신의 상태를 숨기는 반면 질문자들은 다른 사람들의 상태에 따라서 자신의 행동을 결정하려는 경향을 가지고 있다.

(2) 상담자가 갖추어야 할 것

질문자들의 이러한 질문에 답하기 위해서 상담자는 무엇보다도 정확한 정보, 즉 사실을 가지고 있어야 한다. 상담자가 이러한 사실을 확보하기 위해서는 여러 가지를 필요로 한다. 먼저, 상담자 자신이 객관적 태도를 유지할 수 있어야 한다. 내담자의 질문에 대해서 정확한 정보를 얻으려면 상담자는 자신의 주관적 생각이나 태도 그리고 감정의 개입을 사전에 차단할 수 있어야 한다. 만일 상담자의 상상이나 감정이 개입되면 상담자는 사실과 자신의 생각이나 느낌을 구분하기 어렵게 된다. 이런 의미에서 상담자는 내담자의 질문에 사실적으로 답하기 위해서 차분하고 조용하게 그리고 이성적이면서 인지적으로 상담을 진행해야 한다. 내담자 입장에서는 이러한 질문이 필요한 이유와 이러한 질문을 통해서 자신이 무엇을 하려는지에 대해서 상담자와의 충분한 논의가 필요하다. 상담자는 질문자가 자신과 이러한 논의를 객관적 입장에서 진행할 수 있도록 분명한 안내를 해야 한다. 상담자는 정보나 사실이 가지고 있는 한계와 이러한 정보와 사실들을 통해서 자신이 무엇을 하려는지에 대해서 객관적으로 자문을 할 수 있는 상담을 진행하게 된다.

다음으로 상담자는 이러한 객관적 자료를 얻을 수 있는 각종 도구들이 필요하다. 상담자는 내담자가 제공하는 정보를 바탕으로 질문의 대상이 되는 사람에 대한 전체적인 그림을 그린다. 이러한 그림에서 빠져 있는 부분에 대해서는 심리검사나 주변 사람들의 정보 그리고 내담자가 제공하는 각종 정보들을 토대로 질문자가 관심이 있는 사람에 대해서 전체적 윤곽을 그린다. 예를 들어, "남편이 알코올 중독인가요?"라는 질문을 하는 부인과 상담하는 경우를 생각해 보자. 상담자는 부인에게 먼저 남편이 알코올 중독이라고 묻는 근거를 확인한다. 이에 대해서 부인은 남편이 술을 마시는 빈도, 양 그리고 술을 마신 뒤에 보이는 행동들에 대해서 상담자에게 상세하게 말을 한다. 상담자는 이 정보들을 토대로 알코올 중독인지 아닌지를 판단하게 된다. 필요하다면 상담자는 부인에게 남편의 행동을 관찰하거나 남편에게 직접 물어서 정보를 가지고 올 수 있음을 말해 준다. 만일 부인이 이렇게 관찰을 통해서나 남편에게 직접 물어서 정보를 가지고 오면 이를 토대로 남편의 알코올 중독 여부를 신중하게 판단한다. 이러한 판단을 통해서 내담자인 부인에게 남편의 중독 여부를 알려 준다.

(3) 자문 상담의 특징
이러한 종류의 상담은 돌봄 상담이나 치료 상담과 달리 내담자에게 자문하는 행동을 가장 우선시한다. 자문 상담은 내담자에게 객관적 정보를 알려 주는 일을 제일 우선으로 한다. 돌봄 상담이 내담자를 선제적으로 돌보는 방식의 상담이고, 치료 상담이 내담자의 마음의 문제를 해결하는 방식의 상담이라면 자문 상담은 내담자에게 객관적 사실이나 정보를 알려 주고 이를 통해서 자신의 입장을 정리하는 방식의 상담이다. 그렇기 때문에 자문 상담은 정보 하나 하나를 신중하게 다루어야 한다. 내담자가 상담자로부터 받은 정보나 사실을 통해서 자신의 입장이 어떻게 정리되어 가는지를 상담자는 조언해 줄 수 있어야 한다. 앞의 예를 보면, 남편의 알코올 중독 여부와 자신이 어떤 관련을 갖는지에 대해서 상담자는 관심을 가지고 내담자와 상담을 진행한다. 남편이 중독인 경우에 부인은 어떻게 할지 또는 중독이 아니면 어떻게 할지에 대해서 상담자는 부인과 집중적으로 논의하는 방식의 상담을 진행한다.

자문 상담의 또 다른 특징 중 하나는 코칭의 성격을 가지는 것이다. 앞에서 언급한 바와 같이 질문을 하는 내담자들은 상담자로부터 얻는 정보나 사실에 따라서 자신의 입장을 정리하는 사람들이다. 이러한 사람들에게 정보나 사실이 갖는 심리적 위치는 아주 중요하다. 이들은 감정이나 신념에 의한 입장 정리가 아니라 사실이나 정보를 통해서 자신의 입장 또는 관계 형태를 달리하기 때문이다. 따라서 상담자는 이러한 정보를 제공할 때 어떤 입장에서 정보를 제공하는지가 자문 상담의 중요한 과정이다. 정보와 심리적 위치에 대한 분명한 입장을 정리한 상태에서 내담자에게 정보를 제공하고 이 정보가 어떤 영향을 미치는지를 주의 깊게 관찰할 필요가 있다. 자문 상담이 코칭의 성격을 띤다는 말은 바로 이런 점과 밀접한 관련을 갖는다. 코칭은 코치를 받는 사람에게 코치를 통해서 무엇을 어떻게 하면 좋을지 알려 주는 활동이다. 감독이 선수에게 방향을 제시하면 선수는 이 방향을 따라서 행동을 한다. 이러한 행동을 토대로 자신의 선수 생명을 확장하거나 선수로서 위치를 공고히 하게 된다. 운동선수와 감독 또는 코치와 마찬가지로 상담자는 질문하는 내담자의 삶을 내담자의 질문에 대한 답인 정보나 사실을 통해서 전체적으로 조심스럽게 조정한다. 상담자는 남편이 알코올 중독자라는 사실이 부인의 마음에 어떤 영향을 미치는지 알아보고 이를 토대로 부인이 어떤 마음을 가지고 남편과 관계를 해 나갈 수 있는지를 상담한다. 이때 상담은 치료적이거나 돌봄적이라기보다는 자문적이다. 자문적이라는 말은 내담자에게 준정보가 내담자의 삶을 어떻게 움직여 가는지를 모니터링하고 이를통해서 내담자가 최선의 결정을 내리도록 돕는 역할을 한다.

4) 운영자와 관리 상담

상담 전문가들이 만나는 내담자 집단 중에 드물게 기관 운영자들이 있다. 기관 운영자들은 주로 기관을 책임지는 사람들이거나 기관의 체계에 관해서 상담이 필요한 사람들이다. 이들 중에는 일부 상담자들도 있는데 상담자들은 자신이 기관에 속해 있으면서 상담을 할 때 기관의 정책에 관한 내용을 상담 받고 싶어 한다. 기관을 책임지는 사람들 중에는 목회자들도 있다. 이들은 교회를 책임지고 있으면서 생기는 갈등에 대해서 상담을 받고 싶어 한다. 직장인들 중에서도 회사의 정책이나 정책 운영에 대해서 불만을 가지고 상담을 받고 싶어 하는 내담자들이 있다.

앞에서 언급한 내담자들이 공통적으로 관심을 가지고 상담을 받고 싶어하는 호소문제는 기관의 정책이나 정책이 운용되면서 발생하는 마찰과 관련이 있다. 예를 들면, 한 직장인은 자신의 부서에 있는 부장과의 관계에 대한 불만을 토로하였다. 그는 "분명히 부장은 저보다 능력이 떨어지는데 어떻게 더 높은 자리에 있는지 모르겠어요. 회사의 승진 시스템에 문제가 있는 것 같아요."라는 호소문제를 가지고 상담에 왔다. 어떤 교회의 담임 목사님은 교회를 운영하는 당회에 관한 호소문제를 가지고 상담을 받으러 와서 "당회만 하면 그 장로님은 제가 제안하는 목회 방향에 꼭 딴지를 걸어요. 그래서 저는 너무 힘들어요. 어떻게 하면 당회를 좀 더 잘 운영해서 장로님의 반대를 무난하게 넘어갈 수 있을까요?"라는 호소문제를 제시하였다.

여기서 제시하고 있는 호소문제는 심리적으로 접근할 수도 있고 시스템적으로 접근할 수도 있다. 심리적으로 접근을 하면 치료 상담이 되지만 시스템으로 접근하면 관리 상담이 된다. 치료 상담적 접근은 이미 앞에서 언급을 했기 때문에 여기서는 관리 상담을 다루도록 한다.

"관리 상담이란 무엇일까?"에 대한 질문을 잠시 생각해 보자. 관리라는 단어는 글자 그대로 시스템을 운영한다는 의미이다. 관리 상담은 시스템 운영과 사람이라는 주제를 가진 상담 방식이다. 관리 상담의 스펙트럼을 보면 상담자가 상담하면서 한 회기를 운영할 때 발생하는 문제에서부터 국가를 운영할 때 발생하는 문제에 이르기까지 다양하다. 이들의 공통점은 모두 시스템 운영이라는 점이다. 시스템 운영은 모두 관리를 필요로 한다. 가장 작은 단위인 회기 운영에서부터 복잡한 여러 기관이나 단체를 상대하는 국가 운영까지 시스템 운영은 스펙트럼이 아주 다양하다. 모든 시스템 운영에는 체계적 과정과 예술적 과정이 혼합되어 있다. 시스템을 지나치게 체계적으로만 운영하면 비인간적이 된다. 인간이 속한 시스템은 언제나 이런 기계적 특성을 넘어서는 경향이 있기 때문에 시스템 운영은 체계적인 기계적 특성과 변화를 하고 싶어하는 인간의 특성을 결합하여 체계적이면서도 유연하게 운영할 필요가 있다. 관리 상담에는 체계적인 대응뿐만 아니라 이러한 체계를 유연하게 다뤄 나갈 수 있는 예술적 능력이 필요하다.

(1) 상담자의 상담 운영

상담자들은 내담자와 상담할 때 회기 관리와 상담과정 관리 같은 관리 상담에 노출된다. 회기 관리 측면에서 보면 상담자는 한 회기인 50분 상담에서 50분에 대한 시간 배분이 필요하다. 상담자는 그 회기 내에 달성하고 싶은 상담목표를 위해서 처음과 중반부 그리고 후반부에는 무엇을 할지 계획을 가질 수 있다. 물론 상담자는 이러한 회기 운영을 미리 계획해서 할 수도 있고 상담을 진행하면서 할 수도 있다. 상담 시작 전에 계획을 했다 하더라도 내담자가 제기하는 주제나 내담자의 상태 그리고 내담자와 상담자 간의 관계에 따라서 이러한 계획을 유연하게 운영할 필요도 있다. 이렇게 하여 상담자는 한 회기를 성공적으로 운영함으로써 최종적인 큰 상담 목표를 향해서 나아간다.

슈퍼비전을 하다 보면 상담자들이 종종 회기나 과정 운영에 실패하는 경우가 있다. 한 회기가 50분으로 정해져 있음에도 불구하고 1시간 또는 1시간 20~30분, 심한 경우에는 두 시간을 넘겨서 상담을 진행하는 상담자들도 있다. 이런 경우에 왜 이렇게 상담을 진행했는지 물으면 많은 상담자가 '내담자가 끝나기 직전에 울어서' '내담자가 상담자가 개입할 틈을 주지 않고 말을 해서' 또는 '내담자가 불쌍해서' 등과 같은 여러 가지 대답을 한다. 이러한 대답은 상담자가 회기 관리에 대한 분명한 목표가 없거나 회기 관리를 통해서 어떻게 상담 목표에 도달하는지 잘 모르기 때문에 발생한다. 상담자들은 내담자의 마음을 이해하고 공감하며 이를 통해서 내담자의 문제를 어떻게 해결할 것인지와 같은 임상적 이해뿐만 아니라 내담자의 문제를 해결하는 과정에서 발생되는 많은 관리적 문제에 대해서도 눈을 떠야 한다.

한 회기를 운영할 때 상담자는 50분을 배분하는 나름의 원리를 가지고 있어야 한다. 대체로 상담자는 초기 10분 정도를 도입 부분으로 사용한다. 도입 부분에서 상담자는 지난 회기에 무엇을 하였는지 그리고 지난 회기에 진행되었던 내용이 일주일을 살면서 어떻게 적용되었는지를 다룬다. 만일 첫 회기인 경우라면 상담실에 처음 온 느낌이나 상담실을 찾아오면서 어땠는지를 도입 부분에서 나눌 수도 있다. 연속되는 회기인 경우에는 지난 시간에 다루었던 주제를 상기시키거나 지난 시간의 주제가 어떻게 삶 속에서 진행되고 있는지를 확인하고 이를 토대로 이번 회기에 어떻게 주제를 다루어가야 하는지에 대해서 나눈다. 이렇게 도입 부분이 진행되고 나면 30분 정도는 이번 회기에 다루어야 할 내용을 심도 있게 다룬다. 내담자를 울게 만들어야 하는지 아니면 내담자를 당황스럽게 하거나 화를 내도록 하는 등의 적극적 개입을 하게 된다.

이때 상담자는 자신의 개입이 너무 늦어지지 않도록 한다. 마지막 마무리 부분은 대체로 10분 정도를 할애해서 오늘 회기가 어땠는지를 물으면서 내담자가 정리를 하도록 돕는다. 상담자는 내담자가 오늘 회기에서 무엇을 배우고 느꼈는지에 대해서 정리를 하도록 유도한다. 그리고 집에 가서 일주일 동안 무엇을 해야 하는지에 대해서도 상담자와 내담자가 정리하는 시간을 갖고 회기를 마무리한다.

물론 여기서 제시하고 있는 회기 운영은 일반적인 원리이다. 내담자에 따라서 많은 시간을 도입 부분에 사용하기도 하고, 도입 부분 없이 바로 이야기를 하기도 한다. 그리고 어떤 내담자는 상담자가 개입할 수 없을 정도로 많은 이야기를 해서 상담자가 회기 운영을 할 시간이나 틈을 주지 않기도 한다. 이러한 내담자들을 만나면서 상담자는 자연스럽게 회기 운영 능력을 키우게 된다. 상담자는 내담자에 따라서 도입부, 중심부, 후반부를 유연하게 운영하여 주어진 시간인 50분 안에 상담을 마칠 수 있는 능력을 키워 나간다. 이러한 능력을 키우는 과정에서 상담자는 회기 운영을 실패하는 경험을 많이 가질 수도 있다. 그럼에도 불구하고 꾸준하게 노력하여 회기 운영을 잘할 수 있는 능력을 키워 나가야 한다.

이러한 능력은 단지 회기 운영만이 아니라 과정 운영에서도 동일하게 적용된다. 상담자는 주어진 상담 회기의 수에 따라서 자신이 해결해야 할 문제가 다름도 인식할 필요가 있다. 상담 회기의 숫자가 아주 짧은 경우에 상담자는 쉽게 달성할 수 있는 상담 목표를 설정해야 한다. 상담 회기가 10회 이내인 초단기 상담의 경우에는 상담에 관한 좋은 인상을 경험하게 한다든지 아니면 내담자가 제기하는 문제 중에 가장 짧은 시간에 달성할 수 있는 내용을 상담 목표로 설정한다. 그렇지 않으면 상담자가 주어진 시간에 상담 목표를 달성하기 어렵게 된다. 상담자가 넉넉하게 상담을 할 수 있는 장기 상담인 경우에는 이에 맞는 호소문제를 선택하고 이에 따라서 어떤 상담 목표를 설정할지를 생각해 보아야 한다.

상담 과정을 운영할 때는 회기 운영과 마찬가지로 과정 운영을 어떤 계획을 가지고 할지 생각을 할 필요가 있다. 상담 초기, 상담 중기, 상담 후기와 같은 단계별 상담과정에 상담자들은 어떤 상담 개입을 할지 결정하게 된다. 상담 초기에 상담자의 역할은 주로 수용적이고 허용적이며 공감적이다. 상담자는 내담자로 하여금 수용받고 허용 받는 느낌을 받도록 하고, 이를 통해서 내담자가 마음을 열고 자신의 문제를 말할 수 있도록 한다. 내담자의 문제가 상담 초기에 충분히 드러나면 상담자는 내담자와 상담 목표를 합의한다. 이렇게 상담 목표를 합의할 때까지 상담자는 내담자와 관계형성을 위해서 노력한다. 상담자와 내담자의 관계 형성인 작업동맹은 앞으로 내담자를 변화시키기 위해서 꼭 필요한 관계적 장치이다. 이러한 관계적 장치를 만들고 상담 목표를 합의하여 내담자의 문제를 해결할 수 있는 기반을 만든다. 이러한 기반을 만들기 위해서 상담자는 천사와 같은 역할을 한다. 여기까지가 상담 초기의 상담자 활동이다.

상담 중기에 접어들면 상담자는 내담자의 문제를 해결하기 위해서 적극성을 보인다. 상담자는 내담자에게 도전하여 자신의 문제를 들여다보도록 한다. 모순을 지적하거나 직면을 통해서 내담자가 자신의 문제를 깨닫도록 돕는다. 그리고 질문이나 해석, 여러 가지 상담 기법을 가지고 내담자를 변화시키는 활동을 한다. 상담자의 중기 활동은 마치 전사와 같은 역할을 한다. 내담자의 문제에 도전하여 이를 해결하는 역할이 곧 전사이다. 그러나 전사의 역할을 하는 상담자는 다시 천사의 역할로 돌아가는 역할의 유연성을 보여야 한다. 내담자가 상담자로부터 직면이나 도전을 받으면서 저항이 생기거나 반발을 하게 되면 상담자는 다시 천사의 역할을 하면서 상담자가 여전히 내담자를 돌보고 있음을 보여 주어야 한다. 내담자는 상담자의 천사 역할을 통해서 자신이 도전을 받고 지적을 당하지만 이러한 도전이나 지적이 자신을 위함이라는 사실을 인식하게 된다. 물론 가장 이상적인 경우는 내담자가 상담자로부터 도전받고 있다는 인식이 없이 도전을 받으면서 변화하는 경우이다. 그러나 이러한 경우는 상담 기법적 측면에서 볼 때 아주 어렵다. 상담자는 고도의 전문성을 갖추어야 이러한 도전을 할 수 있다. 대부분의 경우에 상담자의 도전은 내담자의 반발이나 위축을 불러오게 된다. 상담자는 이러한 내담자의 마음을 잘 헤아려서 공감하고 이해를 하는 상담 초기의 활동을 통해서 내담자가 이러한 반발이나 위축을 극복할 수 있도록 돕는다. 상담자는 전사와 천사의 역할을 번갈아 가면서 내담자의 문제를 해결하는 중기 과정을 운영한다.

상담 후기에 접어들면 내담자는 자신의 변화를 확실히 하여 다시 세상에 나갈 준비를 한다. 이러한 준비를 위해서 상담자는 내담자로 하여금 자신의 변화를 새롭게 적용하고 실천하도록 돕는다. 내담자가 다시 문제를 제기하면 이러한 문제를 해결해 나가는 방법에 대해서 논의하고 이를 내담자가 다시 적용하도록 한다. 이러한 과정은 내담자가 적용을 통해서 지혜를 얻도록 하는 방법이다. 상담 후기에 상담자는 지혜자의 역할을 한다. 삶에 적용을 통해서 자신의 문제를 다시 한 번 깨닫고 이를 분명하고 확실하게 한다. 내담자는 종종 종결에 대한 두려움으로 인해서 자신은 아직 종결할 준비가 되어 있지 않다고 말한다. 이러한 경우 내담자는 새로운 문제를 제기해서 상담을 더 진행하도록 만들기도 한다. 이런 경우에 상담자는 새로운 문제에 대해서 천사, 전사 그리고 지혜자의 역할을 차례로 적용해 보고, 내담자의 문제가 새로운 문제인지 아니면 기존 문제의 연장선상인지 알 수 있다. 만일 새로운 문제라면 이는 새로운 회기를 구성하여 다시 상담을 진행할 수 있다. 그러나 기존의 문제를 다른 방식으로 드러내고 있다면 이는 종결과정으로 진행해야 한다. 상담자는 이렇게 종결과정을 진행하면서 내담자로 하여금 희망을 가지고 자신의 문제를 대처할 수 있음을 인식하고 확인하도록 돕는 역할을 한다. 이러한 과정은 내담자가 상담자 없이도 새로운 문제에 대처할 수 있는 능력을 키워 나가는 데 도움이 된다.

(2) 상담 행정과 관리 상담

지금까지는 관리 상담의 스펙트럼 중에 회기나 과정 운영에 대한 측면을 논의하였다. 이제는 조직 관리에 관한 논의가 필요하다. 작게는 상담소 운영 그리고 좀 더 크게는 단체의 운영과 같은 관리 상담의 측면들이다. 관리 상담에 꼭 필요한 요소 중 하나는 상담과 행정과의 관계이다. 관리 상담을 할 때 상담 행정의 부분이 아주 중요한 요소로 등장한다. 작은 조직을 운영하든 큰 조직을 운영하든 행정적 부분과 상담을 어떻게 관련지어 이해해야 할지와 같은 중요한 주제가 부상한다. 사실 많은 상담자들은 상담소에 고용된 사람이든 아니면 상담소를 운영하는 사람이든 관계없이 상담 행정에 관여를 한다. 그리고 좀 더 큰 조직을 운영하는 사람들도 행정을 어떻게 상담적으로 할지에 대해서 눈을 뜨고 상담과 행정 사이의 관계에 대한 이해를 필요로 한다.

상담은 일차적으로 마음에 관한 활동이고 행정은 일차적으로 조직 관리에 관한 활동이다. 관리 상담이라는 측면에서 보면 상담과 행정의 관계는 상담활동을 원활하게 하기 위해서 행정적 효율을 어떻게 높일지에 관한 질문과 관련이 있다. 상담소는 일차적으로 상담을 제공하는 장소이다. 병원이 환자를 치료하기 위한 기관이듯이 상담소는 내담자의 마음을 치료하고 자문하며 돌보기 위한 기관이다. 병원이 환자를 치료하는 행정을 필요로 하듯이 상담소도 내담자를 돕기 위한 행정적 지원이 필요하다. 행정은 상담을 통제하는 역할이 아니라 상담을 뒤에서 돕는, 지원하는 역할을 한다. 이는 마치 한 국가의 정부가 국민을 위한 행정체계를 유지하는 활동과 유사하다. 국민이 편안하고 행복한 삶을 살게 하기 위해서 대통령 및 정부 각료들 그리고 입법부와 사법부의 모든 행정기관은 행정적 역량을 갖출 필요가 있다. 이러한 원리는 교회 행정에도 적용된다. 하나님의 백성들이 교회 행정을 통해서 더 풍성한 삶을 살고 하나님 나라의 확장을 위한 사업을 활발하게 할 수 있도록 교회 행정이 행정적 역량을 유지할 필요가 있다. 상담을 위한 행정적 지원, 국민을 위한 행정적 지원, 그리고 성도를 위한 행정적 지원 등은 모두 상담과 행정 사이의 관계를 말해 주는 표현이다.

상담 행정이란 상담이 원활하게 진행되기 위해서 필요한 행정적 체계를 말한다. 내담자가 상담소에 전화해서 상담을 예약하고, 방문하여 상담을 받고, 상담소를 떠날 때까지 그리고 떠난 뒤에 발생하는 모든 것을 다루는 행정적 체계가 상담 행정이다. 상담자 관리, 세무 관리, 회계 관리, 직원 관리, 상담소 홍보 그리고 상담 프로그램에 따른 제반 행정 관리 등과 같은 많은 영역이 상담 행정이다. 상담 프로그램이란 개인 상담, 집단 상담, 가족 상담, 상담 교육, 상담 슈퍼비전 등과 같은 각종 상담 관련 활동을 말한다. 상담소를 운영하는 운영자는 이렇게 많은 것을 신경 쓰면서 관리하는 사람이다.

상담과 행정과의 관계에서 발생하는 주된 문제들은 행정이 상담을 침해하거나 상담이 행정을 침해하는 경우로 나누어진다. 상담소에서 일하는 상담자는 종종 행정으로 인해서 발생하는 상담의 문제를 호소하는 경우가 있다. 대표적인 예가 상담 회기 수에 관한 문제이다. 상담 회기 수를 지나치게 제한하거나 지나치게 늘리는 방식으로 상담을 하도록 요구받는 상담자들이 이러한 문제를 제기한다. 어떤 내담자의 경우에는 상담 회기를 충분히 잡아 주어야 내담자가 제기하는 문제의 해결이 가능하다. 그럼에도 불구하고 상담소의 방침으로 인해 내담자 문제를 제대로 해결하기도 전에 상담을 종결해야 하는 경우가 발생한다면 상담자는 입장이 난처해진다. 예를 들어, 상담 회기가 일률적으로 5회기로 정해진 상담소를 생각해 보자. 내담자의 유형이나 호소문제와 관계없이 일률적으로 5회기만 상담을 해야 한다면 상담자는 안내나 교육 이외의 활동을 하기는 어렵다. 내담자를 상담하기보다는 상담에 대한 간단한 오리엔테이션 또는 내담자 문제에 대한 간단한 교육으로 상담은 종결된다. 이런 경우 내담자 문제를 해결하기 어렵게 되고 문제를 해결하기 위한 기초 작업만 이루어진다. 이렇게 상담소가 행정을 경직되게 운영하면 상담자는 자신의 전문성을 살리기 어렵게 된다. 반대로 상담소에서 상담 회기를 늘리기를 바란다고 호소하는 상담자가 있다. 자신이 볼 때 내담자는 일정한 정도의 회기가 필요하다고 생각되지만 상담소가 은근히 상담자에게 더 오랫동안 상담을 진행해 주기를 바라는 경우이다. 물론 상담소 입장에서는 상담의 회기가 늘어나야 상담소 운영에 도움이 될 수 있다. 그러나 이렇게 상담의 회기를 늘리도록 하면 상담자는 자신의 전문성보다는 경제성에 입각해서 상담을 진행하게 된다. 병원에서 의사가 진료를 지나치게 하듯이 상담도 지나치게 하게 되는 경우가 발생한다.

이런 경우는 모두 상담자가 제기하는 관리 상담의 문제이다. 상담자가 자신의 회기를 운영하는 운영자로서 회기 수를 어떻게 할 것인지에 대한 문제 제기를 하고 있다. 이때 회기 운영자로서 상담자는 이러한 관리상의 문제를 상담소에 제기할 수 있어야 한다. 행정을 담당하는 주체는 상담자가 제기하는 이러한 문제를 반영하여 상담 행정을 어떻게 운영해야 할지에 대해서 열린 태도를 가지고 있어야 한다. 만일 상담소를 운영하는 입장에서 반드시 그렇게 해야 할 합당한 이유를 가진 경우에는 상담자에게 이러한 입장을 충분히 설명하여 상담자가 주어진 회기 내에 상담을 할 수 있는 역량을 갖추도록 하면 된다. 그렇지 않다면 상담의 전문성이 침해되지 않는 방향으로 상담 행정이 이루어지도록 해야 결국에는 상담소에도 도움이 된다. 상담소는 결국 상담을 잘하는 곳이어야 한다. 상담을 잘하는 곳으로 인정받기 위한 상담 행정의 구축은 상담자와 상담소장 간의 원활한 대화 속에서 이루어진다.

　이번에는 거꾸로 상담이 행정을 침해하는 경우의 문제이다. 상담자들로만 구성된 상담소를 운영하는 상담소장은 행정을 할 때 어려움을 겪는 경우가 있다. 상담자들이 행정을 함에 있어서 자신의 마음과 행정을 분리하고 있어야 함에도 불구하고 마음과 행정을 분리하지 못하는 경우가 종종 발생한다. 예를 들면, 상남소 소장이 상담자에게 "일을 왜 이렇게 하였는가?" 하고 물으면 일에 관한 이야기를 하면 된다. 그런데 상담자들 중에는 소장이 자신의 마음을 헤아리지 않는다고 말하거나 자신에게만 추궁을 한다고 불평하는 사람이 있다. 상담소장은 행정을 할 때 행정뿐만 아니라 상담자의 마음까지 헤아려 공감과 일을 동시에 진행해야 하는 경우가 종종 발생한다. 물론 소장이나 행정적으로 우위에 있는 사람이 아랫사람을 배려하는 마음은 중요하다. 행정을 함에 있어서 상담자의 마음을 배려하면서 행정을 하면 금상첨화이다. 그러나 상담소도 여느 기관과 마찬가지로 상담을 하는 행정기관이다. 이러한 행정기관은 모두 일을 중심으로 관계가 형성되므로 마음이 우선이 아니라 일이 우선이다. 일을 하면서 마음을 배려하면 더 좋지만 그렇지 않다 하더라도 일을 잘해야 한다. 일을 통해서 인정을 받고 일을 통해서 배려를 받는 관계가 상담소이다. 그러나 이러한 상담소의 본질을 잘못 이해하고 있는 상담자에 대해서 상담소장이 어떻게 해야 하는지에 대한 질문을 상담소를 책임지고 있는 소장들이 제기한다. 이러한 경우에 상담소장은 상담자를 교육해야 한다.

상담소에서 근무하는 상담자들에게 마음과 일의 관계에 대한 교육이 필수적이다. 이는 직원 교육에 해당되는 상담 행정이다. 이러한 교육을 통해서 상담자는 직원으로서 자신의 일에 대한 분명한 인식을 가질 필요가 있다. 상담자는 자신의 마음을 배려 받으면 좋지만 그렇지 않더라도 직원으로서 일을 우선시해야 한다. 그러나 마음의 배려가 일차적이라고 생각하게 되면 이는 오히려 상담이 행정을 침해하는 경우가 된다. 배려와 일이 구분되고, 일이 우선시되며 배려는 이에 부수적으로 뒤따르는 성격의 것이라는 점을 행정하는 상담자들이 인식할 필요가 있다. 그리고 상담 행정을 하는 운영자들도 이러한 원리를 분명하게 이해하는 노력이 필요하다.

3. 상담의 일반적 정의

상담의 정의에 대한 여러 방식의 논의는 '이해를 바탕으로 인간이 자유롭게 되도록 돕는 활동'으로 요약된다. 이 문장에서 '이해, 인간, 자유, 돕는 활동'이라는 네 가지 측면으로 상담이 정의된다. 이해라는 측면에서 보면 '인간'과 인간에 대한 주제와 관련된 '환경'이 이해의 두 가지 영역이다. 먼저 인간에 대한 이해 측면에서 보면 인간에 대한 이해는 너무 당연한 말처럼 들리지만 상담과 관련한 활동이 늘어나면서 상담의 대상이 다른 여러 영역으로 확대되는 양상을 보인다. 앞에서 논의한 전문 영역별 상담이 바로 이러한 부분이다.

1) 상담과 인간 이해

인간을 이해한다고 할 때 그것은 인간 자체에 대한 이해와 인간을 둘러싸고 있는 환경에 대한 이해로 나뉜다. 이 둘은 불가분의 관계를 가지고 있다. 인간은 환경과 관계없이 홀로 존재할 수 없다. 또한 인간이 없는 환경을 이해하기는 어렵다. 그렇기 때문에 상담은 인간, 환경 그리고 이 둘의 상호작용에 대한 이해를 바탕으로 이루어진다.

(1) 인간 자체에 대한 이해

전문 영역별 상담인 신앙 상담, 부동산 상담, 세무 상담, 법률 상담 등은 정보 상담이다. 이 영역에 종사하는 각종 전문가들은 자신이 가지고 있는 전문지식을 단지 정보를 구하는 사람에게 전달하는 역할을 한다. 이들은 인간에 대한 이해를 전문으로 하는 상담 전문가들과는 다른 종류의 전문가들이다. 이들이 하는 상담은 자신이 가지고 있는 전문 영역의 지식을 단지 전달하는 정보 상담의 성격을 가지고 있다. 이들은 인간에 대한 이해가 부족하거나 없기 때문에 이러한 정보들이 자신이 상담하고 있는 사람들에게 어떻게 이해되어 활용되는지에 대한 이해가 없다. 상담은 인간을 대상으로 하는 활동이기 때문에 상담 전문가가 되려면 인간에 대한 이해를 기본적으로 갖추고 있어야 한다. 앞에서 언급한 자문 상담과 같은 상담활동은 인간에 대한 지식을 가진 상담 전문가가 자문을 구하는 질문자라는 사람을 이해하면서 정보를 전달한다. 정보 상담과 정보를 제공하는 점은 같지만 이러한 정보가 자신이 자문하고 있는 사람의 성격, 마음, 그리고 문제들과 어떻게 밀접한 관련이 되는지를 이해하면서 상담활동을 한다는 점이 다르다. 그렇기 때문에 상담은 일차적으로 인간에 대한 이해를 바탕으로 진행되는 활동이어야 한다.

상담의 스펙트럼에서 보면 인간에 대한 이해는 어떤 유형의 내담자를 만나더라도 필수적이다. 돌봄 상담을 제공하는 상담자는 대상자에 대한 돌봄을 상담적으로 진행한다. 상담적으로 돌봄을 제공하는 상담자는 대상자의 마음에 대한 깊은 이해가 필요하다. 대상자가 왜 자신의 마음을 감추고 싶은지 그리고 대상자가 어떤 종류의 상호작용을 하는지, 이러한 상호작용이 주변 사람들에게 어떤 영향을 미치고 있는지와 같은 여러 가지 주제에 대해서 깊은 이해가 필요한 사람이 돌봄 상담자이다. 돌봄 상담자뿐만 아니라 자문 상담자들도 인간에 대한 이해가 필수적이다. 자문 상담자는 질문을 하는 질문자의 의도와 의중 그리고 질문자가 궁금해 하고 있는 대상자에 대한 깊은 이해를 통해서 자문 상담을 제공한다. 자문 상담자는 질문자와 대상자 두 사람에 대한 이해와 이들의 상호작용에 대한 이해까지 이해의 폭이 상당히 넓다. 만일 질문자가 심리검사를 요청한 경우라면 심리검사에 나타난 사람의 마음과 관계 형태를 자문 상담자는 잘 이해하고 있어야 한다. 치료 상담자들에게 사람에 대한 깊은 이해는 그 자체로 치료적이다. 많은 내담자들이 자신의 마음을 이해 받지 못하고 또한 상처로 인해서 중요하게 인식하고 이해해야 할 것들을 놓치고 있는 점을 치료 상담자가 이해해 줄 때 이들은 마음이 열린다. 이렇게 마음이 열리면 이들은 자신의 마음을 객관적으로 볼 수 있고 이를 통해서 자신의 문제점이 무엇인지를 알아 가게 된다. 관리 상담자들은 상담 진행과정과 운영자가 속한 기관의 체계에 대한 깊은 이해를 필요로 한다. 이 경우 인간 이해는 단지 마음에 대한 이해뿐만 아니라 인간이 살아가는 조건인 체계에 대한 이해가 필수적이다. 마음과 체계의 상호작용에 대한 이해 또한 관리 상담에서 중요하게 인식하고 이해할 점이다.

(2) 인간을 둘러싼 환경에 대한 이해

상담은 내담자가 제기하는 호소문제와 이와 관련된 환경적 주제에 대해 이해하는 활동이다. 상담활동을 진행하는 상담 전문가들은 개입이나 처치를 하기 전에 이해를 먼저 필요로 한다. 내담자, 대상자, 질문자, 운영자(이하 내담자)들이 제공하는 호소문제를 이해하면서 상담을 진행하는 사람이 상담 전문가이다. 호소문제를 인간의 성격이나 마음 그리고 관계 속에서 이해하기도 하지만 사회적 맥락 또는 철학적 주제들을 토대로 이해하기도 한다. 그렇기 때문에 상담 전문가들의 이해 범위는 단지 인간의 마음과 관계만이 아니라 훨씬 더 넓고 깊은 영역으로까지 확대된다. 인간의 마음이나 성격 그리고 관계에 대해서는 전문적 지식을 소유한 상담 전문가들이 내담자가 제기하는 주제를 제대로 인식하지 못하는 경우가 종종 있다. 이는 상담자 자신이 이해하고 있는 범위 내에서만 주제를 이해하려고 했기 때문이다. 예를 들면, 운영자가 제기한 호소문제가 "상담자인 부하직원이 일을 하면서 너무 자주 불평을 하기 때문에 마음이 불편하다."라고 하자. 이 경우에 운영자의 마음에만 초점을 맞추어서 이해하면 운영자의 불편한 마음에만 집중하게 된다. 그러나 이 호소문제에는 운영자의 마음뿐만 아니라 상담자와 운영자와의 관계 그리고 운영자가 상담소를 운영하는 정책 등과 같은 여러 가지 주제들이 등장한다. 상담자는 이러한 주제들에 대해서 이해하는 활동이 필요하다. 운영자가 제기하는 문제가 자신의 마음을 편안하게 하는 심리 상담인지 아니면 운영자와 상담자 사이의 관계를 위한 체계 상담인지 또한 상담자인 직원과 상담소를 운영하는 원칙이나 원리와 관련된 주제인지를 파악하는 능력을 상담 전문가는 가지고 있어야 한다. 이러한 이해를 바탕으로 상담자는 자신의 상담 개입을 결정하게 된다. 상담자는 인간에 대한 깊은 이해뿐만 아니라 사회 체계에 대한 이해 그리고 관계를 결정하는 많은 요소에 대한 이해 등과 같은 여러 가지 종류의 이해를 필요로 한다. 이처럼 여러 가지 활동은 호소문제가 가지고 있는 인간의 마음에 대한 이해와 인간의 마음을 둘러싼 환경에 대한 이해를 바탕으로 한다.

2) 상담과 인간 자유

상담은 인간을 자유롭게 한다. 어떤 종류의 문제를 가지고 온 사람이든 상담자는 이해를 바탕으로 이들을 문제로부터 자유로워지도록 한다. 상담자는 내담자가 분노, 우울, 의심, 불안, 수치심 등과 같은 감정들로부터 자유로울 수 있도록 노력한다. 상담자는 또한 내담자가 매여 있는 환경, 구속이나 억압 그리고 속박으로부터 자유롭게 되도록 한다. 내담자가 자유롭게 되도록 상담자는 때로 고통이나 문제 그리고 어려움 등을 직면하고 대면하며 도전할 수 있도록 내담자를 격려하고 지지한다.

자유는 세 가지 측면을 가지고 있는데, 이는 곧 '~부터의 자유' '~로의 자유' '~위한 자유'이다(Clinebell, 1984: 30). '~부터의 자유 (free from)'는 억압, 구속, 방해, 핍박, 폭력 등과 같은 현상들로부터 해방을 의미한다. 인간은 이러한 현상들로부터 자유롭기를 바란다. 내담자가 제기하는 호소문제는 이러한 것들로부터 자유롭게 되도록 상담자에게 상담을 요청한다. 예를 들면, 우울한 감정을 호소하는 내담자는 우울한 감정으로부터 해방되기를 원한다. 상담자는 할 수 있는 한 내담자가 우울한 감정으로부터 자유로워지도록 돕는 역할을 한다. 상담자는 내담자의 우울의 감정에 공감하고 반영하며 우울의 원인을 파악한다. 그리고 상담자는 원인이 파악되면 이러한 원인을 제거하기 위한 상담활동을 한다. 이러한 상담자의 활동은 모두 내담자가 우울로부터 자유롭기 위해서 필요한 행동이다.

'~로의 자유(free to)'는 인간이 구속이나 속박으로부터 자유롭기 위해서 자신이 감정이나 고통에 직면할 자유가 있어야 한다는 것이다. 우울한 내담자는 심리적 우울 구조를 가지고 있다. 내담자는 오랫동안 우울한 구조 속에서 살아왔기 때문에 우울과 관련된 여러 가지 생각, 감정, 느낌, 행동들을 발달시켜 왔다. 우울로부터 자유롭기 위해서는 우울과 관련된 생각, 감정, 느낌, 행동을 들여다보는 자유를 가지고 있어야 한다. 내담자는 우울로 인해서 만들어진 환상을 깨기 위해서 환상과 관련된 고통에 직면할 자유를 가지고 있어야 한다. 상담자는 내담자로 하여금 이러한 자유를 갖기 위해서 돕는 활동을 한다. 다른 말로 하면 상담자는 내담자가 자신의 고통을 들여다보는 '~로의 자유'를 발휘하도록 돕는 활동을 한다. 이러한 '~로의 자유'로 인해서 내담자는 우울에 의한 병리적 구조를 바로 잡을 수 있게 된다.

'~위한 자유(free for)'는 자유를 얻으면 무엇을 위해서 사용할 것인가라는 질문과 관련이 있다. 자신의 행복만을 위한 자유인가 아니면 다른 사람과 자신 모두를 위한 자유인가라는 주제가 발생한다. 이러한 주제를 심도 있게 다루다 보면 '~위한 자유'가 중요한 주제임을 알게 된다. 자유의 활용이나 목적에 대한 이해가 '~위한 자유'를 위해서 필요한 주제이다. 자신만을 위한 자유는 타인을 힘들게 할 가능성이 있고, 타인만을 위한 자유는 자신을 희생시킬 수 있다. 자신과 타인 모두를 위한 자유를 통해서 자유가 방종이나 이기심 또는 타인만을 바라보는 타인 지향성이 아닌 균형이 있는 자유임을 알게 된다.

이러한 자유에 대한 논의는 자율과 직결된다. ~부터, ~로의, ~위한 자유는 모두 자율적 인간을 상정한다. 자율적 인간은 자유의 세 가지 측면을 모두 자유롭게 활용할 줄 안다. 생명의 위협이 느껴지거나 공동체를 보호하기 위해서는 위협이나 협박으로부터 자유로울 수 있어야 하고, 내적 갈등이나 인간 간의 갈등을 조절하고 해결하기 위해서는 이러한 갈등을 들여다보고 갈등의 원인을 이해하여 해결할 수 있는 자유가 있어야 한다. 그리고 자신이 누리고 있는 자유가 누구를 위한 자유인가라는 주제에 답을 할 수 있는 마음이 필요하다. 자유의 세 가지 측면이 활용되면서 적절하게 사용될 때 자율적 인간이 된다.

3) 상담과 상담관계

상담자는 내담자가 제기하는 호소문제를 해결하기 위해서 이들을 돕는 사람이다. 이런 면에서 상담은 상담자와 도움을 필요로 하는 사람 사이에 일방적 관계의 성격을 갖는다. 상담을 통해서 도움을 받는 사람이라는 측면에서 보면 상담은 양방적 성격이 아닌 내담자, 대상자, 질문자, 운영자의 도움만을 위한 일방적 성격을 가진 활동이다. 상담자는 상담을 통해서 자신의 유익을 구하지 아니하고 오직 내담자의 유익만을 위하여 활동한다. 이러한 활동을 위해서 상담자가 어떤 위치에 있어야 하는지 그리고 어떤 종류의 활동을 해야 하는지를 인식하고 결정을 하게 된다.

내담자를 돕는 활동으로써 상담은 과정적 성격을 갖는다. 상담은 일회성인 단회 상담에서부터 십수 년에 걸친 초장기 상담까지 다양하다. 이러한 상담은 모두 일련의 과정을 가진 연속적 성격을 가진다. 상담은 대체로 초기, 중기, 후기로 그 과정을 나누어 볼 수 있다. 상담 초기에 요구되는 상담자의 활동은 주로 수용적이고 허용적이다. 이러한 활동들을 토대로 내담자는 자유롭게 자신의 문제를 드러낸다. 상담 중기에 들어서면 상담자는 내담자가 자신의 문제에 도전할 수 있도록 여러 가지 활동을 한다. 이때 상담자는 주로 '~로의 자유'가 가능하도록 내담자를 돕는다. 상담 후기에 상담자는 내담자가 이제 세상과 사회로 나갈 준비를 하도록 돕는다. 이렇게 상담을 종결하기 위해서 상담자는 주로 자문 활동을 한다. 내담자가 스스로 자신의 문제를 인식하고 이를 해결하는 과정을 거쳐서 실제로 현실 생활에 적용하는 과정에서 내담자를 자문하여 이러한 과정이 원활해지도록 돕는 역할을 하는 사람이 상담자이다. 상담자는 많은 지혜가 필요하다. 내담자에게 어떤 때에 어떤 방식으로 개입할지를 생각하고, 내담자가 가장 필요로 할 때 개입할 수 있어야 한다.

제3장
기독교 상담에 대한 이해

1. 기독교 상담과 영성

　기독교 상담이란 상담을 기독교적으로 하는 활동이다. 기독교적이라는 말의 뜻은 기독교 세계관이 반영된 관점을 의미한다. 이러한 기독교적 세계관의 가장 중요한 의미 중 하나는 영성이다. 다른 말로 하면 기독교 상담은 영적 이해를 바탕으로 인간을 자유로워지도록 돕는 활동이다. 상담이 일반적 이해를 바탕으로 한 활동이라면 기독교 상담은 영적 이해를 바탕으로 하는 상담활동이다. 영적 이해는 인간의 영성에 대한 인식을 대상으로 한다. 영성은 일반적 영성과 종교적 영성으로 나뉜다.

1) 일반적 영성

(1) 신의 성품

모든 인간에게는 신성, 즉 신적 성품이 들어 있다. 창세기 1장 27절은 "하나님이 자기 형상대로 사람을 창조하시되 남자와 여자를 창조하고"라고 신성에 대해서 기록하고 있다. 하나님은 인간을 창조할 때부터 자신의 형상을 인간의 마음에 심어 두셨다. 하나님의 형상은 인간 존재를 넘어서 영적 존재를 알 수 있는 신적 성품을 의미한다. 이러한 하나님의 형상으로 말미암아 인간은 즉각적 현실만을 사는 존재가 아니라 이상적 현실 또는 영적 현실을 사는 존재이다. 하나님을 염두에 두지 않는다 하더라도 인간은 이러한 신성으로 인해서 자연스럽게 영적 현실을 사는 존재이다. 하나님이 없는 일반인들도 무엇인가를 믿으면서 살아간다. 단지 믿는 대상이 사람마다 다를 뿐이다. 이러한 믿음의 생활이 가능한 이유는 하나님의 형상인 신성이 마음속에 존재하기 때문이다.

신성은 인간을 영적 존재로 살아가게 한다. 영적 존재로서 인간은 자신의 마음속에 들어 있는 신성을 발휘하며 산다. 무엇인가를 믿고 싶어 하는 마음은 일반적 영성인데, 이는 여러 가지 방식으로 나타난다. 영적 존재가 아닌 일반적인 무엇인가를 믿으려 하기도 하고 자신을 믿으려는 마음으로 나타나기도 한다. 때로는 조직이나 사회적 현상에 대한 믿음을 가지고 살기도 한다. 또는 더 나은 무엇을 찾기 위해서 모험하는 삶을 살기도 하고 집단으로 무엇인가를 추구하는 집단적 삶으로 나타나기도 한다. 방식이나 추구 대상만 다를 뿐 인간은 무엇인가를 믿으면서 살려고 하는 경향을 가지고 있다. 이러한 영성을 일반적 영성이라고 부른다. 특별히 종교 생활을 하지 않으면서도 무엇인가 믿는 대상을 찾으면서 사는 삶은 일반적 영성으로 인해서 가능하다.

(2) 초월적 노력과 영성

일반적 영성은 자신을 넘어서려는 초월적 노력으로 나타나기도 한다. 인간은 자신의 세계만이 아닌 다른 사람들의 세계나 눈에 보이지 않는 그 무엇인가를 추구하기를 원한다. 이러한 초월적 노력은 굳이 절대자를 상정하지 않더라도 인간의 마음속에 자연스럽게 존재한다. 일반적 영성은 자연스럽게 발달적 경향으로 나타나기도 한다. 현재의 자신을 뛰어 넘으려는 마음인 초월의 욕구는 발달을 통해서 자신을 더 큰 존재로 만들어 간다. 현재의 자신보다 더 큰 존재가 될 때마다 느끼는 뿌듯한 마음도 일반적 영성과 관련이 있다. 인간은 발달을 통해서 자신을 더 큰 존재로 만들기 위해 변화를 거듭한다. 이러한 변화는 생물학적으로도 진행되지만 심리적이나 영적으로도 진행된다. 생물학적 변화는 신체가 나이를 먹으면서 달라지는 현상이다. 심리적 변화는 관점의 변화, 수용력의 변화, 관계능력의 변화 등을 수반한다. 영적 변화는 자신이 살고 있는 세계를 초월하여 새로운 세계를 받아들이는 현상으로 이어진다.

여기서 언급하고 있는 심리적 발달이나 영적 발달은 모두 초월적 현실을 반영하는 증거이다. 인간은 발달을 통해서 자신을 넘어서서 더 큰 존재가 되려고 하거나 더 큰 존재와 관계를 맺으려고 한다. 발달은 과거의 자신보다 현재의 자신이 더 커지는 현상이다. 이러한 발달 현상을 변형이라고 한다. 변형은 구조적 변화로써 이

전에 없던 것이 생겨나서 현재가 이전보다 더 커지는 현상이다. 예를 들면, 청소년은 아동과 발달적으로 차이가 난다. 청소년은 아동기에는 없던 성적 능력을 갖게 된다. 생명을 창조할 수 있는 성적 능력을 가진 청소년은 여러 면에서 아동보다 더 큰 존재이다. 이렇게 아동에서 청소년으로의 발달과정은 자연스럽게 자신을 더 큰 존재로 만들어 간다.

영적 발달도 마찬가지이다. 영적 존재와의 관계에서 기복적 신앙을 가진 사람과 영적 존재의 뜻을 받아들이는 사람은 차이가 있다. 기복적 신앙을 가진 사람은 자신이 원하는 것만을 가진 사람이다. 이들에게는 영적 존재의 뜻은 의미가 없다. 그러나 영적 존재의 뜻을 받아들이는 영적 사람은 자신의 뜻과 영적 존재의 뜻을 모두 가진 사람이다. 즉, 영적 사람은 자신의 뜻을 영적 존재의 뜻에 일치시키는 변화를 하거나 자신의 뜻을 포기하는 변형을 하는 사람이다. 영적 사람은 기복적 사람보다 더 큰 존재이다. 기복적 사람은 자신의 뜻만을 관철시키기 위한 행위를 하지만 영적 사람은 자신의 뜻을 변화, 변형시켜서 영적 존재의 뜻에 맞추려는 사람이다. 영적 존재의 뜻에 맞추려는 마음은 자신의 뜻을 포기하거나 확장하면서 자신의 생명을 포기할 수 있는 태도이다. 기복적 사람은 자신의 뜻을 관철하기 위한 삶의 노력만 가진 사람이다. 다르게 말하면 기복적 사람은 살려고만 하는 반면, 영적 사람은 살기도 하고 죽을 수도 있는 사람이다. 기복적 사람에게는 삶만 있으나 영적 사람에게는 삶과 죽음이 동시에 존재한다. 삶만 있는 사람과 삶과 죽음이 공존하는 사람은 비교가 불가능하다. 삶과 죽음이 같이 있는 사람은 삶만 있는 사람보다 큰 사람이다. 기복적 사람이 영적 사람

으로 변화되는 변형의 과정이 영적 발달이다. 이러한 영적 발달은
초월적 세계를 향한 변화이다.

2) 종교적 영성

(1) 인간의 영적 위치

신과 관련된 인간의 영적 활동을 종교적 영성이라고 한다. 종
교적 영성은 하나님과 관련 속에서 맺는 인간의 영적 상태를 말한
다. 인간의 영성은 하나님 앞에서 인간의 위치가 무엇인지로 나타
난다. 인간의 위치는 창세기 3장 9절 "여호와 하나님이 아담을 부
르시며 그에게 이르시되 네가 어디 있느냐?"라는 하나님의 질문에
잘 나타나 있다. 아담은 선악과를 따먹고 동산에서 하나님의 음성
을 듣고 하나님의 낯을 피하여 숨는다. 하나님을 피하여 숨는 아담
의 행동에 대해서 하나님은 "네가 어디 있느냐?"라는 질문을 던진
다. 이 질문은 단순히 아담이 숨은 장소만을 묻는 질문뿐만 아니라
아담의 영적 위치를 묻는 질문이기도 하다. 이러한 하나님의 질문
을 Jones(2006)는 자신과 자신과의 관계, 자신과 타인과의 관계 그
리고 하나님과 자신과의 관계로 정리해서 말하고 있다(61-63). 세
가지 종류의 인간의 위치는 결국 하나님과 관련 속에서 규정된다.
하나님 앞에서 인간이 어떤 존재인지 확인되고 나면 자신과 자신
과의 관계, 자신과 타인과의 관계는 저절로 규정된다. 예를 들면,
하나님 앞에서 인간은 피조물이면서 동시에 죄인이다. 피조물은
한계를 가진 유한한 존재이다. 그리고 죄인은 자체적으로 모순적
이며 부분적이고 작은 존재이다. 인간은 모순을 가진 유한한 존재

임을 자신이 자각하고 이를 바탕으로 다른 사람들과 관련을 맺는다. 자신의 위치를 인정하는 사람들은 영적 존재가 되지만 자신의 위치를 부정하는 사람들은 세속적인 사람들이 된다. 영적 존재들은 다른 사람들과 경쟁을 통해서 우위를 점하기보다 서로를 배려하고 아끼는 사람의 관계를 맺는다.

인간의 이러한 위치와 상태에 관해서 Miller(2005)는 영의 실재, 신이 아님, 죄, 대행, 영적 건강, 관계적 책임, 소망, 변형(30-33) 등으로 말하고 있다. Miller가 제시하고 있는 인간의 위치에 관한 개념에서 눈에 띄는 대목은 '영의 실재(reality of spirit)'와 '신이 아님(not God)'이다. 기독교 상담자로서 Miller는 인간이 단지 사회적이고 심리적 실재만 가진 존재가 아니라 영적 실재를 가진 존재임을 밝히고 있다. 하나님이 없는 비종교인들은 사회적 실재와 심리적 실재만을 가지고 삶을 살아간다. 인간 사회와 세상에 관한 현실과 실재인 사회심리적 현실은 인간의 삶을 제한하게 된다. 인간은 이러한 사회심리적 현실을 넘어서서 눈에 보이지 않는 세계인 영적 실재를 가진 존재이다. 인간 세상을 넘어서는 또 다른 세계인 초월적 현실이 존재한다. 이러한 초월적 현실이 영적 실재이다.

초월적 현실에는 영적 존재들이 살고 있다. 인간의 눈에는 보이지 않지만 세상을 다스리면서 역사를 주관하는 존재인 하나님은 이러한 초월적 세계에 존재한다. 영적 실재와 영적 존재인 하나님을 인정할 때 인간은 자연스럽게 자신의 위치를 알게 된다. 인간은 피조물이며 하나님을 부정하는 죄인이다. 피조물로서 인간은 한계를 가지고 있다. 수명은 100년 남짓일 뿐더러 인간의 모든 능력은 제한된 형태로 존재한다. 제한된 능력을 가진 인간이 자신의 능력을 스스로 뛰어 넘어서 하나님과 같이 되려는 마음이 죄성이다. 인간은 이렇게 죄성을 가진 죄인으로서 삶을 살아간다. 반항, 반역, 배신, 무자비, 무정, 자기중심성, 음모, 음해 등과 수많은 인간의 행위는 인간이 타락한 존재인 죄인임을 나타내는 실증적 증거이다. 피조물임을 인정하고 죄인임을 받아들이는 인간은 초월적 현실에 살고 있는 하나님을 반드시 필요로 하게 된다. 피조물로서 인간은 영적 존재인 하나님의 도움을 받아야 하는 위치를 갖는다.

(2) 대행자로서 인간

Miller의 관점에서 눈에 띄는 개념은 대행이다. 대행이란 누군가로부터 부탁을 받거나 명령을 받아서 실행하는 개념이다. 하나님과 관계에서 자신의 위치를 깨닫고 이를 받아들이는 영적인 존재는 자신이 원하는 것만을 하는 사람이 아니라 하나님의 부탁이나 명령을 수행하는 사람이다. 영적 존재로서 종교적 영성은 여기서부터 출발한다. 종교적 영성은 인간이 하나님의 명령이나 부탁을 수행하는 대행적 존재임을 말하고 있다. 대행적 존재로서의 삶은 심리적 대행과 영적 대행의 조율을 통해서 나타난다. 대행적 존재는 먼저 하나님 앞에서 심리적으로 안정되고 평화로운 상태를 보여야 한다. 이러한 심리적 상태가 심리적 대행이다. 때로 하나님의 대행자로서의 삶이 고통스럽고 힘들 수는 있다. 그럼에도 불구하고 인간은 심리적 대행자로서 이러한 고통이나 힘듦을 소화하고 받아들이는 능력을 가지고 있어야 한다. 심리적 대행자는 이러한 능력을 소유한 사람이다. 영적 대행이란 하나님의 나라를 확장하는 일과 관련이 있다. 전도 명령을 수행하거나 선한 구제의 일을 하거나 하나님의 나라를 돌보는 모든 일이 영적 대행과 관련이 있다. 대행자는 심리적 대행과 영적 대행의 통합으로 이루어진 삶을 살아가게 된다. 자신의 마음을 다스려서 마음의 평화를 유지하도록 노력하면서 동시에 하나님 나라의 확장을 위해서 일하는 사람이 하나님의 대행자이다.

일반적 영성에서도 대행의 개념은 존재한다. 많은 심리학자들은 인간이 자신의 욕구를 대행하는 심리적 대행을 하는 존재임을 밝히고 있다. 이러한 심리적 대행은 자아개념이라는 용어로 심리학에서 정의되고 있다. 그러나 인간은 자신의 욕구만을 대행하는 존재가 아니라 타인이나 영적 존재를 대행하는 존재이기도 하다. 만일 하나님의 부탁이나 명령이 자신의 욕구와 일치하면 심리적 대행과 영적 대행은 일치된다. 그러나 이 두 대행이 일치되지 않으면 갈등이 발생한다. 인간은 근본적으로 죄성을 가진 존재이기 때문에 영적 존재인 하나님의 명령을 대행하기보다는 자신의 욕구를 대행하고자 하는 쪽으로 기우는 경향이 있다. 이럴 때 영적 존재로서 인간은 자신의 욕구를 대행하고자 하는 마음과 하나님의 명령을 대행하고자 하는 마음을 서로 조율하는 과정을 거치게 된다. 이러한 조율의 과정이 성화이다.

성화는 자신을 끊임없이 변화시키는 과정으로서 하나님의 성품을 닮아가는 변형이다. 자신을 변화시키는 과정은 욕구의 조율과정인데 인간은 이러한 욕구를 조율하면서 자신을 점차로 변화시키게 된다. 임상에서 내담자를 돌보기 위해서 상담자는 자신을 끊임없이 변화시키고 자신의 변화를 추구한다(Wicks & Maynard, 2014). 상담자는 자신을 변화시키지 않으면 내담자를 돌보는 데 있어서 한계에 도달하게 된다. 상담자의 이러한 과정은 내담자로부터 신뢰를 얻기 위한 전문적 성장이라고 부르기도 한다(김용태, 2014: 139-144). 내담자를 돌보기 위한 전문적 성장과 자기 혁신은 임상 현장에서 하나님의 성품을 닮아가는 성화의 과정이다. 때로는 내담자를 돌보기 싫을 때도 있고 관계를 단절하여 돌보고 싶지 않을 때도 있지만 이러한 마음을 다스리면서 다시 내담자를 돌보는 마음이 하나님의 성품을 닮아가는 과정이다. 하나님의 성품을 닮아가는 과정은 타인을 돌보는 마음으로 나타난다. 다른 사람을 돌보는 과정에서 자연스럽게 돌보는 사람은 자신을 변화시키게 된다.

이러한 모든 성화, 전문적 성장, 자기 혁신 등과 같은 개념들은 모두 하나님을 대행하는 존재로서 살면서 겪는 현상들이다. 이러한 현상들을 통해서 인간은 자연적이고 심리적 존재에서 영적 존재로 재탄생하게 된다. 하나님이라는 영적 존재와 관련을 통해서 이루어지는 종교적 영성은 이렇게 영적 대행자로서 삶으로 나타난다. 하나님의 절대적 진리로 자신을 변화시킬 뿐만 아니라 이러한 진리를 다른 사람들에게 전하기도 하고 다른 사람들을 변화시키는 삶이 영적 대행자의 삶이다.

2. 다학문적 접근으로서 기독교 상담

1) 통합적 학문으로서 기독교 상담

(1) 여러 학문의 도움을 필요로 하는 상담학

상담은 학문적으로 보면 종합학문의 성격을 가지고 있다. 종합학문이란 하나의 학문적 근거를 가진 학문이 아니라 여러 가지 다른 학문들이 결합된 학문이란 의미이다. 임상 활동으로서 상담은 교육학, 심리학, 사회학, 종교학, 신학, 철학 등과 같은 여러 가지 학문의 도움을 필요로 한다. 상담이 기본적으로 인간의 마음과 관계를 대상으로 하지만 이러한 대상에 대한 도움은 단지 심리학적이거나 교육학적이지만은 않다. 인간의 마음과 관계는 사회학, 종교학, 철학, 신학 등과 같은 여러 가지 학문의 영역과 맞닿아 있다. 사람의 마음은 기본적으로 심리학적이다. 그러나 이러한 마음을 채우는 여러 가지 가치관이나 내용은 교육을 통해서 이루어지는 면에서 교육학적이다. 그리고 인간은 기본적으로 관계 속에 존재한다. 이런 면에서 상담은 사회학적 성격을 띠고 있다. 내담자가 제기하는 많은 문제들은 그 주제나 성격이 철학적이거나 종교적이기도 하고 때로는 신학적이기도 하다. 이런 면에서 실제 상담을 제공하는 상담자는 여러 학문 분야를 아우르는 종합적 학문의 성격을 가진 지식이나 지혜를 필요로 한다.

상담은 학문적 성격으로 볼 때도 종합학문의 성격을 갖지만 임상 활동을 할 때는 더욱더 종합학문의 성격을 갖는다. 임상 활동은 순간순간 많은 선택을 요구한다. 이렇게 선택을 하기 위해 상담자는 철학적, 종교적, 신학적 판단을 필요로 한다. 이는 상담자가 단지 객관적이고 과학적 입장에만 머무를 수 없는 이유이다. 선택을 하는 순간에 많은 사람들은 철학자가 되기도 하고 종교인이 되기도 하며 때로는 신학자가 되기도 한다. 간절히 하나님의 도움을 필요로 하는 많은 내담자들은 자신의 불행에 대해서 신학적이고 종교적인 질문을 가지고 상담 장면에 등장한다. 상담자가 상담을 진행함에 있어서 이러한 문제들에 대비되어 있지 않으면 상담을 제대로 진행하기 어렵다.

(2) 다(多)학문을 묶는 틀로서의 상담학

상담은 단지 종합적일 뿐만 아니라 이들을 녹여서 하나로 만드는 통합의 성격을 띠고 있다. 통합이란 여러 가지의 모델이나 요소들을 하나의 틀로 묶어서 틀 안에서 일관성과 체계를 유지하는 성격을 갖는다. 이와 유사한 활동으로는 절충이 있다. 절충이란 소정의 원하는 성과를 내기 위해 여러 가지 모델이나 요소를 빌어 사용하는 방식이다. 절충은 여러 모델이나 요소를 하나의 모델로 만드는 데 관심이 있기보다는 효과를 내는 데 더 관심을 가지고 있는 개념이다. 반면 통합은 절충과 같이 여러 가지 모델이나 요소를 사용한다는 점에서는 같지만 이들을 녹여서 하나로 만들어 내는 융합적 성격을 갖는 개념이다.

기독교 상담은 글자 그대로 기독교와 상담이라는 두 가지 모델 또는 요소를 하나의 틀로 제시하는 상담 분야이다. 그렇기 때문에 앞에서 언급한 바와 같이 통합적 성격을 갖는 활동이 기독교 상담이다. 물론 이에 대해서 학자마다 다양한 견해를 가지고 있다. 통합이 불가능하다고 주장하는 학자들부터 통합이 아니라 단지 두 분야를 나란히 두어야 한다고 주장하는 학자들까지 다양하다.

(3) 다양한 통합적 모델로서 기독교 상담학

통합에 대해서 부정적 견해를 가지고 있는 학자들은 성경 속에서 모든 상담의 원리와 개입 기술을 발견하려는 기독교 상담의 모델을 주장한다. 이러한 주장으로 인해서 생겨난 기독교 상담의 모델이 성경 심리학이다. 성경 심리학은 Jay Adams에서 시작을 해서 지금은 David Powlison과 Edward Welch에 의해서 계승된 기독교 상담의 모델로서 성경만이 인간의 모든 문제를 해결할 수 있다는 신념을 가지고 만들어졌다(Adams, 1970, 1973, 1979; Powlison, 2000a, 2000b, 2001, 2003; Welch, 1997).

기독교와 상담을 단지 옆에 두거나 수준별로 다르게 두려는 방식의 모델이 평행심리학이다. 평행심리학은 기독교로 대변되는 신학과 상담학을 대변하는 심리학이 서로 다른 수준의 학문이기 때문에 이 둘은 수준별로 다르게 보아야 한다는 모델이다. 이 모델의 학자들은 신학은 좀 더 고차원적인 인간에 대해서 다루는 학문이고 심리학은 인간의 실제적 기술이나 현실적 주제를 다루는 분야라고 주장을 한다. 그렇기 때문에 두 분야는 실제로 서로 다른 차원에 존재하는 인간의 존재나 주제를 다루고 있다. 때문에 이 둘을 하나로 합치기는 불가능하고 통합은 단지 이들을 나란히 두는 방식으로 이루어진다. 수준이 같으면 옆에 두고 수준이 다르면 위아래에 두는 방식의 통합이 평행 심리학이다. 이 모델은 David

Myers와 Malcolm Jeeves 두 사람에 의해서 시작된 기독교 상담의 통합적 노력이다(Myers, 2004; Myers & Jeeves, 1987).

기독교와 상담을 하나로 합쳐서 새로운 모델을 만들려는 노력은 기독교 심리학, 재건 심리학, 변형 심리학, 그리고 초월 상담학에서 나타난다. 기독교 심리학은 기독교의 전통과 성경을 통해서 통합하려는 노력을 하는 모델이다. 이 모델에서는 기독교의 원리가 상담학의 내용을 검증하여 성경적 내용과 일치되는 내용만을 받아들이려는 방식을 취한다. 이렇게 상담학의 내용 중에서 성경적으로 일치되는 내용과 기독교 전통에 드러난 풍부한 많은 상담학의 자원을 통합하여 기독교 심리학을 만든다. 기독교 심리학은 상담학이나 심리학에서 말하고 있는 대부분의 내용을 성경적 진리에 비추어 맞지 않으면 버린다. 그리고 극히 소수의 내용만을 받아들이고 대부분은 기독교 전통 속에 들어 있는 풍부한 상담학적 자원을 발굴한다. 이 모델은 Robert Roberts, Stephen Evans, Larry Crabb, Paul Vitz와 같은 여러 학자들에 의해서 개발되었다(Crabb, 1977; Evans, 1990, 1998; Roberts, 2000; Vitz, 1977, 1997).

재건 심리학은 기독교 상담학을 다시 만들려는 통합의 방식이다. 재건 심리학에서는 상담학 또는 심리학이 가지고 있는 철학적 전제를 기독교적으로 바꾸려는 통합적 노력을 한다. 심리학이 가지고 있는 철학적 전제들을 무조건 일방적으로 버리지 말고 이를 기독교적 원리에 맞도록 고쳐서 사용하려는 방식의 통합을 한다. 재건이라는 용어가 '다시 세운다.'라는 의미를 갖듯이 심리학이나 상담학의 근본적 전제를 고쳐서 사용하는 방식으로 통합은 진행된다. 기독교적 원리에 맞는 철학적 전제를 다시 만들어서 이를 바탕으로 기독교 상담학을 만든다. 이러한 노력을 하는 학자는 Gary Collins이다(Collins, 1981, 2000, 2001).

변형 심리학은 모든 그리스도인이 신앙인이 된 가장 근본적 주제인 하나님께 영광과 인간에 대한 사랑이라는 근본적 주제를 가지고 통합을 시도하는 모델이다(Coe & Hall, 2010: 75-76). 인간은 근본적으로 영적 존재이기 때문에 영성으로 인간을 변형시킬 수 있다고 보는 통합적 노력이 변형 심리학이다. 이 모델에서는 인간이 하나님의 인격인 예수님을 닮아가는 변형적 노력을 주장한다. 인간이 변형되지 못하면 하나님을 영화롭게 하거나 이웃을 사랑하는 데 문제가 된다. 변형적 노력을 주장하는 학자는 Jone Coe와 Todd Hall이다(Coe & Hall, 2010).

초월 상담학은 인간이 초월적 능력을 가지고 자신보다 더 큰 존재가 되려는 노력을 하는 발달적 존재라는 통합적 시각을 가진 이론이다. 하나님의 형상 중 하나인 초월적 능력은 인간의 마음속에서 본능적으로 존재한다. 이러한 본능은 감정적 측면인 실재 자기와 이성적 측면인 객관적 자기로 나타난다. 인간이 성장함에 따라서 다양한 방식의 초월이 나타나는데 이는 실재 자기와 객관적 자기의 상호작용에 의해서 발생한다. 인간은 근본적으로 자기의 세계를 살아가는 존재로서 초월을 통해서 자기의 세계를 확장해 나가는 존재이다. 이러한 내용을 개념으로 표현하면 범주와 범주 확장이다. 범주란 한 개인이 살아가는 세계이고, 범주 확장이란 자신의 세계를 넘어서 다른 세계로까지 확대되는 현상이다. 김용태(2004, 2010, 2011, 2014a)는 초월상담의 이론을 범주와 범주 확장을 통해서 개념화하고 있다.

2) 기독교 세계관이 반영된 활동으로서 기독교 상담

앞에서 언급한 기독교 상담의 통합적 측면은 모두 기독교 상담의 구조에 관한 생각이다. 기독교 상담의 구조는 기독교와 상담을 어떤 방식으로 통합할지에 대한 틀인 모델이다. 통합적 성격의 기독교 상담이 어떤 종류의 모델을 취하든지 그 모델들은 모두 기독교 세계관에 맞는 자료나 생각 그리고 개념을 그 내용으로 한다. 기독교 상담의 내용적 측면에서 보면, 모든 기독교 상담은 기독교 세계관이 반영된 내용을 가지고 있다. 이러한 내용을 발굴하는 방식은 전적으로 성경에서 가져오려는 노력에서부터 일반 심리학이나 타 학문에서 가져오려는 노력까지 스펙트럼이 다양하다. 이렇게 학자들이 어떤 입장이나 관점을 가지고 있는가에 따라서 내용을 발굴하는 방식은 다양하지만 모두 기독교적 세계관을 담으려는 노력을 하고 있다. 기독교 세계관이 반영된 기독교 상담학의 내용은 뒤에서 자세히 다루도록 하고, 여기서는 간단하게 기독교 상담학의 내용이 어디에서 왔으며, 어떤 종류의 원리들을 가지고 있는지를 간단하게 설명한다.

(1) 상담 원리를 제공하는 성경

성경은 기독교 세계관을 가장 확실히 반영하는 하나님의 특별 계시이다. 하나님의 계시는 일반 계시와 특별 계시로 나타난다. 일반 계시인 일반 은총은 하나님을 믿거나 믿지 않거나 관계없이 하나님께서 인간에게 주시는 은혜이다. 예를 들면, 햇빛이나 공기는 인간이면 누구에게나 골고루 주어진다. 햇빛과 공기는 사람을 차별하지 않는다. 하나님을 믿는 사람이건 아니면 안 믿는 사람이건 관계없이 인간은 햇빛을 받고 공기를 통해서 숨을 쉰다. 인간은 하나님이 제공하는 특별한 조건이 아닌 일반적 조건을 가지고 살아가는 존재이다. 반면 특별 계시는 하나님의 특별한 은혜를 보여 주는 내용이다. 성경은 이스라엘이라는 한 민족을 통해서 인류에게 하나님의 구원의 역사를 보여 주고 있다. 성경은 또한 예수님과 사도들의 행적을 통해서 인류에게 주는 특별한 계시를 말하고 있다. 그렇기 때문에 성경은 인간의 구원 역사와 앞으로 하나님의 계획 그리고 인간이 이 세상에서 어떤 종류의 삶을 살아야 할지를 말해 주는 책이다.

상담학적으로 볼 때 성경은 인간의 삶에 관한 많은 원리를 담고 있는 책이다. 예수님이 이 땅에 오신 목적은 두 가지이다. 하나는 영원한 생명이고 다른 하나는 풍성한 삶이다(요한복음 10:10). 상담이 인간의 삶과 죽음이라는 철학적이고 신학적이며 종교적인 주제를 다루고 있기도 하지만 상담은 대부분 삶의 질에 관한 내용을 다룬다. 삶의 질에 관한 내용은 모두 예수님이 이 땅에 오신 목적에서 보면 풍성한 삶과 연결되어 있다. 인간이 어떤 존재인지를 알려 주는 성경은 인간 존재와 관련된 풍부한 삶의 원리를 담고 있다. 성경에서는 인간이 근본적으로 하나님의 형상을 닮아서 창조되었지만 죄를 지어서 죄인이 되었다고 밝히고 있다. 피조물로서 어떤 삶을 살아야 하는지 그리고 하나님의 형상이 있지만 죄성을 가진 존재로서 어떤 삶을 살아야 하는지 등에 관해서 많은 삶의 원리를 담고 있는 책이 성경이다.

(2) 하나님의 진리는 모든 진리

성경을 통해서 제시되고 있는 인간 존재에 관한 인간관은 단지 기독교인들에게만 국한된 삶의 원리를 말하지 않고 모든 인간에게 적용되는 삶의 원리를 말하고 있다. 이러한 이유는 하나님의 진리는 모든 진리라는 믿음에서 찾을 수 있다. 만일 하나님의 진리가 하나님을 믿는 기독교인들에게만 적용되고 비기독교인들에게는 적용되지 않는다면 하나님의 진리는 반쪽 진리이다. 반쪽 진리는 어떤 특정 집단에게는 적용되는데 다른 집단에는 적용되지 않는다는 의미이다. 성경이 제시하고 있는 삶의 여러 가지 원리 중에서 이렇게 모든 인간에게 적용되는 원리를 몇 가지 살펴볼 수 있다.

성경은 인간의 삶의 모든 것을 담고 있지는 않다. 예를 들면, 오늘 출근을 할 때 버스를 타야할지 아니면 자가용을 운전할지에 관한 내용은 성경에 전혀 나오지 않는다. 실제로 인간이 삶을 살아가는 많은 부분은 성경에서 찾아보기 어렵다. 그러나 성경은 이러한 구체적이고 실제적인 삶을 어떻게 살아야 하는지에 대해서 방향성을 제시하고 있다. 하나님께 영광을 돌리는 삶이자 이웃에 대한 사랑이라는 큰 전제는 한 인간이 구체적이고 실제적인 삶을 살아가는 데 있어서 어떤 태도와 마음을 가지고 삶을 살아야 하는지에 대해서 말하고 있다. 이런 의미에서 성경은 원리의 모음 책이라고 할 수 있다. 성경은 인간의 삶에 관한 여러 가지 원리를 담고 있으면서 이러한 원리를 역사, 지혜, 시, 비유, 강론 등과 같은 여러 형태로 제시하고 있다.

원리란 변하지 않는 특성을 가지고 있다. 원리가 영원히 변하지 않으면 진리가 된다. 성경이 진리인 이유는 인간의 삶에 관한 여러 가지 원리들이 영원히 변하지 않으면서 모든 인간에게 다 적용되기 때문이다. 따라서 이러한 원리를 성경에서 발굴하고 이를 인간의 삶에 적용하는 일은 기독교 상담을 하는 전문가들에게는 아주 중요하다. 이러한 원리들 중 이 책에서 중요하게 다룰 몇 가지만 여기서 소개하고, 이러한 원리들이 상담과 어떤 관련을 가지고 있는지는 제2부에서 기독교 상담의 내용으로 자세하게 소개한다. 여기서는 이러한 원리들이 어떤 기독교 세계관을 담고 있는지를 간단하게 살펴보자.

(3) 인간의 삶에 관한 여러 원리

죄인의 원리(Principle of Sinner) 성경은 인간에 대해서 죄인임을 말하고 있다. "의인은 없나니 하나도 없으며 깨닫는 자도 없고 하나님을 찾는 자도 없고 다 치우쳐 함께 무익하게 되고 선을 행하는 자는 없나니 하나도 없도다."(로마서 3:10-12)라는 성경말씀은 죄인의 원리를 말하고 있다. "사람은 다 거짓되되 오직 하나님은 참되시다."(로마서 3:4)라는 말씀에는 죄인인 인간과 선한 하나님에 대해서 말하고 있다. 하나님의 형상으로 창조를 받은 인간은 선악과를 따먹고 죄인이 되었다. 아담 한 사람으로 인해서 인간 세상에 죄가 들어왔다. 아담의 후예인 모든 인간은 죄인으로 태어나고 죄인으로 죽는다.

인간은 죄인이기 때문에 의인처럼 살려고 한다. 이렇게 의인처럼 살려고 하면 인간은 수많은 수고로움과 불안에 직면하게 된다. 완벽해 보려고 너무나 노력하는 사람들은 불안하고 두려운 마음에서 벗어나기 어렵다. 이들은 잘 해 보려고 다른 사람들에게 잘 보이려고 노력하다가 결국 힘들어지고 어려워진다. 이러한 사람들은 불안하고 두려우며 초조한 마음으로 산다. 이는 마치 백조가 물 위를 유유히 떠돌아다니면서 즐기는 것 같지만 물 밑에서는 끊임없이 발을 굴러야 떠서 돌아다니는 이치와 같다. 이러한 현상은 인간 삶의 곳곳에서 볼 수 있다. 많은 사람들이 음악을 즐기지만 음악을 연주하는 사람들은 실수하지 않기 위해서 끊임없이 노력을 하게 된다. 이들은 다른 사람들에게 좋은 음악을 들려주기 위해서 불안하고 초조한 마음으로 연주를 하게 된다.

인간은 선하고 아름답고 좋은 사람이라는 믿음을 세상에서는 가지고 있다. 이러한 믿음으로 인해서 인간은 불안하고 초조하고 두려운 마음을 가지고 산다. 인간이 경험하는 수많은 심리적 증상들과 장애들은 모두 이러한 믿음으로 인해서 발생한다. 인간은 자신이 좋은 사람임을 증명하기 위해서 다투고 갈등하며 강박적이 된다. 실수를 하지 않기 위해서 강박적이 되고 다른 사람에게 억울하다고 하소연하면서 화를 낸다. 그리고 다른 사람들에게 잘 보이기 위해서 연극성 장애를 갖거나 더 괜찮은 사람으로 보이기 위해서 자기애적 장애를 갖는다. 이렇게 잘 보이려다가 실패하면 이로 인해서 수많은 증상이나 장애를 갖는다. 경계선 성격장애는 자기애적 성격장애의 반대 측면이다. 실패나 실수를 두려워하면서 발생하는 불안 장애, 열등감으로 인해서 발생되는 신경증 장애 등이 그 예들이다.

죄인의 원리는 인간이 출발해야 할 기본 선을 말하고 있다. 인간은 자신이 악한 존재임을 인정하는 데서부터 출발한다. 선함이나 100%에서 출발하지 말고 악함이나 0%에서 출발하면 인간에게는 언제나 희망이 존재한다. 아무런 기대도 없는 0%의 삶을 인정하면 그때부터 즐거움과 기쁨이 생긴다. 아이가 태어나면 부모는 아이에게 아무런 기대를 하지 않기 때문에 아이 자체로 인한 기쁨이 생긴다. 아이가 눈만 떠도 좋고 아이가 찡그리기만 해도 신기하다. 이렇게 0%의 기대는 인간의 삶을 훨씬 더 아름답고 행복하게 만든다. 이처럼 인간은 자신이 죄인임을 인정하면서 살면 자신이 하는 모든 선한 행위는 기쁨과 즐거움이 된다.

죄인의 원리는 좋은 소식인 복음이다. 인간이 죄인임을 인정하면서 인간은 모든 불안, 두려움, 수치심으로부터 벗어날 수 있다. 자신이 얼마나 악한 존재인지를 인정하면서 자신에게 주어진 모든 좋은 것들에 감사할 수 있게 된다. 이러한 삶이 일상의 기적이다. 지루하고 재미 없던 일상도 죄인임을 인정하게 되면 주어진 일상이 얼마나 좋고 즐거운지를 알게 된다. 죄인임을 인정하면서 자유로운 사람이 될 수 있다.

부정의 원리(Principle of Denial)　성경은 부정의 원리를 말하고 있다. "누구든지 나를 따라오려거든 자기를 부인하고 자기 십자가를 지고 나를 따를 것이니라."(마태복음 16:24)라는 말씀은 인간이 부정의 원리를 살도록 말하고 있다. 부정의 원리란 자신을 부정하고 부인하는 반성의 삶을 말한다. 부정의 삶은 돌이키는 삶의 원리이다. 돌이키는 삶은 일반적으로 말하면 반성을 의미한다. 하루의 삶을 돌아보면서 잘한 것과 잘못한 것을 알아보고 잘못한 것은 반성한다. 잘못 산 자신의 삶을 부정하여 더 나은 삶이 되도록 노력하는 방식이 반성이다. 반성적 삶이란 이렇게 자신의 삶을 부정함으로써 이루어진다.

자신을 부인하고 부정하는 반성적 삶은 발달 현상으로 나타난다. 모든 발달 현상은 이전의 자기를 부인하고 부정하는 과정을 통해서 이루어진다. 발달은 현재의 자신보다 더 커지고 발전하는 현상이다. 이전에는 분명히 맞다고 생각한 것들도 시간이 지나 보면 틀린 것이 되거나 아주 일부분만 맞다는 생각이 들 때가 있다. 그렇다면 이미 발달이 이루어진 것이다. 만일 과거, 현재 그리고 미래가 모두 동일하다면 발전 또는 발달은 일어나지 않는다. 과거, 현재, 미래가 달라지고 변화하면서 이전의 것이 어리석은 것이 될 때 발달이 일어났다고 할 수 있다.

그러면 이러한 발달이 의지적인가 아니면 자연적인가라는 질문이 생긴다. 부정의 원리는 다분히 의지적 성격을 갖는다. 발달은 자연스러운 발달적 경향과 의지적 노력의 합으로 이루어진 현상이다. 인간 안에는 자연스럽게 발달하려는 경향이 있는데 노력을 통해서 촉진할 수 있다. 부정의 원리는 이러한 인간의 발달을 가속화시키는 촉진적 역할을 한다. 발달을 저해하는 요인을 제거하는 노력도 부정의 원리에 의해서 이루어진다. 발달이 자연스럽게 일어나도록 주변의 어려운 환경적 요소를 제거함으로써 발달을 촉진시킬 수 있다.

부정의 원리는 이렇게 과거보다 나은 현재 그리고 현재보다 나은 미래를 갖도록 만든다. 미래가 더 나아지게 만드는 부정의 원리는 모든 인간에게 적용되는 일반적 삶의 방식이다. 이러한 삶의 방식을 하나님께서는 원하신다. 하나님께선 예수님을 통해서 인간이 영원히 살고 또한 이 세상에서도 풍성하게 살기를 원하신다. 하나님은 아버지이기 때문에 부모의 마음으로 자녀가 잘되기를 바란다. 자녀가 더 나은 미래를 살도록 부모는 끊임없이 자녀에게 조언하고 충고를 한다. 이러한 조언과 충고가 때로는 잔소리처럼 들리기도 하지만 자녀가 잘되고 이 세상에서 잘 살기를 원하는 부모의 마음은 변함이 없다. 하나님께서는 이렇게 하나님의 자녀인 인간이 이 세상에서도 잘 살기를 원하고 또한 영원히 잘 살기를 원하신다.

부정의 원리는 이처럼 기독교 세계관이면서 동시에 삶을 살아가는 반성적 성격을 띠고 있다. 기독교 세계관인 부정의 원리는 인간이 가지고 있는 잘못된 것, 즉 죄성으로 인해서 생긴 모든 것을 버리도록 만든다. 죄성으로 인한 인간의 경향성 중 가장 대표적인 현상이 자기중심성이다. 자기중심성은 한편으로 자신을 보호하는 역할을 하기도 하지만 다른 한편으로는 갈등을 유발하고 다른 사람에게 상처를 주는 역할을 한다. 인간은 일정한 정도의 자기중심성이 필요하지만 자기중심성의 정도가 지나치면 문제를 갖게 된다. 이러한 대표적 문제가 자기애 성향이다. 자기애는 발달과정에서 어느 정도 자신을 지키고 보호하는 역할을 한다. 이러한 역할은 청소년기를 거치면서 타인을 이해하고 받아들이는 방향으로 변화할 필요가 있다. 왜냐하면 다른 사람과 더불어 살아야 하기 때문이다. 다른 사람과 잘 지내기 위해서는 자기중심성을 부정하고 타인을 공감하며 이해하는 능력을 키울 필요가 있다. 이와 같은 이타적 성향에게 키우지 않으면 인간관계에서 많은 어려움을 초래하게 된다. 죄성으로 인한 인간의 성향을 부정함으로써 인간은 성숙하고 성장된 삶을 살아갈 수 있게 된다.

역설의 원리(Principle of Paradox) 성경은 인간의 삶에 대해서 역설의 원리를 말하고 있다. "너희 중에 누구든지 크고자 하는 자는 너희를 섬기는 자가 되고 너희 중에 누구든지 으뜸이 되고자 하는 자는 너희 종이 되어야 하리라."(마태복음 20:26-27)라는 성경말씀은 역설의 원리를 잘 보여 주고 있다. 세배대의 두 아들의 어미가 예수님이 곧 왕이 될 것이라고 믿고 두 아들 중 하나는 우편에 다른 하나는 좌편에 앉혀달라고 요청한다. 이러한 요청에 대해서 예수님은 역설적으로 대답한다. 큰 자가 종이 되고 종이 되는 자가 큰 자이다. 즉, 세상에서 큰 자는 천국에서는 작은 자일 수 있고 세상에서 작은 자는 천국에서는 큰 자일 수 있다는 역설의 원리를 예수님의 말씀을 통해서 보게 된다.

역설의 원리란 서로 모순이 되는 것들이 동시에 존재하는 현상을 말한다. 이러한 역설의 원리를 일찍이 발견한 사람은 Freud이다. 그는 인간의 마음에 생과 사의 본능이 동시에 존재하면서 갈등을 일으키고 있다고 말한다. 죽음의 본능과 생의 본능은 서로 정반대의 힘이다. 이들의 힘은 각각 공존할 수 없기 때문에 서로 갈등을 일으킨다. 이렇게 갈등을 일으키는 이유는 두 본능이 서로 모순점에 서 있기 때문이다. 죽음의 본능의 힘이 강해지면 생의 본능이 힘을 발휘하지 못하고 생의 본능의 힘이 강해지면 죽음의 본능의 힘이 약해진다. 이러한 두 가지 서로 대척점에 서 있는 힘은 서로 역설적 원리를 일으킨다. 역설이란 빛과 어둠 같이 빛이 강해지면 어둠이 약해지고 어둠이 강해지면 빛이 약해지는 현상이다.

이러한 역설은 인간의 마음에 모순으로 존재한다. 인간의 마음에는 하나님의 형상으로 인한 사랑의 힘과 죄성으로 인한 파괴적인 힘이 동시에 존재한다. 이 두 힘은 공존할 수 없지만 동시에 인간의 마음에 존재하면서 갈등을 일으킨다. 하나님의 형상인 사랑의 힘은 생명을 살리고 유지하는 생명력이고, 죄성으로 인한 파괴적인 힘은 생명을 파괴하고 죽이는 공격성이다. 이 두 힘은 인간의 마음속에 공존하면서 동시에 갈등을 일으킨다. 인간의 마음속에서 한쪽에서는 생명을 살리고자 하지만 다른 한쪽에서는 생명을 파괴하려고 한다. 사랑을 하면서도 미워하고, 미워하면서도 사랑하는 역설이 일어난다. 사랑과 미움은 마치 동전의 앞뒷면과 같이 서로 공존하면서 조건과 여건에 따라서 사랑이 되기도 하고 미움이 되기도 한다. 이 힘은 인간의 마음속에서 갈등과 괴리감을 일으킨다. 서로 공존할 수 없는 두 힘이 동시에 작동하면 하나를 할 때 다른 하나가 의식되어 괴리감을 느끼게 된다. 이러한 괴리감이 통합되지 못하면 파편화된 상태로 살아가는 나누어진 자기 또는 파편화된 자기로 살아가게 된다.

이러한 역설의 원리는 인간의 삶 전반에 곳곳에 펼쳐져 있다. 인간 사회에서는 언제나 밝은 면과 어두운 면이 공존한다. 모든 악을 다 물리치려는 정의감은 다른 각도에서는 또 다른 악을 만들어 낸다. 악을 물리치기 위해서는 생명을 파괴하는 일을 하게 되는데, 생명을 살리기 위해서 죽여야 하는 역설에 처하게 된다. 생명을 살리는 만큼 사회가 밝아지기도 하지만 그만큼 또 많은 그림자인 어두움을 만들어 내기도 한다.

사람은 성장하면서 성숙을 하면 할수록 더 많은 역설을 느끼게 된다. 대표적인 경우가 '살고자 하면 죽고 죽고자 하면 산다.'는 원리이다. 인간은 삶과 죽음으로 구성된 구조 속에서 삶을 산다. 사실 삶이란 죽음의 다른 측면이다. 이는 마치 동전의 앞뒷면처럼 삶을 사는 인생은 죽음을 향해서 달려가는 인생과 같다. 즉, 삶과 죽음이 하나이다. 산다는 말은 죽는다는 의미이고 죽는다는 말은 산다는 의미이다. 삶과 죽음이 하나이고 이 둘은 본질적으로 다르지 않다. 이러한 현상이 역설의 원리를 일으킨다. 살고자 하면 죽고 죽고자 하면 산다.

믿음의 원리(Principle of Faith) 성경은 인간의 삶에 관해서 믿음의 원리를 제시하고 있다. "의인은 그의 믿음으로 말미암아 살리라."(하박국 2:4)라는 말씀처럼 성경에서는 인간이 믿음으로 살도록 권면하는 내용을 담고 있다. 믿음은 인간의 삶의 근본 원리 중 하나이다. 인간은 믿음 없이 삶을 살기 어렵다. 믿음은 인간의 삶을 떠받치고 있는 기초 또는 근본으로서의 역할을 한다. 인간은 믿음이라는 토대 위에서 개인적으로 홀로 사는 삶을 선택하기도 하고 같이 사는 공동체적 삶을 선택하기도 한다. 이러한 선택의 이면에는 언제나 믿음이 존재한다.

이러한 인간의 믿음은 존재적 성격 또는 관계적 성격을 갖는다. 인간은 자신의 존재에 대한 믿음인 자아개념을 가지고 산다. 자아개념이란 자신이 어떤 존재이고 어떤 모습으로 살고 싶은지에 대해서 스스로 가지고 있는 생각 또는 믿음이다. 자신을 좋은 사람으로 믿고 있는 사람은 자신에 대한 긍정적 자아개념을 가진 사람이고 자신을 나쁜 사람으로 믿고 있는 사람은 자신에 대한 부정적 자아개념을 가진 사람이다. 자신에 대해서 어떤 믿음을 가지고 있는지에 따라서 인간은 삶을 긍정적으로 살 수도 있고 부정적으로 살 수도 있다. 이러한 점은 종교인이든 비종교인이든 관계없이 적용되는 믿음의 현상이다.

관계적으로 볼 때 인간은 서로에 대해서 타인이다. 잘 모르는 사람들, 처음 보는 사람들 그리고 심지어는 가족들까지도 서로 모르는 존재인 낯선 사람이다. 낯선 사람과 관계를 맺기 위해서 먼저 형성해야 할 것이 믿음인 '신뢰'이다. 신뢰가 없으면 인간은 타인과 관계를 지속하기 어렵다. 그렇기 때문에 타인들끼리 서로 관계를 맺기 위해서는 서로에 대한 믿음이 필요하다. 신뢰는 믿음의 경험적 측면이다. 경험을 통해서 낯선 사람이 믿을 만한 사람인지 아닌지가 결정된다. 믿을 만한 사람이면 신뢰로운 사람이고 그렇지 않으면 불신의 대상이 된다.

신뢰는 약속과 관련이 있다. 약속을 지키는 사람은 신뢰의 대상이고 약속을 지키지 않으면 불신의 대상이다. 자녀와 부모 간에도 이러한 현상은 동일하게 적용된다. 부모와 아이 사이의 약속을 부모가 잘 지키면 아이는 부모를 신뢰하게 된다. 그 반대도 마찬가지이다. 갓 태어난 신생아는 낯선 엄마와 아빠의 일정한 행동을 통해서 신뢰를 형성하게 된다. 부모의 일정한 행동은 약속과 같은 역할을 하여 신생아의 마음속에 정신구조를 형성하게 된다. 정신구조는 부모의 일정한 행동인 항상성, 일관성, 지속성과 관련이 있다 (Erikson, 1963, 1964, 1968). 신생아가 영유아기를 거치면서 부모의 일관된 행동인 약속의 삶을 경험하면 아이는 안정된 삶을 살게 된다. 그렇지 않으면 아이는 불안정해지고 많은 정신적 문제를 만들어 낸다.

기독교 세계관은 이렇게 약속과 관련된 믿음의 행위와 관련이 있다. 하나님께서는 인간과의 약속인 언약을 통해서 관계를 맺으신다. 언약의 첫 번째 대상인 노아와 두 번째 대상인 아브라함을 통해서 하나님께서는 이스라엘 민족과의 관계를 맺으신다. 이것은 신약에서는 하나님께서 예수님을 통해 인류 전체와 맺는 언약으로 나타난다. 이러한 의미에서 인류의 모든 민족은 예수님을 통해서 하나가 된다. 하나님께서는 자신이 한 약속에 대해서 결코 변함이 없는 신실한 분이시다. 하나님께서는 약속을 성실하게 이행하여 인간의 마음속에 신뢰를 쌓는다. 하나님을 경험하는 사람이면 누구나 예외 없이 신실한 하나님이라는 고백을 하게 된다. 이렇게 기독교인의 삶은 약속에 의한 믿음에 기초하고 있다.

기독교 상담의 한 원리로서 믿음은 이러한 하나님과의 언약에 기초한다. 기독교인의 삶이 약속에 근거하듯이 하나님께서는 이러한 인간의 삶의 원리를 믿음에 기초하라고 말씀하신다. 하나님의 진리가 모든 진리인 까닭은 믿음의 원리는 하나님을 믿는 사람이든 아니든 상관없이 적용되기 때문이다. 기독교 상담의 원리로서 믿음은 모든 인간의 삶에 기초를 놓는 역할을 한다. 내담자를 상담하면서 내담자의 문제를 해결하기 위한 상담자의 활동은 믿음이라는 가장 기초적 역할을 수행하면서 이루어진다. 이러한 믿음의 원리를 상담학에서는 작업동맹 또는 라포(rapport)형성이라고 한다.

소망의 원리(Principle of Hope)　성경은 인간에 대해서 소망의 원리를 말하고 있다. "그런즉 믿음, 소망, 사랑은 항상 있을 것인데 그중에 제일은 사랑이라."(고린도전서 13:13)라는 성경말씀은 소망의 원리를 말하고 있다. 인간은 믿음, 소망, 사랑이 없이는 살기 어려운 존재임을 이 성경구절은 말하고 있다. 소망이란 미래에 대한 낙관적 전망을 말한다. 다른 말로는 희망이라고도 한다. 미래가 잘 될 것이고 좋아질 것이라는 기대심리가 소망, 즉 희망이다. 소망은 인간을 긍정적으로 만든다. 소망이 있는 사람은 어려운 환경에서도 버틸 수 있지만, 소망이 없는 사람은 조그만 어려움에도 쉽게 좌절하거나 낙담한다.

신생아에게 가장 중요한 것은 신뢰를 통한 소망이다. Erikson(1963, 1964, 1968)은 이러한 소망의 역할에 대해서 신생아가 갖추어야 할 덕목으로 소개하고 있다. 신생아가 태어나서 18개월 사이에 부모와 안정적 관계인 신뢰를 형성하지 못하면 신생아는 불신을 갖게 된다. 그러나 아이가 부모와 안정적 관계인 신뢰를 형성하게 되면 아이는 미래에 대한 긍정적 마음인 소망을 갖게 된다. 이러한 삶의 원리는 단지 신생아에게만 적용되지 않고 인간의 삶 전반에 적용된다.

인간의 삶은 신뢰를 바탕으로 한 희망을 통해서 시작된다. 희망이 없는 삶은 절망 상태로 우울을 의미한다. 우울한 사람들은 자신이 바라고 원하는 희망이 꺾인 사람들이다. 우울한 사람들이 종종 자살을 하는 이유는 삶에 대한 희망을 발견하지 못했기 때문이다. 사람이 살아있다는 의미는 이러한 희망이 어떤 형태, 어떤 크기로든 존재한다는 뜻이다. 희망이 없는 삶이 가능하지 않은 반면 희망이 있으면 인간은 삶을 영위할 수 있다. 이러한 인간의 삶은 이미 성경에서 말하고 있는 "그런즉 믿음, 소망, 사랑, 이 세 가지는 항상 있을 것인데"(고린도전서 13:13)라는 희망의 원리와 정확하게 일치한다.

인간은 현재를 살면서도 동시에 미래를 바라보고 산다. 인간은 '지금 여기서'라는 현재의 즉시성만으로 살지 않고 미래에 대한 가능성을 가지고 산다. 만일 인간의 삶이 즉시적이면서 현실적이기만 하면 인간의 삶은 아주 건조하고 무의할 수 있다. 그러나 인간의 삶이 풍요롭고 아름다울 수 있는 이유는 인간이 미래를 바라보면서 가능성을 품고 살기 때문이다. 희망의 원리는 이러한 인간의 삶에 대한 가능성을 주고 있다. 영적으로 말하면 인간은 죽을 때까지 희망이 있어야 한다. 죽을 때까지 희망이 존재할 수 있는 이유는 죽음 후의 삶 때문이다. 죽어도 죽지 않는다는 말은 곧 죽음이 전부가 아니고 죽음 이후의 삶이 존재한다는 의미이다. 죽음 후의 삶인 천국의 삶, 즉 에덴의 삶은 인간에게 이 세상에서 삶을 사는 내내 희망을 줄 수 있다. 희망을 시작한 신생아의 삶은 이제 죽음을 앞두고 있는 노인의 삶으로 이어진다. 이렇게 삶이 이어질 수 있는 이유는 희망이 태어나서부터 죽을 때까지 존재하기 때문이다.

사랑의 원리(Principle of Love) 성경은 인간에게 사랑의 원리를 말해 주고 있다. "그런즉 믿음, 소망, 사랑은 항상 있을 것인데 그중에 제일은 사랑이라."(고린도전서 13:13)라는 성경말씀은 사랑의 원리를 말하고 있다. 사랑은 생명과 밀접한 관련이 있다. 한 남자와 한 여자가 만나서 사랑을 하고 결혼을 하면 아이라는 생명이 탄생한다. 아이라는 생명은 사랑의 산물이다. 태어난 아이는 이제 부모의 사랑에 의해서 성장하고 자란다. 이렇게 성장한 아이는 부모가 보는 눈으로 세상을 보기 시작하는데 이것을 세계관이라고 한다. 아이라는 생명은 자기 스스로 존재하는 생명이 아니라 부모라는 사람의 사랑 속에서 태어나고 유지된다. 사랑의 원리는 생명을 만들어 내는 창조이며, 또한 생명이 유지될 수 있도록 만들어 준다. 믿음과 소망이 언제나 존재하듯이 사랑도 언제나 존재한다.

　사랑이 없는 삶이란 상상하기 어렵다. 사랑이 없는 결혼, 사랑이 없는 자녀 양육, 사랑이 없는 사회, 사랑이 없는 인류는 동물의 삶과 다름이 없다. 사랑은 인간을 인간답게 만들고 인간으로 하여금 동물의 삶을 초월해서 살도록 만든다. 인간의 마음에는 타인을 위하는 사랑의 마음도 있지만 타인을 이용해서 자신의 삶을 살려고 하는 이기적이고 자기중심적인 마음도 있다. 이기적이고 자기중심적인 마음은 생존의 원리와 맞닿아 있다. 살아있는 생명체들이 생존하기 위해서 이기적이고 자기중심적인 삶을 산다. 이러한 삶은 파괴적 현상을 낳는다. 동물은 생존하기 위해서 다른 동물이나 식물의 생명을 파괴한다. 인간도 마찬가지로 생존을 하기 위해서 동물과 마찬가지의 삶을 산다. 그러나 이러한 삶을 초월해서 살 수 있는 마음이 곧 사랑이다. 사랑은 이기적이고 자기중심적 삶을 넘어서 자신을 희생하고 다른 사람들의 유익을 구하는 현상이다. 이러한 현상은 사랑이 없으면 가능하지 않다. 사실 생명을 탄생시키고 유지하는 일은 많은 희생을 필요로 한다. 자신을 희생하지 않으면 생명을 탄생시킬 수도 없고 그 생명을 유지하기도 어렵다. 따라서 인간에게 이러한 사랑의 원리가 작동하지 않으면 인간다운 삶을 유지하기 어렵다.

　사랑의 원리는 기독교 세계관을 본질적으로 반영하고 있다. "사랑하는 자들아 우리가 서로 사랑하자 사랑은 하나님께 속한 것이니 사랑하는 자마다 하나님으로부터 나서 하나님을 알고 사랑하지 아니하는 자는 하나님을 알지 못하나니 이는 하나님은 사랑이심이라."(요한일서 4:7-8)라는 성경말씀은 하나님 자체가 사랑임을 말하고 있다. 기독교는 사랑에 근거하고 있다. 인간의 삶이 사랑에 기초하고 있다는 말은 인간의 삶이 하나님에 기초를 하고 있다는 의미와 같다. 하나님은 사랑의 속성으로 인해서 죄인인 인간을 사랑하시고 예수님을 통해서 이러한 사랑을 확증하신다. 이러한 사랑으로 인해서 인간은 서로 사랑할 수 있고, 사랑에 근거한 삶을 살 수 있게 된다. 기독교적 세계관으로서 사랑의 원리는 인간을 인간답게 하면서 인간으로 하여금 풍요로운 삶을 살도록 만든다.

제2부
기독교 상담의 원리

제4장 철학적 가정과 인간관 | 제5장 기독교 상담의 원리: 죄인, 부정, 역설 편
제6장 기독교 상담의 원리: 믿음, 소망, 사랑 편

UNDERSTANDINGS AND
PRINCIPLES OF
CHRISTIAN COUNSELING

제4장
철학적 가정과 인간관

1. 상담이론과 인간관

이론이 일정한 체계를 이루기 위해서는 철학적 가정이 중요하다. 아무리 과학적 근거를 가지고 있는 이론이라 할지라도 이러한 철학적 가정이 없으면 과학적 근거를 해석할 틀이 없어지게 된다. 사실들만 나열해 놓으면 이는 이론이 아니라 사실의 모음인 수집에 불과하다. 이러한 사실들이 일정한 모양을 갖추기 위해서는 사실과 사실을 연결하는 관점과 이러한 사실들이 하나로 묶이는 일정한 개념이 필요하다. 이러한 관점과 개념 없이는 사실을 어떻게 받아들여야 하는지 그리고 사실들이 어떤 관련성을 가지고 있는지 이해하기 어렵게 된다. 사실의 발견이나 수집도 중요하지만 이에 못지않게 이러한 사실들을 엮을 수 있는 논리체계 또한 중요하다. 이러한 논리체계의 가장 기초가 되는 부분이 철학적 가정이다.

1) 분석주의 전통과 인간관

상담이론들은 이러한 철학적 가정으로 나름대로의 인간관을 가지고 있다. 분석 전통의 이론들은 모두 인간의 마음이 나누어질 수 있다고 바라보는 철학적 가정을 가지고 있다. 인간은 나누어질 수 있는 존재이다. 인간을 나누어질 수 있는 존재로 보는 철학은 논리실증주의이다. 각각의 실체를 중요하게 생각하여 이러한 실체를 분석을 통해서 발견하려는 노력이 논리실증주의이다(Elwell, 2001: 936). 이러한 실체들이 어떻게 연관되어 있는가 하는 것보다 더 중요한 것이 진수(essence)이다. 진수는 분석 전통의 상담이론에서는 핵심이라는 단어로 사용된다. 핵심 신념, 핵심 감정, 핵심 주제 등과 같은 단어들은 모두 진수를 발견하려는 철학적 노력과 그 맥을 같이 한다. 진수를 발견하고 나면 이 진수 주변에 있는 다른 실체들이 무엇인지를 이해하고, 그리고 나서 이러한 진수인 핵심과 다른 실체들 사이의 관련이 무엇인지를 알아보려고 한다. 대표적인 경우가 핵과 전자의 관계이다. 모든 물질은 근본적으로 핵이 있고, 그 핵을 둘러싸고 있는 전자가 있다. 핵과 전자는 일정한 거리를 유지하며 존재한다. 이러한 구조를 가지고 있는 것이 물질이다.

철학적으로 분석 전통의 이론들은 모두 이러한 물질적 구조와 마음의 구조가 유사하다고 가정한다. 인간의 마음은 의식, 전의식, 무의식 또는 의식, 개인 무의식, 집단 무의식 등과 같은 구조로 되어 있다. 이러한 구조에서 무의식은 의식보다 더 중요하고 핵심이다. 무의식 속에 들어 있는 그 무엇인가가 인간을 움직이는 근본적인 힘을 가지고 있다. 인간을 움직이는 근본적인 힘들은 모두 무의식 속에 존재하면서 인간을 어떤 방향으로 움직이게 한다. 인간은 무의식적 존재이다. 인간의 무의식 속에는 충동성, 공격성, 사랑의 힘인 리비도 또는 인간의 근본적 자기와 같은 힘들이 들어 있다. 이러한 힘들은 모두 나누어져 있으면서 서로 갈등을 일으킨다. 서로 모순이 되기도 하고 서로 양극에 존재하면서 긴장을 유발하기도 한다. 의식을 대변하는 개념과 무의식을 대변하는 개념들로 나누어져서 서로 협력을 하기도 하지만 갈등을 유발하기도 한다.

2) 행동주의 전통과 인간관

행동주의 전통의 이론들도 인간이 나누어진 존재라는 철학적 가정을 가지고 있다. 인간은 수없이 많은 기술들로 모인 존재이다. 인간은 근본적으로 자동차의 부품들과 같이 이 부분과 저 부분을 서로 분리해서 떼어 낼 수 있는 분리된 존재이다. 각각의 부분들이 문제를 일으키면 이러한 부분을 수정하여 고치면 된다. 행동주의 전통의 이론들은 이러한 철학적 가정하에 인간의 행동을 수정하거나 제거하는 많은 상담 기법을 개발하고 있다. 강화, 소거, 제거 등과 같은 개념들은 모두 이러한 부분들을 처치하는 방법들이다.

행동주의 전통에서 인간의 기술들은 모두 학습에 의해서 생긴 산물로 보고 있다. 인간은 자신의 주변에 존재하는 환경으로부터 기술을 습득하고 배운다. 기술을 배우는 존재로서 인간은 반응적 존재이다. 인간은 자극에 의해서 반응하면서 기술을 배운다. 자극에 대처하기 위해서 여러 가지 기술이 필요하다. 좋은 자극에는 좋은 기술로, 나쁜 자극에는 방어하거나 회피 또는 공격하거나 지배하는 기술로 대응하는 것이 필요하다. 이렇게 기술이 모이면 인간 존재가 된다. 인간은 근본적으로 자극에 반응하는 존재이다.

3) 인본주의 전통과 인간관

인본주의 전통의 이론은 인간이 나누어질 수 없는 존재라고 본다. 인간은 전인적 존재 또는 통전적 존재로서 나누어지지 않으면서 하나로 경험되는 존재이다. 인간에게 무의식이 존재하는지 그리고 의식이 존재하는지 등과 같은 방식으로, 인간을 이해하지 않는다. 인간은 단지 통전적 존재로서 하나로, 통째로 무엇인가를 경험하고 받아들인다. 이러한 방식의 인간 이해에서는 인간이 경험하는 내용이나 경험하는 방식이 중요해진다. 경험을 했는데 이를 인식하지 못하거나 또는 경험을 일부러 피하거나 아니면 부분적으로만 경험을 하게 되는 점들이 모두 인본주의 전통의 이론들이 관심을 가지고 있는 영역들이다. 이러한 관심으로 인해서 여러 가지 개념들이 발생한다. 전경, 배경, 편향과 같은 게슈탈트 이론의 개념들, 공감, 진솔성, 무조건적 존중과 같은 인간중심이론의 개념들, 실존, 절망, 희망, 의지 등과 같은 실존주의 개념들 모두는 통전적 인간이라는 철학적 가정이 반영되어 만들어졌다.

전인적 존재인 인간은 자신이 경험하는 것을 인식한다. 환경으로부터 발생하는 수많은 것을 경험하면서 이러한 경험의 의미를 알아 가는 존재가 인간이다. 경험에 열려 있으면 경험의 의미를 알아 가면서 인간은 성장하고 발전한다. 그렇지 않으면 인간은 경험 속에 갇히게 되고 경험을 회피하려는 노력을 하게 된다. 경험을 자신 안으로 받아들이려는 성장 동력을 가진 존재가 인간이다. 인간의 이러한 성장 동력은 인간이 유기체로서 갖는 잠재력 때문에 발생한다. 유기체로서 인간은 스스로 성장하고 발전하는 선한 존재이다. 이러한 존재인 인간은 환경과 상호작용을 통해서 자신이 발전하는 방향으로 움직인다. 환경을 통해 경험되는 것들 중에서 좋은 것은 받아들이고 좋지 않은 것은 받아들이지 않는다. 인간은 이렇게 좋은 것과 좋지 않은 것을 구분하는 능력을 선천적으로 가지고 있다. 이러한 선천적인 경향으로 인해서 인간은 하나의 전인적 존재를 유지하면서 발전하게 된다.

4) 인간관을 바탕으로 한 상담이론

이처럼 이론들이 가지고 있는 여러 다른 개념들은 모두 이와 같은 인간관이 반영되어서 만들어진 심리적 현상이다. 인간관은 각 상담이론이 가지고 있는 모든 개념을 관통하는 관점이다. 만일 이러한 인간관과 어긋나는 개념이 그 이론에 존재한다면 이론으로써 치명적 약점을 갖게 된다. 이러한 이론은 학자들에게 거부당해서 이론으로 인정을 받을 수 없게 된다. 따라서 새로운 이론을 정립하기 위해서 학자들은 먼저 인간관을 정립할 필요가 있다. 물론 같은 인간관 내에서도 여러 이론이 존재하기도 한다. 분석 전통의 이론들은 모두 나누어지는 존재라는 공통의 인간관을 가지고 있으면서도 이 전통 안에 여러 다른 이론들이 존재한다. 만일 인간관이 달라지면 이는 같은 전통이 아닌 다른 전통이 발생하는 것이다. 다른 전통 속에는 이러한 인간관에 기초를 둔 다른 이론들이 존재할 수 있게 된다.

기독교 세계관을 바탕으로 하는 기독교 상담의 이론들은 자연스럽게 기존에 존재하는 상담의 이론과 그 궤를 달리할 수밖에 없다. 기존의 상담이론들은 사회심리적 관점에 근거한 인간관을 가지고 있다. 그러나 기독교 상담이론들은 영적 관점에 근거한 인간관을 갖는다. 각각이 서로 다른 철학적 가정을 가지고 있기 때문에 기독교 상담의 이론들은 일반 상담이론과 서로 다른 개념을 갖게 된다. 이러한 이유 때문에 기독교 상담이론의 인간관을 살펴볼 필요가 있다.

2. 기독교 상담과 인간관

1) 영적 인간관

기독교 상담은 영적 인간관을 가지고 있다. 일반 상담이론은 그 범위가 주로 마음속 아니면 인간관계에 국한되는 인간관을 가지고 있다. 마음속에 관한 이론들은 심리학적 인간관을 가지고 있고 인간관계에 관한 이론들은 사회학적 인간관을 가지고 있다. 마음속과 인간관계가 중첩된 이론들은 사회심리학적 인간관을 가지고 있다. 그러나 기독교 상담은 이러한 이론들과 다른 인간관을 가지고 있는데 이는 영적 인간관이다. 영적 인간관은 신의 존재를 상정한다. 인간은 신과의 연관성이 없는 상태에서는 정의되기 어렵다. 인간은 신과 동물 그 사이 어디에 존재한다. 인간은 신적이면서 동시에 동물적이다. 그렇기 때문에 인간에 대한 관점이 단지 동물적이거나 인간의 마음이나 인간 간의 관계만으로 국한된다면 인간에 대한 중요한 부분을 잃어버리게 된다. 일반 상담이론들도 이런 영적 관점을 일부 인정하고 있다. 대표적 이론이 Jung의 분석심리학이다. 분석심리학에서는 인간의 내면 깊은 곳에 영적 존재인 큰 자기가 들어 있다. 이러한 큰 자기는 극과 극을 통합하고 조합하는 역할을 하여 인간을 통합적 존재가 되도록 만든다. 큰 자기와 만남을 통해서 인간은 다른 존재와 다른 개별적 존재가 된다. 초인심리학(tranpersonal psychology)도 인간을 영적 존재로 보고 있다. 인간은 우주 만물과 연결된 존재로서 우주적이다. 그렇기 때문에 인간은 자신의 의식을 무한정 확장할 수 있다. 우주 만물에 있는 모든 존재들과 연결되면서 인간은 무한히 자신을 확장할 수 있는 존재이다.

2) 신학적 인간관

기독교 상담에서 말하는 인간관은 영적 실재, 신이 아님, 죄, 대행, 영적 건강, 관계적 책임, 희망, 변형과 관련이 있다(Miller & Delaney, 2005: 17-18). 영적 실재라는 측면에서 보면 인간은 영적으로 관련을 맺으면서 살아가는 존재이다. 인간은 신이 아닌 존재로서 신과의 관련 속에서 살아간다. 인간 속에 신성이 존재하기도 하지만 인간 밖에 존재하는 신과 관련을 맺으면서 인간은 자신의 삶을 정의하기도 하고 영위하기도 한다. 그렇기 때문에 인간이 단지 심리학적이나 사회학적으로만 정의되면 인간은 이러한 영적 측면의 중요한 부분을 잃어버리게 된다. 심한 경우에는 인간 존재에 대한 인간관이 부분적이거나 왜곡되는 일이 벌어진다. 인간은 심리적이면서 동시에 사회적이고 영적 존재인 사회심리영적 존재이다(김용태, 2004, 2006, 2010, 2011, 2014a, 2016).

영적 존재인 인간은 하나님에 의해서 창조된 피조물이다. 하나님께선 인간을 자신의 형상대로 창조하셨다. 이렇게 창조된 인간은 하나님의 명령을 어기고 선악과를 따먹어서 죄인이 되었다. 죄인이 되었지만 인간은 여전히 변화될 수 있는 존재이다. 인간은 변형적 존재로서 영을 통해서 자신을 바꾸어 가면서 희망을 갖고 다른 사람들에 대한 책임을 질 수 있는 존재가 된다(Coe & Hall, 2010). 인간은 죄인이기 때문에 죽어야만 하고 아무런 좋은 일을 할 수 없는 존재가 되었지만 하나님의 은혜를 통해서 자신의 위치를 알게 된다. 자신의 위치는 영적으로 정해진다. 하나님과 관계를 깨닫고 이해를 하게 되면 인간은 자신이 피조물이면서 동시에 죄인이라는 점을 인식하게 된다. 하나님의 존재를 인정하면서 인간은 영적 존재가 된다. 하나님과 관계를 하면서 인간은 죄인이지만 여전히 하나님의 힘으로 자신이 변화될 수 있는 존재임을 알게 된다. 죄인이지만 희망이 있는 존재이고, 죽어야 하지만 발전할 수 있는 존재임을 알게 된다.

죄인이지만 희망을 가지고 있고, 변화될 수 있으면서 다른 사람들과 관계를 책임 있게 하는 데서 멈추지 않고, 인간은 하나님의 일을 대리하는 대행적 존재가 된다. 하나님으로부터 위임받은 사명을 실천하면서 사는 인간은 영적으로 건강한 인간이 된다. 영적 건강은 단지 사회심리적으로만 규정되지 않고 하나님과 인간과의 관계 속에서 벌어지는 관계적 성격과 깊은 관련을 갖는다. 이러한 관계적 성격은 대행을 통한 실존적이고 심리적 의미를 갖도록 만든다. 인간은 하나님에 의해서 일정한 목적을 부여받은 존재이기 때문에 이 세상에서 쓸모없거나 하찮은 존재는 아무도 없다. 비록 죄인이지만 하나님으로부터 부여받은 이러한 대행은 인간을 귀하게 만들며, 인간으로 하여금 다른 사람들과 비교할 필요가 없는 존재가 되도록 만든다. 이러한 부분이 영적 건강과 밀접한 관련을 가지고 있다.

이러한 기독교 상담의 인간관은 결국 세 가지로 요약된다. 인간은 모순적이고 부분적이며 작은 존재이다. 피조물인 인간은 하나님과 비교를 할 때 너무도 작은 존재이다. 이렇게 작은 존재인 인간은 자신이 피조물임을 깊이 인식을 할 때 자신과 서로에 대해서 새로운 인간관을 갖게 된다. 인간은 죄를 지었기 때문에 한쪽으로 치우치는 경향을 갖는다. 다른 사람들의 말이나 행동을 볼 때 온전하게 이해하기보다는 자신의 마음에 합당한 부분은 받아들이고 그렇지 않은 부분은 받아들이지 않는 부분적 존재가 되었다. 죄인이면서 희망적이고 대행적인 인간은 그 자체로 모순을 가진 존재가 되었다. 자신 안에 좋은 점과 나쁜 점을 동시에 가진 존재로서 인간은 모순적이다. 작고 부분적이며 모순적인 존재인 인간은 완전을 향한 발달적 경향을 가지고 있다. 작은 존재인 인간은 큰 존재가 되려고 한다. 부분적 존재인 인간은 완전한 존재가 되려고 한다. 모순적 존재인 인간은 모순을 해결하고 온전한 존재가 되려고 한다. 작고 부분적이고 모순적인 존재로서 인간은 이러한 점을 극복하기 위한 발달적 경향을 갖는다.

3) 기독교 상담의 인간관

(1) 작은 존재

피조물인 인간은 하나님과의 관계라는 영적 관점에서 볼 때 아주 작은 존재이다. 인간이 피조물임은 창세기의 천지창조에 잘 나타나 있다. "하나님이 이르시되 우리의 형상을 따라 우리의 모양대로 우리가 사람을 만들고… 하나님이 자기 형상 곧 하나님의 형상대로 사람을 창조하시되 남자와 여자를 창조하시고."(창세기 1:26-27) 하나님은 천지를 창조할 때 인간에 대한 계획을 가지고 있었다. 하나님은 인간을 자신의 형상을 따라 만드는 창조의 생각을 가지고 있었다. 하나님은 인간에게 하나님과 같은 성질인 신성을 주었다. "하나님과 같이"(창세기 3:7)라고 기록된 성경말씀처럼 하나님은 인간이 하나님과 동등한 능력이 아닌 하나님처럼 할 수 있는 능력을 인간에게 주었다. '하나님처럼'의 능력은 무제한적이 아니라 제한적이다. 인간은 하나님과 달리 제한적 능력을 가진 부분적 존재이다. 이는 하나님과 인간을 비교할 때 아주 명료해진다. 하나님은 무한한 능력을 가진 절대적 존재이고 인간은 유한한 능력을 가진 부분적 존재이다.

작은 존재로서 인간은 혼자 살지 않고 더불어 살도록 창조되었다. 하나님은 창조할 때부터 아담과 하와, 즉 한 남자와 한 여자를 만드셨다. 하나님의 형상을 따라 남자와 여자를 창조하고 이 남자와 여자가 서로 의지하면서 살도록 하였다. "사람이 혼자 사는 것이 좋지 아니하니 내가 그를 위하여 돕는 배필을 지으리라."(창세기 2:18)라는 성경말씀은 인간이 완전하거나 온전하지 않은 존재임을 말하고 있다. 혼자 있는 것이 좋지 않아서 돕는 배필을 만든 하나님의 계획 속에 있는 인간은 부족하고 모자란 작은 존재였다. 이렇게 작은 존재이기 때문에 인간은 서로를 의지하고 도우면서 삶을 살도록 하나님은 인간을 계획하고 창조하였다.

인간은 죄를 지으면서 자신이 작은 존재임을 분명하게 알게 되었다. "이에 그들의 눈이 밝아져 자기들이 벗은 줄을 알고 무화과나무 잎을 엮어 치마를 하였다."(창세기 3:7)라는 성경말씀 속에는 인간이 자신이 어떤 존재인지를 깨닫는 내용이 들어 있다. '치마를 하였다.'라는 문장은 영어로 coverings for themselves라고 기록되어 있다. 여기서 가리는 대상은 치마라는 말을 통해서 이해할 수 있다. 치마는 인간의 성적 영역을 가리는 옷을 나타내는 용어이다. 죄를 지은 인간은 눈이 밝아지면서 자신의 발가벗은 몸에 대해서 일정한 감정이 생기면서 이 감정으로 인해서 자신의 성적인 부분을 가리는 행동을 하게 된다. 가리는 행동(covering behavior)은 인간이 죄를 짓고 나서 첫 번째로 한 행동이다. "그렇다면 인간은 눈이 밝아지면서 자신의 몸에 대해서 어떤 감정을 가졌을까?"라는 중요한 질문이 생긴다. 이 질문에 대해서 학자들은 수치심이라고 생각한다(김용태, 2010; Thomas & Parker, 2004). 인간은 죄를 짓고 눈이 밝아지면서 자신의 몸이 벗은 줄을 알았을 때 수치심을 느꼈다.

수치심은 부정적 자기 개념으로서 무가치하고 무능하고 부족하고 모자란 느낌이다(Wilson, 2000: 229). 수치심은 자신을 어떻게 보는가와 관련 있는 감정이다. 자신에 대해서 부정적으로 평가하면서 자신을 이상하게 보기 때문에 부끄럽고 얼굴이 붉어지고 자신을 비참하게 보면서 자신이 현실에 없는 것 같다고 느낀다(Scheff, 2009: 40). 현실 속에 있는 자신은 부끄럽고 창피하다. 현실과 맞지 않는 것 같은 부적절한 느낌이 든다(Wells & Jones, 2000: 19). 수치심은 이상과 현실의 괴리로 인해 발생한다. 자신이 바라는 이상적 상태에 비추어 볼 때 자신은 부족하고 모자라고 형편없는 것 같다. 이상적으로 볼 때 자신은 어느 정도의 수준이나 모습 그리고 모양을 갖추어야 할 사람인 것 같지만 현실적으로 볼 때 자신은 모자라고 보잘것없고 형편없는 것 같아서 현실에 적응을 제대로 하지 못한다. 이렇게 현실에 적응하지 못하는 자신을 작다고 보는 감정이 수치심이다. 자신의 전체, 즉 전부가 마음이 들지 않고 형편없고 모자라는 존재라고 보면서 수치심이 발생한다(Leith & Baumeister, 1998: 3).

죄를 지은 인간은 눈이 밝아지면서 자신의 존재에 대한 인식이 발생하였다. 하나님께서 천지를 창조하면서 인간을 작은 존재로 만들었는데, 이를 인식하지 못하다가 선악과를 따먹고 난 뒤에 이를 인식하게 되었다. 자신이 작은 존재임을 알게 된 인간은 이제 이러한 작은 존재를 인정하고 받아들이기보다는 작은 존재임을 숨기고 다른 존재가 되려는 노력을 하게 된다. 완벽한 자신을 설정하여 현재의 자신을 부끄럽게 여기고 모자라게 생각하며 형편없다고 여긴다. 이러한 수치심은 인간의 내면에 일정하게 자리를 잡고 지속적으로 자신이 누구인지를 일깨우는 역할을 한다. 모든 조건이나 여건이 괜찮으면 자신을 부끄럽게 여기지 않지만, 이러한 여건이나 조건이 나빠지고 자신이 무엇인가를 잘못했다고 느끼면 이내 수치스러운 느낌이 든다. 이러한 수치심은 자신에 대해서 즉각적으로 부정적 평가를 함으로써 발생한다(Wright & Gudjonson, 2007).

수치심은 인간 내면에 깊이 자리하면서 자신의 존재를 부정적으로 평가하도록 만드는 역할을 한다. 수치심은 아주 어린 시절부터 발달하는 감정으로 인간의 내면에 깊숙이 자리 잡는다. 이렇게 자리 잡은 수치심은 마치 인간의 특성과 같이 인간의 내면에 일정한 상태로 존재한다(김용태, 2010, 2011). 한번 자리 잡은 수치심은 쉽게 변화되거나 사라지지 않는다. 수치심은 일생을 살아가면서 자신의 존재에 대해서 생각하도록 일깨워 주는 역할을 한다. 수치심이 이렇게 자신의 존재가 어떤 존재인지를 알려 주는 이유는 수치심이 일정하게 내면에 자리 잡고 있는 감정이기 때문이다. 학자들은 연구를 통해서 수치심이 이렇게 내면에 일정하게 존재하는 감정임을 밝히고 있다(Scheff, 2009: 41; Wiklander, Samuelson, & Asberg, 2003: 293; Yourman, 2003: 603). 인간은 수치심을 통해서 자신이 얼마나 작은 존재인지를 지속적으로 인식하고 깨닫게 된다.

수치심을 인간관계라는 사회적 맥락에서 비교 우위를 점하려고 하다가 실패한 감정으로 받아들이면 인간은 수치심으로 인해서 많은 고통을 당하게 된다. 일반 상담이론의 틀 속에서 보면 인간의 이러한 수치심은 자연스럽고 당연하다. 인간은 모두 작은 존재이기 때문에 노력하면 상대방보다 더 우위를 점할 수 있을 것 같은 마음이 든다. 그렇기 때문에 인간은 서로 경쟁하고 우위를 점하려는 노력을 한다. 이러한 노력이 수포로 돌아가거나 경쟁을 위한 조건을 가지지 못한 사람들은 수치심을 느끼고 자신을 보잘것없거나 형편없다고 여긴다. 이런 마음은 심리적 자존감이다. 많은 사람들이 자신의 심리적 자존감을 높이기 위해서 좋은 조건이나 더 나은 지위 그리고 더 많은 것을 가지려고 한다. 이러한 마음들은 서로 경쟁을 통해서 우위를 점할 때 가능하다고 믿는다. 이러한 믿음으로 인해서 심리적 자존감은 쉽게 무너져서 열등한 느낌을 갖기도 하고 다른 사람들보다 우위를 점하면 우월한 느낌을 갖기도 한다. 심리적 자존감은 열등감과 우월감을 만들어 낸다.

수치심을 영적 맥락에서 이해하면 전혀 다르게 인식된다. 하나님과 인간이라는 맥락으로 수치심을 생각하면 인간이 작은 존재임은 당연하다. 나 자신만 작은 존재가 아니라 모든 인간은 하나님 앞에서 작은 존재이다. 이렇게 작은 존재들끼리 경쟁을 해서 우위를 점하려는 노력은 아무짝에도 쓸모없게 된다. 조금 더 위를 점한들 하나님께서 보시기에는 여전히 작은 존재들이다. 그러나 하나님과의 관계에서는 하나님께서 너무도 큰 존재이시기 때문에 비교할 수 없게 된다. 오히려 자신이 작은 존재임을 인정하고 하나님의 도움을 바랄 수밖에 없게 된다. 이러한 현상을 영적 자존감이라고 부른다. 어차피 인간은 작은 존재이기 때문에 서로에 대해서 질투하거나 시기할 필요가 없다. 작은 존재임을 받아들이고 수용하면 이제 다른 사람들에게 불쌍하고 안된 마음을 갖게 된다. 이러한 마음이 영적 자존감이다. 작은 존재인 인간은 긍정적이고, 발전적 측면에서 보면 성장하는 존재이다. 작은 존재인 인간이 하나님과 관계 속에서 자신의 위치를 제대로 발견하고 이해함으로써 성장하고 발전을 한다.

(2) 부분적 존재

인간은 죄를 지으면서 한쪽으로 치우치는 경향을 갖는 부분적 존재가 되었다. 아담은 선악과를 따먹고 난 뒤에 수치심과 두려움에 사로잡힌다. 수치심에 사로잡힌 아담은 자신의 부끄러운 부분을 가리기 바쁜 삶을 살게 된다. 아담으로 인해서 발생한 이러한 경향성은 이제 모든 인간의 실존이 되었다. 아담은 수치심으로 인해 자신에게 말해 주는 메시지를 제대로 읽지 못하는 부분적 존재가 되었다. 수치심은 자신이 어떤 존재인지를 말해 주는 감정이다. 앞 절에서 언급한 바와 같이 인간은 작은 존재이기 때문에 하나님 앞에서 자신이 피조물임을 고백하고 이러한 고백과 더불어 삶을 사는 존재가 되어야 함에도 불구하고 이러한 메시지를 한쪽 방향으로만 받아들인다.

자신의 실존을 망각하여 자신이 누구인지를 잃어버린 채 인간은 오직 하나님 같이 되려는 사탄의 유혹에 빠진 존재가 된다. 인간은 하나님의 형상으로 지음 받았기 때문에 신성도 있다. 그리고 인간은 죄를 지은 존재이기 때문에 죄성도 있다. 인간은 자신이 죄인이라는 사실을 부인한 채 의로운 존재인 하나님처럼 되려는 경향을 갖는다. 이러한 인간의 경향은 한쪽으로 치우치는 부분적 존재를 보여 주는 예이다.

두려움에 사로잡혀서 숨기만을 바라는 아담은 하나님의 실재에 대해서 온전히 지각하지 못하고 하나님의 의도를 왜곡하게 된다. 하나님께서 "네가 어디 있느냐?"(창세기 3:9)라고 하신 질문에 대해서 하나님의 의도를 제대로 파악하지 못한다. "내가 동산에서 하나님의 소리를 듣고 내가 벗었음으로 두려워하여 숨었나이다."(창세기 3:10)라는 성경말씀은 아담이 하나님이 자신을 왜 부르는지에 대해서 한쪽 방향으로만 말을 하고 있다. "네가 어디 있느냐?"는 세 가지 위치, 자기 자신과의 관계에서의 위치, 타인과의 관계에서의 위치, 하나님과의 관계에서의 위치에 관한 질문이다(Jones, 2006: 62-63). 이 질문에 대해서 아담은 하나님을 두려워하는 마음과 자신이 벗었음에 대한 수치심으로 인해 부분적으로 인식하고 부분적으로 대답한다. 인간은 이렇게 하나님이나 타인이 자신에게 하는 말이나 행동에 대해서 온전하게 지각을 하지 못한다. 이러한 경향은 죄의 결과이다. 인간은 죄로 인해서 한쪽으로 쏠리는 경향을 갖는다.

인간의 부분적 경향은 학문의 이론적 경향이나 실제 삶에서도 잘 드러나고 있다. 이론적으로 볼 때 모든 학문은 각자의 영역에서 많은 이론을 가지고 있다. 상담영역에서도 보면 가장 많이 사용되는 이론이 20여 종류가 된다. 실제로 개발된 상담이론은 이보다 훨씬 더 많다. 그렇다면 "상담이론이 왜 이렇게 많을까?"에 대해서 생각해 볼 수 있다. 흔히 학문에 대해서 많은 사람은 코끼리 다리에 비유를 한다. 장님이 코끼리를 만질 때 다리만 만지는 사람, 코만 만지는 사람, 등만 만지는 사람, 배만 만지는 사람 등 각각은 자기가 만지는 부분만을 가지고 코끼리라고 단정하게 된다. "우리는 부분적으로 알고 부분적으로 예언하니 온전한 것이 올 때에는 부분적으로 하던 것이 폐하리라."(고린도전서 13:9-10)라는 성경말씀은 인간의 이러한 부분적 경향을 말하고 있다. 이론은 일종의 삶을 바라보는 창문과 같은 역할을 한다. 이러한 역할은 과학적으로 볼 때 예언과 같은 역할을 한다. 이론을 통해서 미리 앞을 내다보고 미리 무엇인가를 조정하려는 행동을 한다. 그러나 성경에서 말하고 있듯이 인간은 부분적으로 알고 부분적으로 예언한다. 장님이 코끼리를 만지듯이 인간은 세상에 대해서 그리고 인간의 삶에 대해서 부분적으로 알고 부분적으로 예언을 한다. 이러한 역할을 하는 부분이 이론이다. 학문에 수많은 이론이 존재하는 이유는 이렇게 인간이 부분적이기 때문에 발생한다. 이러한 경향으로 말미암아 이를 배우는 학생이나 일반인 그리고 이론을 개발하고 사용하는 학자도 혼란스럽기는 마찬가지이다.

인간의 실제 삶에서도 이렇게 한쪽으로 치우치는 부분적 경향이 잘 나타난다. 많은 사람이 갈등이 발생하면 자신을 제대로 보지 못한다. 화가 난 사람들은 자신이 어떤 행동을 하고 있는지 객관적으로 인식하기보다는 자신의 의도가 다른 사람에 의해서 어떻게 받아들여지는지만 생각한다. 예를 들어, A라는 사람이 자신이 B에게 잘하려고 하다가 도움을 주기보다는 해를 입었다고 하자. 해를 입은 B가 A에게 화를 내게 되면 잘하려다가 해를 입힌 A는 자신이 얼마나 잘하려고 했는지만 말하는 경향이 있다. A는 잘하려는 의도와 해를 입힌 결과 모두를 받아들이고 이에 대해서 객관적으로 평가를 하기보다는 자신이 얼마나 잘 하려고 했는지 의도만을 강조함으로써 B를 더 화나게 만드는 경우가 있다. 이렇게 되면 두 사람의 대화는 종종 교착 상태에 빠진다. 한 사람은 의도만 이야기하고 다른 사람은 결과인 해만 가지고 이야기한다. 의도와 결과, 두 가지가 모두 필요함에도 의도만 그리고 결과만을 말함으로써 서로 대화가 되지 않는다. 이러한 갈등은 모두 인간이 부분적 존재이기 때문에 발생한다. 인간이 부분적이기 때문에 전체를 조망하여 전체적으로 이해하는 능력이 모자란다.

가족치료의 이론 중에 대화이론이 있다. 대화이론은 모두 다섯 가지의 공리를 통해서 이론의 체계를 구성하고 있다. 다섯 가지 공리는 대화를 하지 않을 수 없는 원리, 내용과 관계의 원리, 구두점의 원리, 디지털과 아날로그의 원리, 대칭과 상보의 원리이다(김용태, 2000: 103-107). 인간이 역기능적으로 대화를 할 때 각각의 원리들은 인간이 얼마나 부분적인지를 잘 보여 주고 있다. 인간은 대화의 원천, 내용, 대화를 받는 사람, 대화의 맥락을 부정함으로써 관계에서 역기능을 만들어 낸다(김용태, 2000: 108-111). 인간은 대화를 할 때 원천, 내용, 대화를 하는 상대방, 대화를 하는 맥락 등과 같은 모든 것을 필요로 한다. 그럼에도 불구하고 인간은 이러한 요소들 중에 하나 또는 몇 가지를 부정함으로써 대화를 역기능적으로 만든다. 임상 장면에서 많은 내담자들은 자신이 대화를 부정하고 있음을 제대로 인식하지 못한다. 나중에 이를 인식시키려고 해도 부정하는 경우가 종종 있다. 인간이 부분적 존재이기 때문에 부분적으로 바라보고 부분적으로 이해하고 부분적으로 대화를 한다.

구두점의 원리의 역기능은 사람들이 얼마나 부분적인지를 잘 말해 주고 있다. 술을 마시는 남편과 바가지를 긁는 아내는 술과 바가지의 역기능을 보인다. 남편은 아내가 바가지를 긁으니까 술을 마신다고 하고, 아내는 남편이 술을 마시니까 바가지를 긁는다고 한다. 이제 이 두 사람의 대화는 역기능적이 된다. 남편이 주장하는 세계와 아내가 주장하는 세계는 각각 "바가지-술"과 "술-바가지"이다. 남편은 "바가지로 인한 술이라는 세상"에서 살고 아내는

"술로 인한 바가지라는 세상"에서 산다. 서로는 각각 정당성을 가지고 있으면서 자신이 옳다고 주장을 하면서 산다. 이러한 정당성으로 인해서 각각은 자신이 무엇을 잘못했냐고 항변하면서 서로 억울해한다. 남편과 아내는 자신들의 행동에 대해서 부분적으로 지각하고 이를 정당화하면서 서로 역기능적 대화를 한다. 이들의 대화는 이미 교착 상태에 빠지고 서로를 교류하지 못하게 한다. 이러한 현상은 단지 남편과 아내뿐 아니라 인류 사회 전반에 만연해 있다. 국제 관계에서도 이러한 현상은 비일비재하다. 각각이 원하는 방향과 요소들만 지각을 하고 이러한 지각을 바탕으로 각각의 정당성을 만들어 낸다. 대화는 어렵고 역기능적 관계는 지속된다.

(3) 모순적 존재

인간은 하나님의 형상을 가지고 있으면서 동시에 죄성을 가진 존재이다. 신성과 죄성이 동시에 존재하는 인간은 내면적으로 모순을 가진 존재이다. 신성과 죄성은 모두 심리학적으로도 본능으로도 존재한다. 신성은 사람들을 살리고 좋아지게 만들며 자신과 타인을 좋게 만들려는 긍정적이고 발전적 본성이다. 반면 죄성은 사람들을 죽이고 파괴하며 자신과 타인을 나쁘게 만들려는 부정적이고 공격적인 본성이다. 이러한 점을 일찍이 파악한 사람은 Freud이다. 그는 인간의 본성 속에 죽음의 본능과 생의 본능이 동시에 존재한다고 말하고 있다. 이 두 본능은 마음속에서 공존할 수 없는 존재로서 빛과 어둠이 같은 자리를 차지하기 위해서 서로 갈등한다. Freud가 본 인간은 이렇게 내면적으로 갈등하는 외로운 존재이다(Browning, 1987: 32-60). 인간은 자신의 마음속에 모순적으로 존재하는 두 가지 힘으로 인해서 갈등하면서 이러한 갈등에 골몰하는 존재이다. 자신의 갈등에만 집착하는 존재가 인간이다.

인간의 이러한 모순을 더 일찍 파악한 사람이 있는데 바로 사도 바울이다. "그러므로 내가 한 법을 깨달았노니 곧 선을 행하기 원하는 나에게 악이 함께 있는 것이라. 내 속 사람으로는 하나님의 법을 즐거워하되 내 지체 속에서 한 다른 법이 내 마음의 법과 싸워 내 지체 속에 있는 죄의 법으로 나를 사로잡는 것을 보는 도다. 오호라 나는 곤고한 사람이로다."(로마서 7:21-24) 이 성경말씀을 보면 사도 바울은 자신의 마음속에 두 가지 법인 사망과 생명에 대해서 언급하고 있다. 하나님의 법은 생명의 법이고 죄의 법은 사망의 법이다. 이 두 법이 자신의 마음속에 동시에 존재하면서 서로 싸운다. 이러한 싸움으로 인해서 사도 바울은 자신이 곤고한 자, 즉 힘들고 지친 존재라고 고백하고 있다. 사도 바울은 지금부터 무려 2000여 년 전에 자신의 고백을 통해서 인간의 마음속에 있는 두 법인 사망과 생명의 법에 대해 언급하고 있다.

사도 바울에 관한 다른 기록들을 보면 죄의 법인 사망은 공격성임을 알 수 있다. 사도 바울은 사도행전에서 율법주의자였을 때 다른 기독교인들을 잡아서 죽이러 다니고 있었다. 이때 사도 바울의 이름은 사울이었다. 다른 기독교인들을 잡아서 죽이려는 행동을 할 때 사울은 살기등등한 마음을 가지고 있었다. "사울이 주의 제자에 대하여 여전히 위협과 살기가 등등하여 대제사장에게 가서"(사도행전 9:1)라는 성경말씀은 사울의 이러한 공격적인 마음을 증명하고 있다. 이렇게 공격성을 가진 사울은 다메섹 도상에서 예수님을 만나고 변화된다. 이렇게 변화되어서 사울이 바울이 되고 주님의 일을 하는 사도가 되었다. 하나님의 형상으로 지음을 받은 바울이 율법주의자인 사울이었을 때는 공격성을 발휘하면서 살고 있었다. 이제 예수님을 통해서 변화되어서 바울이 되고 사도로서 일을 하면서 그의 하나님의 형상은 생명의 법이 된다. 창조 때부터 가지고 있던 생명의 법과 죄를 통해서 갖게 된 사망의 법은 사도 바울의 마음속에 동시에 존재하면서 서로 갈등을 일으킨다. 이러한 두 법은 사도 바울 속에 존재하면서 목회 말년에까지 갈등을 일으킨다. 이러한 사도 바울의 고백은 Freud가 본 바와 같이 인간이 모순적 존재임을 말해 주고 있다.

인간이 모순적 존재임은 인간의 변화인 의인과 본성인 죄성으로 증명된다. 본성적으로 존재하는 죄성으로 인한 인간은 죄인이면서 동시에 신분상의 변화를 겪는 의인이다. 의인으로서 인간은 예수님을 통해서 변화한다. 이때 변화는 성질 또는 본성의 변화가 아니라 신분상의 변화이다. 이러한 변화를 칭의(called righteousness)라고 한다. 의인이라고 불러 주어서 의인이 되었다는 의미이다. 하나님께서는 예수님을 통해서 인간이 죄인임에도 불구하고 의인이라고 부르신다. 하나님의 이러한 부름에 따라서 인간은 의인이 되었다. 의인으로서 삶을 살아가는 인간은 의인이라는 신분에 맞는 성질을 갖기 위한 노력을 하게 되는데 이러한 노력이 성화이다. 성화를 통해서 인간은 성질의 변화인 질적 변화를 이루게 된다. 인간은 신분상의 변화에서부터 시작해서 성질의 변화인 질적 변화를 하게 되는 성화의 과정을 거친다. 성화가 얼마나 되었는가와 관계없이 인간은 여전히 죄성을 가진 죄인이다. 인간의 죄성은 인간의 생명이 다하는 날까지 없어지지 않는다. 하나님의 일을 하는 사도 바울도 자신 안에 있는 사망의 법으로 인해서 괴로움을 겪었다. 아무리 하나님의 일을 하여도 그리고 성화를 하여도 인간의 마음속에 존재하는 죄성은 사라지지 않는다. 따라서 인간은 의인으로서의 인간과 죄인으로서의 인간이 동시에 존재하는 모순적 존재이다. 의인의 신분과 죄인의 신분을 동시에 갖고 있는 신분적 모순과 성화를 통해서 변화된 성질과 여전히 죄로 인해서 갖게 되는 죄의 성질을 동시에 가지고 있는 성질적 모순을 동시에 가지고 있는 모순적 존재가 인간이다.

작은 존재가 큰 존재가 되려는 모순적 노력은 죄성으로 인해서 발생되었다. 인간은 죄를 짓고 난 뒤에 자신이 작고 보잘것없고 형편없는 존재임을 알게 된다. 이렇게 작은 존재인 자신이 부끄럽고 수치스러웠던 인간은 이제 커지려는 노력을 하게 된다. 작은 존재라는 단어가 시사하듯이 존재는 변하지 않는 특성을 가지고 있다. 존재 앞에 붙어 있는 수식어인 '작은'이라는 단어는 존재가 어떤지를 말해 주고 있다. 인간은 작은 존재로서 어쩌면 인간이 존재하는 한 작은 존재로 남아 있게 된다. 그럼에도 불구하고 인간은 자신의 작음을 부정하고 큰 존재가 되려는 노력을 함으로써 모순에 빠지게 된다. "너희가 그것을 먹는 날에는 너희 눈이 밝아져 하나님과 같이 되어 선악을 알 줄을 하나님이 아심이라."(창세기 3:5)라는 성경말씀은 인간이 큰 존재가 되려고 어떤 노력을 하게 될 것을 예시하고 있다. 작은 존재인 인간은 이제 하나님처럼 되려고 하는 노력을 하게 된다. 인간이면서 신이 되고자 노력하는 존재인 인간은 결코 신이 될 수 없는 모순에 빠지게 된다.

아주 쉬운 예를 들면, 사람은 화가 나면 신과 같이 되려는 경향에 빠진다. 화가 난 사람들은 모든 것을 자신이 원하는 대로 그리고 뜻하는 대로 하려고 한다. 화가 난 그 순간에는 자신에게는 아무런 잘못이 없고 상대방이 잘못했다고 생각하고 믿는다. 화가 난 그 순간에는 자신이 신이 된 것 같은 착각에 빠진다. 그래서 화가 난 많은 사람들은 자신의 뜻대로 상대방을 야단치거나 혼을 낸다. 심한 경우에는 폭력을 행하게 된다. 화가 난 상태에서는 상대방이 얼마나 힘들고 상처를 입었는지 알기 어렵다. 그러나 화가 가라앉고 난 뒤에는 많은 후회를 한다. '내가 왜 그랬지?' '내가 미쳤나봐.' 등과 같은 자책의 말을 하게 된다. 이때는 인간으로 돌아왔기 때문에 이러한 후회를 한다. 화가 났을 때뿐만 아니라 인간이 신이 되려는 노력은 여러 장면에서 발견된다. 조직의 장이 되려는 노력, 한 국가의 지도자가 되려는 노력, 가장 아름다워지려는 노력, 가장 선한 사람이 되려는 노력 등은 모두 신의 자리에 오르고 싶어 하는 인간의 마음이다. 이러한 마음들은 결국 작은 존재가 큰 존재가 되려는 모순에 더욱더 봉착하게 만든다. 이러한 모순적 노력으로 인해서 많은 사람이 불행에 빠지고 사회에 수많은 어려움을 초래하게 된다. 작은 존재인 인간이 큰 존재가 되려는 노력을 하게 되면서 삶의 방향성에 문제가 초래된다.

(4) 발달적 경향

죄, 변형, 영적 건강이라는 인간에 대한 기독교적 이해는 자연스럽게 인간이 발달적 경향을 가지고 있음을 말하고 있다. "우리가 지금은 거울로 보는 것같이 희미하나 그때에는 얼굴과 얼굴을 대하여 볼 것이요. 지금은 내가 부분적으로 아나 그때에는 주께서 나

를 아신 것 같이 내가 온전히 알리라."(고린도전서 13:12)라는 성경
말씀은 인간이 하나님의 도움을 통해서 온전한 존재가 되려는 경
향을 가지고 있음을 말하고 있다. 작고 부분적이고 모순적 존재인
인간은 크고 온전하고 일관성 있는 존재가 되려고 한다. 즉, 인간
은 온전하고 모순이 없으며 크고 완벽한 존재가 되려는 경향을 가
지고 있다.

인간의 이러한 경향이 죄로 인한 영향으로 강해지면 인간은 하
나님이 되려는 경향을 갖게 된다. "너희가 그것을 먹는 날에는 너
희 눈이 밝아져 하나님과 같이 되어 선악을 알 줄 하나님이 아심이
니라."(창세기 3:5)라는 성경말씀은 인간이 하나님같이 되려는 경향
이 있음을 말하고 있다. 눈이 밝아진 사람들은 자신이 누구인지 알
기는 했지만 이를 부정하고 자신이 신과 같은 사람이 되려는 경향
으로 발전시킨다.

죄로 인한 이러한 경향의 대표적 경우가 거짓말이다. 자신이 모
자라고 부족한 존재임을 다른 사람들에게 보이기 싫어서 거짓말을
시작하면 거짓 자기가 발달한다. 학력을 속이는 사람, 과거의 잘못
을 숨기는 사람, 자신의 형편을 비관하여 인위적으로 꾸며 내어 다
른 사람들에게 좋게 보이려는 사람, 거짓말로 상대방의 논리나 초
점을 흐리는 사람 등 수많은 사람이 이렇게 자신을 포장하고 거짓
말을 함으로써 거짓 자기를 발달시킨다. 사회에서 크고 중요한 사
람이 되기 위해서 죽어라고 일을 하면서 일 중독적 경향을 보이는
사람도 내면에서는 자신의 작음을 받아들이지 못하여 사회적 권력
을 얻으려는 것이다. 이런 사람들도 자기가 아닌 자기가 되려고 하
면서 자신을 속이는 사람들이다. 이러한 사람들은 사회적으로 성

공할 수는 있으나 마음에서는 실패를 하는 '성공-실패'의 사람이다(김용태, 2016). '성공-실패'는 사회적 성공과 심리적 실패를 한 단어로 표현한 개념이다. 이러한 모든 경향은 죄로 인해서 하나님 같이 되려는 유사하나님의 특성이다.

하나님의 도움을 받는 사람들은 영적 건강이 생기면서 변형된다. 자신의 존재를 인식하면서 자신이 작고 보잘것없고 형편없으며 모순이 많고 한쪽으로 치우치는 경향이 있음을 인식하고 받아들인다. 이렇게 자신의 존재를 받아들이는 사람들은 자신의 힘으로만은 변형되지 못하고 하나님의 도움으로 변할 수 있다. 하나님께서 성경을 통해서 끊임없이 "두려워 말라, 염려하지 말라, 놀라지 말라."라는 말씀을 주신다. 이러한 말씀은 인간이 자신의 존재 자체로 괜찮을 수 있음을 말해 준다. 이렇게 자신이 죄인이고 피조물임을 받아들이는 사람들은 진짜 자기가 발달한다. 진짜 자기는 자신과 싸우는 사람들이다. 자신 속에 거짓으로 다른 사람들과 자신을 속여서 유사하나님이 되려는 경향과 맞서서 싸우는 사람들은 진짜 자기가 발달한다. 진짜 자기는 자신의 존재를 있는 그대로 받아들이면서 발달한다. 자신의 위치를 정확하게 깨닫고 이를 수용하면서 자신을 받아들이면 사람들은 마음의 평화를 얻을 수 있다. 이러한 마음의 평화는 많은 장애와 역기능을 물리치는 역할을 한다. 이러한 변화가 영적 건강이다. 이러한 영적 건강은 인간으로 하여금 희망을 누릴 수 있게 한다. 희망적 존재로서의 삶이 진짜 자기이다.

진짜 자기는 환경에 의해서 그리고 다른 사람들에 의해서 흔들리지 않는다. Bowen이 말하는 solid self는 진짜 자신이다(김용태, 2000: 332). solid는 글자 그대로 단단하다는 의미로, 자신이 누구인지를 정확하게 인식하고 받아들이면 자기는 단단해진다. 반면 그럴듯한 자기는 가짜 자기로서 흔들리는 자기이다(Hall, 1991: 17). '그럴듯한'이라는 단어는 pseudo라는 영어 단어이다. 유사하나님이라고 할 때 유사가 pseudo이다. 진짜 같은데 자세히 보면 다른 자기를 말한다. 이러한 자기는 쉽사리 흔들리고 다른 사람들의 평가나 행동에 예민해진다. 반면 진짜 자기는 자신을 있는 그대로 인식하고 받아들이면서 다른 사람들에게도 그렇다고 말을 하고 있기 때문에 쉽사리 흔들리지 않는다. 그야말로 견고한 자기이다.

견고한 자기가 하나님과의 관계에서 이루어지면 이는 영적 자기가 된다. 영적 자기는 하나님과 인간과의 관계에서 자신의 위치를 정확히 알고 이에 따른 마음의 확신을 갖는 성향을 말한다. 인간은 부족하고 모자라고 형편없으면서 한쪽으로 치우치는 경향을 가지고 있고 모순적이다. 이러한 인간임을 하나님 앞에서 고백할 때 인간과 하나님의 관계는 제대로 형성된다. 유사하나님이 되려는 노력을 포기하는 발달적 노력은 인간에게 제대로 된 영적 자기를 갖도록 만든다. 영적 자기는 오히려 자신의 존재의 실존을 해결해 나가면서 형성된다. 무엇인가를 더 갖추고 만들어 가는 자기가 아니라, 오히려 자신을 발견하고 수용하면서 만들어지는 자기가 곧 영적 자기이다.

영적 자기는 대행적이다. 하나님과 인간의 관계를 제대로 정립한 사람들은 삶을 살아갈 때 천명이라는 하나님의 사명을 가지고 산다. 목적이 있는 삶을 살면서 본능에 완전히 지배되지 않는다. 물론 본능 중 일부는 인간이 충족을 하고 존중하면서 살기도 하지만 이러한 본능에 완전히 지배당하지 않는다. 오히려 하나님이 주시는 말씀과 원리를 가슴에 새기고 이러한 새김을 바탕으로 삶을 살아간다. 이렇게 살아갈 때 인간은 목적적 존재가 된다. 영적 자기를 형성할 때 인간은 대행적 자기를 갖는다. 분명한 목표의식을 가지고 자신의 본능을 존중하되 치우치거나 사로잡히지 않고 적절하게 조화를 이루면서 삶을 산다. 이러한 사람이 영적 자기로서 대행적 삶을 살아가는 사람이다.

제5장
기독교 상담의 원리: 죄인, 부정, 역설 편

1. 죄인의 원리

1) 성경의 진리와 죄인

하나님은 성경을 통해서 인간이 죄인임을 분명히 밝히고 있다. "모든 사람이 죄를 범하였으매 하나님의 영광에 이르지 못하더니"(로마서 3:23)라는 성경말씀은 인간은 누구나 죄를 지은 인간임을 말하고 있다. 죄를 지은 인간은 이제 그 본성 속에 죄를 갖게 되었다. 본성 속의 죄는 죄성이다. 인간으로 태어난 사람은 누구나 죄성을 가지고 있다. 자신이 선한 일을 함에도 불구하고 인간은 이러한 죄성으로부터 자유로울 수 없다. 선을 행하려는 마음 이면에는 언제나 죄성에 의한 마음이 공존한다. 선악공존이라는 말은 인간이 죄인임을 잘 말하고 있는 단어이다.

죄를 지은 인간은 죄로 인해서 관능성, 자기중심성, 하나님처럼 되려는 마음을 갖게 되었다(Erickson, 2001: 595-598). 죄의 결과인 관능성(sensuality)은 인간으로 하여금 고상하고 아름다운 영적인 것을 육체적인 것으로 환원시키도록 만들었다. 인간은 이제 몸이 지배하는 삶을 살게 되었다. 몸을 최우선으로 하는 인간의 삶은 세상 전반 곳곳에 펼쳐져 있다. 정치, 사회, 문화, 경제 등 인간의 삶 대부분은 육체 중심으로 이루어져 있다. 인류 문명의 발전도 몸이 어떻게 하면 더 편안하고 안전한가를 중심으로 이루어지고 있다. 세탁기, 냉장고, 텔레비전, 청소기, 컴퓨터, 자동차, 열차, 사물인터넷, 보안시스템 등과 같은 수많은 인류 문명의 이기들이 몸이 더 편안하고 안전하도록 도와주는 역할을 하고 있다.

죄의 결과 중 하나인 자기중심성은 인간으로 하여금 자신을 위해서 인생을 살도록 만든다. 다른 사람을 사랑하거나 하나님을 사랑하는 마음을 최고의 가치로 두기보다는 자신을 최고의 가치에 두고 사는 삶이 자기중심성이다. 인간은 이제 자기가 최고의 경배 대상이고 자신을 섬기기 위해서 사는 삶을 살게 된다. 모든 것은 자신을 중심으로 돌아가며 자신이 없는 삶은 의미가 없다. 이러한 자기중심성은 인간으로 하여금 필연적으로 경쟁을 통한 우위의 삶을 살도록 만든다. 인간은 자신이 가장 중요하기 때문에 다른 사람들과 비교를 통해서 자신이 더 나은 사람임을 증명하려고 한다. 인류는 이러한 자기중심성으로 인해서 무한 경쟁의 삶을 살게 된다. 현재 인류는 경제적으로 국경이 없는 무한 경쟁시대에 들어와 있으며 이러한 무한 경쟁으로 인해서 극도로 불안정해지고 불안한 삶을 살고 있다.

하나님을 자신으로 대체한 인간은 자신이 하나님이 되려는 방향으로 나아가고 있다. 인간은 자신이 아무런 잘못이 없는 존재임을 밝히기 위해서 부단히 노력하고 있다. 특히 다른 사람과 갈등 상황이 되면 "내가 무엇을 잘못했냐?" "내가 언제 그랬느냐?"라는 식으로 자신이 잘못 없음을 주장한다. 이렇듯 인간은 끊임없이 하나님의 자리에 자신을 올려놓으려고 한다. 도덕적으로 흠이 없는 존재, 하나님처럼 무한한 힘을 가진 존재 그리고 아무도 범접할 수 없는 존재가 되려는 욕망을 가지고 사는 존재가 인간이다. 하나님을 하나님으로 인정하지 않고 자신이 하나님처럼 되려는 인간의 마음은 결국 수많은 불행을 초래한다. 즉, 도덕적으로 흠이 없음을 증명하려고 하다가 자신으로부터 소외된다. 인간은 죄성을 가진 존재이고 죄인이기 때문에 이러한 노력은 자신을 결국 수용하지 못하고 자신을 자신으로부터 소외시켜서 이방인으로 만든다. 하나님처럼 절대권력을 가지려고 하다가 수많은 경쟁자들과 갈등을 일으킨다. 그리고 수많은 사람의 도전을 받으면서 비참한 최후를 맞이하게 된다. 자신은 아무도 범접할 수 없는 극단의 존재가 되려고 하다가 외롭고 고독한 삶을 살게 된다.

2) 죄인과 인간의 삶

모든 인간은 죄 아래 존재하며 죄로 인해서 많은 어려움과 고통을 경험하는 존재이다. 인간이 겪고 있는 수많은 문제는 결국 죄로 인해서 발생한다. 성경심리학자들은 죄의 문제를 죄 이론(sin theory)이라는 이름으로 주장한다. Powlison(2001: 48)은 인간의 죄는 인간이 원하고 바라는 것 속에 깊이 뿌리 박혀 있다고 주장한다. 죄는 인간의 성격 깊은 곳에 뿌리 박혀 있으면서 여러 가지 문제를 일으킨다. 인간은 이러한 죄로 인해서 "어두워진 마음, 술 취함, 동물 같은 본능, 충동, 미친 마음, 노예근성, 무지, 어리석음(Powlison, 2001: 48-49)" 등을 경험하면서 사는 존재이다(김용태, 2006: 181). 이러한 죄성은 일부 인간에게만 국한되지 않고 모든 인간 안에 존재한다. 이렇게 마음 깊은 곳에 죄성이 존재하기 때문에 인간의 노력은 언제나 잘못될 수밖에 없는 경향성을 가지고 있다.

인간이 합리적 존재가 되고자 하는 노력은 역설적으로 인간이 어리석고 비합리적이며 왜곡된 존재임을 말하고 있다. 예를 들어, 태어날 때부터 남자나 여자인 사람은 자신이 남자나 여자가 되려는 노력을 하지 않는다. 마찬가지로 태어날 때부터 인간인 사람은 자신이 인간이 되려는 노력을 하지 않는다. 그러나 누군가가 자신이 남자나 여자임을 증명하려고 하거나 그렇게 되기를 추구한다면 자신은 남자가 여자가 아닐 가능성을 가지고 있음을 말하고 있다. 마찬가지로 인간이 합리성을 추구하는 존재라는 말은 역설적으로 인간은 비합리적 존재임을 말하고 있다. 많은 사람은 지혜로운 사람이 되기를 바란다. 그 이유는 인간이 어리석기 때문이다.

인간이 이렇게 될 수밖에 없는 이유는 인간은 죄로 인해서 기형적이거나 불순한 존재가 되었기 때문이다(Erickson, 2001: 645). 죄는 몸, 감정, 의지, 생각 등 인간의 전 영역에 영향을 미치고 있다. 인간의 몸에 미친 죄의 영향은 몸을 기형적으로 만들었다. 인간의 몸은 완전하지 않고 한쪽으로 치우치거나 결함을 가지게 된다. 인간은 몸을 제대로 만들기 위해서 끊임없이 노력해야 한다. 몸을 돌보는 일인 운동이나 돌봄을 게을리 하면 기형적 형태의 몸은 문제를 일으키게 된다. 더 아름다워지려고 하거나 완전한 몸을 가꾸기 위한 인간의 노력은 인간의 몸이 기형적임을 말하고 있다.

마찬가지로 인간의 감정, 생각, 의지 등에도 죄가 깊숙이 들어와 있다. 인간은 선한 일을 행하고 좋은 일을 하려고 하지만 이 속에 불순한 의도나 생각, 감정이 들어 있다. 보상을 바라는 마음, 알아주기를 바라는 마음, 인정받기를 바라는 마음 등이 이러한 불순과 관련이 있다. 인간이 순수해지려고 하거나 순전하고 온전하다는 마음은 모두 환상에 불과하다. 인간은 끊임없이 자신이 괜찮은 존재이고 다른 사람들을 위하는 마음을 가지고 살며 순수한 마음을 가지고 다른 사람을 대한다고 생각하지만 이는 환상이다. 이러한 환상을 진짜로 믿는 어리석음을 가진 존재가 또한 인간이다. 인간은 결핍이 심해지면 이러한 환상을 진짜라고 믿는 경향이 있다. 이러한 환상에 근거해서 자기를 발달시키면서 인간은 가짜 자기를 만들어 낸다. 이러한 가짜 자기는 병리적이며 근본적으로 많은 고통과 어려움을 만들어 낸다.

3) 죄로 인한 심리내적 현상

인간은 죄를 짓고 난 뒤에 가리고 숨기는 행동, 숨고 도망가는 행동, 억울해하고 죽이는 행동을 하게 된다. "이에 그들의 눈이 밝아져 자기들이 벗은 줄을 알고 무화과나무 잎을 엮어 치마로 삼았더라."라는 성경말씀은 인간이 죄를 짓고 난 뒤에 한 첫 번째 행동을 언급하고 있다. 선악과를 따먹은 인간은 선과 악을 구별할 줄

아는 존재가 되었다. 다른 말로 하면 인간은 좋고 나쁜 것을 평가할 수 있는 능력을 갖게 되었다(김용태, 2010, 2011). 인간의 이러한 능력은 심리내적으로 볼 때 수치심과 죄책감을 통해서 부정적으로 드러나기도 한다. 수치심과 죄책감은 모두 평가를 할 때 발생하는 감정이다. 수치심은 존재를 부정적으로 평가할 때 생기는 감정(김용태, 2010)이고 죄책감은 행동을 부정적으로 평가할 때 생기는 감정(김용태, 2011)이다. 죄를 지은 인간은 자신이나 다른 사람에게 대해서 자주 수치스러워하거나 죄스러워한다. 자신의 존재나 행동을 부정적으로 평가하면서 수치심이나 죄책감을 자주 느낀다. 이러한 수치심이나 죄책감은 인간이 평가할 수 있는 존재가 되었음을 말하고 있다.

죄를 짓고 난 뒤에 인간이 느낀 첫 번째 감정은 수치심이다. 창세기 3장 7절에 나타난 "무화과나무 잎을 엮어 치마를 하였더라."라는 문장은 인간이 숨기고 가리는 행동을 하고 있음을 말하고 있다. 평가를 할 수 있게 된 인간은 이제 발가벗은 자신의 몸을 부끄러워하였다. 죄로 인해서 인간은 이제 자신을 부끄러워하는 수치심을 갖는다. 수치심은 "못난, 보잘것없는, 형편없는, 작은"(김용태, 2010) 느낌이라는 감정이다. 인간은 벗은 몸인 자신의 존재를 형편없고 작고 못나며 보잘것없다고 평가하고 있다. 이러한 수치스러운 감정으로 인해서 자신의 몸을 가리는 행동을 하게 된다. 무화과나무 잎을 통해서 자신의 부끄러운 부분을 가리는 행동은 수치심의 감정으로 인해서 발생된 행위이다. 선악과를 따먹고 난 뒤 인간은 자신의 존재를 부끄러워하면서 가리고 덮는 행동을 하는 존재가 되었다.

죄를 짓고 난 뒤 인간이 느낀 두 번째 감정은 두려움이다. "이르되 내가 동산에서 하나님의 소리를 듣고 내가 벗었으므로 두려워하여 숨었나이다."(창세기 3:10)라는 성경말씀은 두려움이라는 감정과 숨는 행동을 말하고 있다. 하나님의 소리는 진리이고 빛이다. 진리와 빛을 접하게 되면 죄인인 인간은 두려워할 수밖에 없다. 죄를 지은 사람들은 밝은 대낮이나 자신의 잘못이 명명백백하게 밝혀지는 상황을 두려워하게 된다. 이러한 두려움 때문에 이들은 자신의 죄를 드러내지 않기 위해서 두려워하는 마음을 갖는다. 두려움은 불안, 걱정, 염려, 초조, 긴장, 무서움, 공포와 같은 계열의 감정이다. 이러한 감정들은 모두 앞으로 발생할 일에 대해 부정적으로 평가할 때 생긴다. 이러한 감정들은 모두 "~할까 봐"(김용태, 2014: 136)라는 구조를 가지고 있다. 아직 일어나지 않은 일을 모두 '할까 봐'라는 형태의 메시지로 가지고 있다. 하나님의 소리를 듣고 두려워하여 숨는 행동에는 미래에 일어날 일에 대한 부정적 생각이 반영되어 있다.

죄를 짓고 난 뒤 인간이 느낀 세 번째 감정은 분노이다. "가인과 그의 제물은 받지 아니하신지라 가인이 몹시 분하여 안색이 변하니 … 가인이 그 아우 아벨을 쳐 죽이니라."(창세기 4:5-8)라는 성경말씀은 분노와 살인 행위에 대해서 말하고 있다. 분노는 자신이 옳다고 믿는 당위성에서 비롯된다. 이러한 당위성을 성경에서는 '자기 의(self-righteousness)'라고 부른다. 화와 분노는 자신은 옳고, 다른 사람은 틀렸다는 메시지를 가지고 있다. 이러한 입장에 서면 분노하는 사람은 다른 사람을 이해하거나 공감하지 못하고 다른 사람을 판단하여 정죄하려는 경향을 보이게 된다. 이러한 경향의 결과로 살인과 같은 극단적 행위가 벌어지기도 한다.

4) 죄인의 원리와 임상적 이해

(1) 감정과 인간 존재

죄인의 원리는 심리내적으로 분노, 두려움, 수치심이라는 감정을 유발하였다. 상담자는 임상 현장에서 화가 난 내담자, 두려워하는 내담자 그리고 자신을 부끄럽고 수치스럽게 여기는 내담자를 종종 만난다. 화가 나 있지만 두려워하는 마음을 가지고 있기도 하고 두려워하지만 화가 나 있는 마음을 가진 내담자가 있다. 어떤 형태이든지 이들은 모두 수치심을 가지고 있다. 각각의 감정이 임상적으로 어떤 의미를 가지고 있는지 살펴보고 이들의 관계가 심리내적으로 어떻게 설정되어 있는지가 이 절의 중요한 주제이다.

당위적 화(분노)와 죽이는 행동 싫은 느낌, 거슬리는 느낌, 화, 분노, 격노 등은 모두 같은 계열의 감정이다. 이러한 감정들은 모두 자신이 옳고 다른 사람이 잘못되었다는 메시지를 가지고 있다. 이렇게 자신은 옳다는 입장에 서게 되면 인간은 자신의 행위가 얼마나 정당한지에 먼저 관심을 갖는다. 자신의 입장에서 자신이 옳은지를 증명하려는 마음 때문에 다른 사람의 입장이 어떤지에 대해서는 전혀 생각하지 않거나 마음이 가지 않는다. 그렇기 때문에 이런 입장을 견지하는 사람은 자기중심적 논리에 빠지게 된다. 자기중심적으로 많은 생각을 하게 되고 이러한 생각을 토대로 자신이 얼마나 정당하고 맞는지에 대해서 증명하는 마음을 갖는다. 이러한 자기중심적 논리는 정보나 사실 중에서 자신에게 유리한 것 그리고 자기를 증명할 수 있는 것만을 선택하도록 만들어서 한쪽으로 치우쳐 다른 정보나 사실을 누락하도록 만든다. 필자가 보았던 내담자 중 한 사람은 자기 아버지가 얼마나 폭력적이고 나쁜 사람인지를 말하고 있었다. 이 내담자는 자기 아버지는 자신에게 나쁜 짓만 했고 정말로 아버지로서 자격이 없는 사람이라는 증거를 수없이 필자에게 말하였다. 상담이 여러 회기 진행된 후에 분노가 어느 정도 해소된 상태에서 이 내담자는 문득 자기 아버지가 자신을 위해서 신발을 사가지고 왔다는 사실을 기억하게 되었다. 결국 내담자는 이 사실을 기억하면서 통곡하고 울었다. 자신이 아버지를 미워하느라고 아버지가 자신에게 잘해 주었던 사실들을 까마득히 기억하지 못하고 있었음을 깨달으면서 많은 눈물을 쏟아 내었다. 이처럼 화와 분노는 자기중심적 기억이나 생각을 하도록 만들어서 많은 정보와 사실을 왜곡시키거나 누락시키게 만든다.

화와 분노는 자신과 타인을 죽이는 역할을 한다. 화가 나거나 분노가 발생하면 몸은 이를 비상 상황으로 인식한다. 몸의 특정 부위에 에너지를 공급하기 위해서 혈액 순환이 빨라진다. 주먹을 쥐거나 눈동자가 커지거나 얼굴에 핏대가 선다. 신체적 변화에 대응하기 위해서 이러한 부위로 에너지를 공급하기 위해 피의 흐름을 빠르게 진행시킨다. 이러한 일이 자주 일어나면 빠른 혈류가 혈관 벽을 손상시키거나 좁아진 혈관을 통과하면서 혈압을 상승시킨다. 고혈압이 자주 발생하여 협심증에 의한 통증이 생기거나 좁아진 혈관이 손상되어 피가 새는 현상이 발생하여 내출혈로 인한 각종 증상이 생기도록 만든다. 최악의 경우에는 생명이 위험해질 수도 있다. 이처럼 화와 분노는 자신의 생명을 해하도록 만든다.

자신이 옳은 입장에 서 있도록 만드는 화와 분노는 후회를 하지 않도록 만든다. 다른 사람이 고통을 당해도 공감되거나 자신이 잘못했다는 느낌이 들지 않는다. 그렇기 때문에 잘못을 한 상대방은 벌을 받아 마땅하다는 생각을 한다. 그래서 상대방을 벌 주기 위한 여러 가지 방안을 강구한다. 이러한 마음이 극단적으로 치우치면 상대방의 생명을 빼앗는 행위를 할 수도 있다. 잘못을 한 상대방은 벌을 받아 마땅하다는 생각이 들고 자신이 한 행위에 대해서 후회를 하거나 잘못을 뉘우치는 행동을 하지 않게 된다.

화와 분노가 사람을 서서히 죽이거나 갑자기 죽이는 행위와 관련이 있는 이유는 상대방에 대한 무관심과 관련이 있다. 화와 분노는 자기중심적 논리를 가지고 있기 때문에 상대방의 입장에서는 어떻게 보이는지 그리고 어떤 마음이 드는지 생각이 나지 않도록 만든다. 그렇기 때문에 화와 분노는 상대방과 대화를 할 마음을 갖지 않도록 만든다. 자신이 옳고 정당하기 때문에 대화를 하기보다는 상대방이 자신에게 잘못을 빌어야 한다고 생각한다. 이러한 마음으로 인해 화가 나고 분노가 생긴 사람은 대화, 타협, 논의, 협상 등과 같은 행동에 대해서는 전혀 관심이 없다.

화와 분노는 자기중심적 논리를 가지고 있기 때문에 자신은 신과 같은 입장에 서게 된다. 화가 난 사람들은 자신의 오류를 보지 못하거나 보지 않으려고 하며, 자기중심적이기 때문에 자신의 논리가 옳음만을 주장하게 된다. 큰 틀에서 보면 인간은 오류가 없다고 주장하기 어렵다. 자신의 입장에서 옳지만 입장, 상황, 수준이 달라지면 옳지 않을 수 있다. 그럼에도 불구하고 화가 난 사람들은 자신의 입장에서 옳다고 주장을 하게 된다. 자신의 논리는 오류가 없고 잘못이 없다는 생각이 확고해진다. 이러한 사람은 자신이 화가 난 이유는 상대방 때문이며 상대방의 잘못으로 인해 자신이 화가 나 있다고 믿는다. 그렇기 때문에 오류가 없고 잘못이 없는 나는 신과 같은 입장에 있게 된다. 신은 잘못이 없으며 오류가 없는 절대적 존재이다. 이렇듯 인간은 화가 나면 자신을 신의 반열에 올려놓게 된다. 이런 입장이 지속되어서 분노로 치달으면 상대방을 죽이고서도 잘못을 했다고 느껴지지 않는다. 신의 입장이 되어서 자신은 심판자와 같은 역할을 하게 되는 것이다.

대상적 두려움과 숨는 행동　두려움, 무서움, 걱정, 염려, 초조, 공포, 공황 상태 등은 모두 같은 계열의 감정으로, 아직 일어나지 않은 일에 대해서 미리 부정적으로 생각하는 메시지를 가지고 있다고 앞에서 말한 바 있다. 이러한 감정은 모두 일정한 형태인 '~할까 봐'라는 메시지를 갖는다. 모두 미래 감정이다. 인간은 미래를 예측하려는 경향이 있다. 미래를 미리 알고 예측하여 미래를 통제하고 싶은 마음이 이러한 감정과 관련이 있다. 인류문명이 발전하는 방향은 이러한 예측하려는 경향과 밀접한 관련이 있다. 날씨를 미리 예측하기 위해서 슈퍼컴퓨터를 들여놓는 행위는 이러한 두려운 감정으로 인해서 발생한다.

미래 감정은 사람을 회피하도록 만든다. 불안하고 두려워하는 사람은 현실을 직시하거나 머물러 있는 행위를 잘 하지 못한다. 이러한 사람은 지금 다가오는 현실이 무섭거나 두렵기 때문에 이를 피하고자 하는 행위를 보인다. 회피적 반응은 심리적으로는 방어기제로 나타난다. 억압이라는 방어기제는 의식 속의 불안을 줄이기 위해서 무의식 속으로 부정적 감정을 밀어 넣는 회피적 현상이다. 일반화라는 방어기제는 다른 사람들의 생각 속으로 회피하는 현상이다. 주지화라는 방어기제는 감정을 생각으로 회피하는 현상이다.

두려움이나 불안으로 인한 회피 현상은 사회적으로도 나타난다. 주변인 증상, 구원자 증상, 일 중독자와 같은 현상은 모두 불안과 두려움이 사회적 관계에서 일어나는 회피 현상이다(김용태, 2014b: 137-144). 주변인 증상을 가진 사람은 불안과 두려움으로 인해서 핵심 주제나 입장, 그리고 역할을 하지 못하고 그 주변을 맴도는 행위를 한다. 이들은 주로 적응을 하려고 하기 때문에 자신의 생각이나 입장을 표현하기보다는 다른 사람의 생각이나 태도에 예민하게 반응한다. 적응하려고 애를 쓰면서 노력하다가 억울한 마음이 생기기도 하고 상대방에 대해서 분노를 보이기도 한다. 이들은 자신의 마음이나 역할에 대해서 일정한 경계를 제대로 두지 못하면서 다른 사람에게 끌려 다니는 행동을 하기도 한다. 구원자 증상을 가진 사람은 갈등을 견디기 어려워하거나 불행한 일이 생기면 안 된다고 믿는다. 이러한 사람은 갈등 현장에 뛰어 들어서 갈등을 해결하려고 하다가 더 많은 갈등을 일으키기도 한다. 이러한 사람은 자신은 잘하려고 했다는 마음을 말하면서 상대방을 더 답답하게 만들거나 힘들게 만들기도 한다. 특히 갈등이 해결되지 않으면 더 많은 불안이나 두려움을 느끼면서 자신은 쓸모없는 존재가 된 것 같은 느낌을 가지고 산다. 일 중독자는 불안이나 두려움으로 인해서 계속해서 일을 한다. 일이 없거나 일을 잘 못하면 두려워지고 불안해져서 끊임없이 일을 하려고 한다. 일을 잘 못하거나 일을 하지 않고 있으면 자신이 뒤처지는 느낌이 든다. 그리고 일이 없어지면 자신의 존재가 없어지는 느낌이 든다.

불안과 두려움으로 인한 회피적 현상은 결국 자신의 존재를 숨기도록 만든다. 심리적 방어기제를 사용하는 사람은 자신의 감정을 숨긴다. 억압은 부정적 감정을 의식에서 밀어내고 자신은 괜찮은 사람이라고 생각하게 한다. 이러한 괜찮은 사람은 진짜가 아니다. 진짜 자기, 즉 화가 난 자기는 화가 나지 않는 자기 뒤로 숨는다. 일반화나 주지화의 방어기제에서도 비슷한 형태의 숨는 행위가 있다. 일반화는 사람 뒤에 숨는 행위이고 주지화는 생각 뒤에 숨는 행위이다. 주변인, 구원자, 일 중독자는 모두 사회적 역할 속에 자신의 존재를 숨긴다. 주변인은 상대방을 말하거나 생각하면서, 구원자는 갈등을 해결하는 역할을 맡으면서 그리고 일 중독자는 일 속에 자신을 숨긴 채로 삶을 살아간다.

존재적 수치심과 가리고 덮는 행동　부끄러움, 창피, 무안, 수치, 치욕, 모욕, 국치 등과 같은 감정은 모두 자신의 존재를 부정적으로 평가할 때 발생한다. 이러한 감정의 공통적 특징은 존재에 대한 부정적 평가이다. 이러한 감정은 마음속에서 쓸모없는 느낌, 형편없는 생각, 별 볼일 없는 존재라는 심리적 현상을 만들어 낸다. 이러한 사람은 종종 자신에 대해서 초라하고 보잘것없게 느낀다. 있는 그대로의 자신을 드러내고 싶어하지 않는다.

수치심은 자신의 존재를 가리고 덮는 행위를 하도록 만든다. 가리고 덮는 행위는 심리적, 사회적, 영적으로 나타난다. 심리적으로는 착한 사람 증후군으로 나타나는데, 이러한 증후군은 다른 사람에게 인정받기 위해서 타인이 원할 만한 행동을 하도록 만든다. 마음이 불편함에도 불구하고 불평을 하지 않으면서 자신은 괜찮은 것처럼 행동하기, 긴장을 하면서도 겉모습은 편안하게 유지하기, 손해를 보면서도 괜찮다고 말하기, 억울해도 자신에게서 원인을 찾기 등과 같은 현상이 착한 사람 증후군이다. 이러한 착한 사람 증후군은 자신의 존재를 숨기기 위해서 발생한 증상이다.

사회적으로는 유망한 직업, 사회적 명성, 인기 있는 직업, 많은 사람이 선호하는 일로 자신의 존재를 숨긴다. 자신의 부끄러운 존재를 숨기는 방법 중 하나가 사회적으로 명망이 있고 선호하며 많은 사람이 좋아하는 직업을 갖는 것이다. 많은 사람이 선호하는 사회적 역할을 점유하면 마치 자신의 존재가 고양되는 듯한 느낌을 갖는다. 이렇게 자신의 존재를 고양하는 사람은 이러한 직업이 없어지면 심각한 심리적 어려움을 겪게 된다. 이러한 어려움은 우울증이나 공황장애와 같은 심리적 현상으로 나타난다. 사회적으로는 성공한 것 같지만 심리적으로는 공허하고 무기력하며 의미 없는 것 같은 공허함이 발생하기도 한다. 이러한 현상을 성공-실패라고 부른다(김용태, 2016).

영적으로는 신비주의라는 현상을 통해서 자신의 존재를 숨긴다. 부끄럽고 형편없는 느낌을 가진 사람은 신과 자신을 하나로 일치시키면서 자신의 존재를 고양하게 된다. 수많은 이단 종교 또는 사이비 종교 지도자는 이러한 방법으로 자신의 존재를 다른 사람에게 과시한다. 자신의 말을 절대시하면서 자신은 신의 대리자라는 인식을 다른 사람에게 심는다. 누군가가 자신의 말에 반대하거나 거스르면 신의 분노를 살 것이라는 저주를 일삼는다. 자신의 말대로 해야 구원을 받을 것이라는 영적 협박을 일삼으면서 신도들의 재산을 가로채기도 한다. 자신의 존재가 부끄럽고 이를 그대로 드러낼 수 없는 마음 때문에 신의 존재를 자신에게 유리하게 만든다. 이러한 사람은 조종에 능한 경우가 종종 있다. 이러한 조종 기술로 많은 사람을 현혹하여 어려움에 처하도록 만든다.

(2) 감정의 위계질서

화(분노), 두려움, 수치심은 마음속에서 심리적으로 감정의 위계질서를 만든다. 이러한 감정의 위계질서는 표면 감정, 이면 감정, 심층 감정을 만들어 낸다(김용태, 2014). 화가 난 사람들은 종종 두려움에 직면하는 경우가 있다. 이들은 두려움에 직면하고서도 이러한 두려움을 표현하지 않고 화를 낸다. 화가 난 이유를 들어보면 많은 경우에 마음속에 두려워하고 무서워하는 것이 있다. 예를 들면, 부모가 자녀에게 공부를 하지 않는다고 화를 낼 때, 자녀에 대한 부모의 화는 두려움과 맞닿아 있다. 자녀가 공부를 하지 않을까 봐, 그래서 좋은 대학에 가지 못할까 봐 불안하고 두렵다. 이러한 불안과 두려움은 부모에게 화를 만들어 낸다. 이때 화는 겉으로 드러난 표면 감정이고 그 이면에는 불안이나 두려움이 있다.

우울한 사람은 종종 불안하고 두려워한다. 다른 사람이 자신을 어떻게 볼까 불안해하면서 행동을 조심한다. 그러나 이러한 우울한 사람의 마음속에는 분노가 있다. 다른 사람이 자신을 좋아하지 않고 싫어하거나 화를 낼까 봐 불안해하고 두려워한다. 이런 경우에 불안과 두려움은 겉으로 드러난 감정이지만 화와 분노는 이면에 존재하는 감정이다.

이와 비슷한 현상이 불안한 사람에게서도 나타난다. 불안한 사람은 다른 사람이 자신을 좋아하지 않아서 화를 내고, 싫어할까 봐 다른 사람의 눈치를 본다. 그러나 내면으로 들어가 보면 이들은 모두 억울한 감정이나 화가 마음에 자리 잡고 있다. 이 경우에 불안은 겉으로 드러난 감정이고 화와 분노는 이면에 자리를 잡은 이면 감정이다.

불안한 사람, 우울한 사람, 자녀에 대한 부모의 화는 모두 수치심과 관련이 있다. 불안한 사람은 자신의 존재가 부끄럽고 창피하기 때문에 자신의 주장을 제대로 하지 못한다. 자신이 주장하면 자신의 형편없는 모습이 드러날 것 같은 마음이 든다. 그리고 우울한 사람도 자신이 쓸모없는 느낌이 들기 때문에 자신이 좋아하거나 바라는 것을 제대로 말하지 못한다. 이러한 사람들은 자신이 원하는 것이 이루어지지 않는다고 생각하면서 자신의 존재는 있을 필요가 없다고 생각하며 이러한 생각으로 인해 종종 죽고 싶은 마음이 들기도 한다. 부모는 자녀가 공부를 하지 않으면 형편없고 못난 존재가 될까 봐 두렵다. 그렇기 때문에 부모는 자녀를 공부시켜서 괜찮은 존재, 다른 사람에게 당당한 존재가 되기를 바란다.

수치심은 불안한 사람, 우울한 사람 그리고 부모의 마음 깊은 곳에 자리를 잡은 심층 감정이다. 수치심은 자신이 작고 보잘것없으며 모순적이고 부분적 존재라는 마음에서 시작된다. 인간은 선악과를 따먹고 난 뒤에 자신의 존재를 부끄럽게 여기는 수치심을 갖게 되었다. 인간으로 태어나는 모든 사람은 이러한 존재적 수치심을 느낀다. 이러한 존재적 수치심은 부모 수용에 의해서 일부 약화

되거나 사라지는 느낌이 들지만 인간 마음속에 언제나 존재한다. 발달적으로는 아주 어린 시절부터 수치심이 생기면서 성격 형성에 많은 영향을 미친다. 성격 형성뿐만 아니라 인간관계나 사회적 진로 그리고 인류의 방향에 지대한 영향을 미친다. 심층 감정인 수치심은 불안과 두려움을 만들어 내기도 하고 화와 분노를 만들어 내기도 한다. 불안과 두려움, 화와 분노 그리고 수치심 또는 화와 분노, 불안과 두려움 그리고 수치심으로 이어지는 감정들은 심리적으로 일정한 위계질서를 가지고 있다.

(3) 인간의 변화

인간이 근본적으로 죄의 영향을 받은 존재라는 죄인의 원리는 변화를 위한 정당성과 타당성을 제시하고 있다. 기형적이고 불순물이 많은 인간은 자신이 변화하지 않고는 건강하고 행복한 삶을 살기 어렵다. 운동을 통해서 몸을 건강하게 만들어야 행복한 삶을 살게 된다. 심리적 영역에서도 같은 원리가 적용된다. 마음을 그냥 두면 마음은 점점 더 힘들고 어려워진다. 마음의 변화를 위해서 노력하여 건강한 마음 그리고 성숙한 마음이 되도록 노력할 필요가 있다. 영적으로 볼 때도 인간은 하나님을 만나고 하나님과 교제를 통해서 자신을 변화시켜 나간다. 예수의 성품을 닮아가는 과정이 성화이다. 인간은 자신의 현재 영적 상태로는 하나님께 나아갈 수 없는 존재이다. 영적으로 인간은 순수하지 않기 때문에 순수하고 순결한 존재인 하나님과 교제를 할 수 없게 된다. 인간은 타락에 의한 순수하지 않은 모습을 변화시킬 수 있을 때 하나님과 교제가 가능하다.

자신이 죄인이라는 사실을 인정하지 않으면 인간은 변화되어 건강해지거나 성숙해지지 않고 오히려 더 많은 문제를 만들어 낸다. 많은 내담자가 자신이 문제가 없거나 잘못되지 않았음을 증명하려고 하다가 더 많은 문제에 직면하여 상담에 온다. 또한 어떤 내담자들은 전혀 문제가 없는 사람처럼 살다가 힘들어져서 상담을 필요로 한다. 문제가 생길까 봐 회피하는 내담자는 불안에 직면하게 된다. 자신은 문제가 없고 다른 사람만 문제가 있다고 보는 사람은 자기애적 성격장애를 일으킨다. 자신의 문제를 없애기 위해서 자신을 비난하는 사람은 우울 장애를 보인다. 자신의 문제를 다른 사람에게 붙여서 해결하려고 하는 사람은 경계선 성격장애를 보인다. 자신의 문제를 물질에 의존함으로써 없애려고 하는 사람은 물질남용 장애를 보인다. 이렇게 많은 인간의 심리적 문제는 자신의 문제를 인정하지 않는 데서 온다.

인간의 변화는 자신의 문제를 인정하는 데에서 시작된다. 자신에게 문제가 있다는 점을 인정하고 받아들이기는 쉽지 않다. 하나님이 없는 많은 사람은 자신이 죄인임을 인정하지 않기 때문에 문제가 없는 자신에 대한 자아개념을 발달시킨다. 그러나 자신이 문제가 있음을 발견하고 이를 인정하려면 이러한 자신의 자아개념을 바꾸어야 한다. 문제가 있는 자아개념을 가진 존재로서 인간, 즉 흠이 있는 인간으로서 자아개념을 갖기까지 상담과정이 필요하다. 문제가 없기를 바라는 마음에서 발생하는 증상을 통해서 자신의 자아개념을 새롭게 정립할 필요가 있다. 예를 들면, 불가능한 것을 꿈꾸면서 이를 현실처럼 생각할 때 우울이라는 증상이 생긴다. 이러한 우울 증상이 주는 메시지는 문제가 없는 세상과 문제가 없는 존재이다. 이렇게 우울증상이 주는 메시지를 받아들이면서, 자신의 자아개념을 문제가 있는 사람인 죄인이라는 개념으로 바꾸면 치료 또는 치유가 시작된다. 불안 증상을 겪는 사람도 마찬가지이다. 현재는 존재하지 않지만 앞으로 생길 문제를 미리 걱정하는 마음이 불안이다. 이런 경우에도 인간은 언제나 문제를 가지고 있는 죄인이기 때문에 문제와 더불어 살게 된다는 점을 인식하게 되면 불안은 사라진다.

문제를 인정하는 데서 끝나지 않고 문제와 더불어 사는 노력을 할 때 인간은 오히려 건강해지고 성숙해진다. Albert Ellis(1957)는 오랜 기간 동안 내담자를 치료하다가 자신이 깨달은 내용을 『How to live with neurotics: at home and at work』라는 제목의 책으로 출판하였다. 인간은 아무리 문제를 제거하고 제거해도 다른 문제에 직면하게 된다. 근본적으로 인간이 죄인이기 때문에 이렇게 문제는 끊임없이 발생한다. 문제가 없는 인간 또는 문제가 없는 세상을 꿈꾸지만 불가능하다. 그렇기 때문에 결국 문제가 있는 자신을 어떻게 다루어 나갈지 관리가 중요해진다. 문제를 관리하는 능력을 가진 사람이 성숙한 사람이다.

죄인의 원리에 따라서 사는 사람은 문제를 관리하는 능력을 키워 가는 노력을 하게 된다. 상담자는 내담자가 스스로 자신의 문제를 인정하고, 어떻게 하면 이러한 문제를 줄여 나가거나 관리해 나갈 수 있는지 그 능력을 키우도록 돕는 역할을 한다. 이러한 상담이 진행되도록 하기 위해서 상담자는 내담자로 하여금 문제를 근본적으로 없앨 수 없음에 대해서 인정하는 상담을 진행한다. 하나의 문제를 해결함으로써 다음 문제가 생겼을 때 이를 관리하고 다루어 나가는 능력이 문제 해결의 근본적 방향이다.

죄인의 원리는 자신이 죄인임을 인정함으로써 문제로부터 자유로워지게 한다. "진리를 알지니 진리가 너희를 자유롭게 하리라."(요한복음 8:32)라는 성경말씀에 나오는 진리 중 하나가 인간은 죄인이라는 사실이다. 죄인임을 인정한다는 의미는 문제가 많은 인간이 문제가 많은 세상에서 살고 있음을 인정한다는 뜻이다. 이렇게 인정함으로써 문제가 없기를 바라는 마음으로부터 자유롭게 된다. 문제가 있는 사람이기 때문에 인간은 서로에게 도움을 요청하게 된다. 인간뿐만 아니라 인간 이외의 영적 존재인 하나님으로부터 도움을 받는 존재임을 인정하는 마음과 태도가 중요하다. 이러한 마음을 가지고 살면 문제가 생길까 봐 또는 악화될까 봐 불안해하기보다는 도움을 받을 수 있다는 희망을 갖게 된다.

죄인의 원리는 인간에게 일상의 기적을 살 수 있는 희망을 갖도록 만든다. 어차피 죄인이고 문제는 해결할 수 없을 만큼 많이 있다면, 인간은 보다 희망적이고 긍정적인 시각을 가지고 사는 태도를 키우고 성장시켜야 한다. 문제 속에 피어 있는 희망 나무를 보면서 긍정적이고 좋은 면을 보기 시작하면 모든 것이 희망적이 된다. 문제는 어차피 있으니까 이를 해결하거나 다른 각도로 보기 시작하면 활기찬 마음이 된다. 아무것도 할 수 없는 신생아가 무엇인가를 할 때 부모에게 많은 기쁨을 주듯이 인간도 같은 마음을 갖는다. 인간도 문제투성이의 존재이기 때문에 조금이라도 좋은 것을 하면 즐겁고 기쁘다. 하나님은 이렇게 문제 속에서도 희망을 가지고 살기를 원하신다. 매일의 삶 속에서 무엇인가 선한 것을 할 수 있는 인간은 그 자체로서 훌륭하다.

죄인의 원리는 상담자에게 인간의 문제에 대해서 근본적으로 다르게 볼 수 있는 시각을 제공해 준다. 상담자는 문제 속에 존재하는 내담자의 긍정적 태도와 마음을 볼 수 있게 된다. 내담자는 어차피 문제를 가지고 온다. 상담자는 어차피 문제를 다루면서 사는 사람이다. 그리고 많은 전문적인 사람은 문제를 해결하기 위해서 집중적으로 훈련을 받는다. 문제가 심각할수록 더 많은 전문적 훈련을 필요로 한다. 상담자는 문제를 다루는 사람이기 때문에 전문적 훈련과 함께 내담자에게 존재하는 긍정적이고 적극적인 자원을 발견하고 이를 토대로 내담자의 문제를 다루어 가는 사람이다. 따라서 상담자는 내담자의 문제를 긍정적으로 바라보는 시각을 갖추어 가는 사람이다. 문제 속에 존재하는 희망의 메시지를 발견하고 이를 토대로 문제를 다루는 능력을 키워 주는 사람이 상담자이다.

2. 부정의 원리

1) 성경의 진리와 자기 부정

"예수께서 베드로에게 이르시되 누구든지 나를 따라오려거든 자기를 부인하고 십자가를 지고 나를 따를 것이니라."(마태복음 16:24)라는 성경말씀에는 '자기를 부인하고'라는 구절이 나온다. 자기를 부인한다는 말의 신학적 해석은 하나님에 대한 전적인 의존(total reliance on God)을 의미한다. 자신을 전적으로 하나님께 맡기는 것은 자신을 부정할 때 가능하다. 자신을 부정하지 않으면 하나님께 자신을 전적으로 맡기기 어렵다는 의미이다. 예수께서 베드로에게 말씀하시는 자기 부정은 베드로가 예수님의 예언을 받아들이기보다는 예수를 통해서 자신의 무엇인가를 이루려고 하는 마음을 의미한다. 베드로의 이런 행동에 대해서 예수님은 사탄이라고 하시면서 사람의 일이라고 한다. 진리를 추구하고 받아들이는 마음보다 진리를 거스르면서 자신의 꿈이나 계획을 성취하려는 마음이 사탄이고 사람의 일이다.

상담학적으로 볼 때 사탄과 사람의 일은 인간 안에 있는 파괴적 성향을 의미한다. 정신분석적으로는 죽음의 본능을 의미하고 인본주의 심리학적으로는 자신을 무한히 확장하려는 마음이다. 인간은 어느 정도 파괴적 성향을 가지고 있고 잠재력을 가지고 있다. 그러나 이러한 파괴적 성향을 조절하고 통제하면서 사는 존재가 인간이다. 그리고 인간은 자신의 잠재력을 발휘해서 어느 정도 자신을 조절하고 통제하는 능력을 키울 필요가 있다. 그러나 자신의 파괴적이고 공격적 성향을 다른 사람들을 통해서 이루려고 하거나 자신의 잠재력을 무한정 키우려는 노력 때문에 많은 문제를 만들어 낸다. 베드로가 자신의 야망인 무한한 힘 또는 공격적이고 파괴적인 성향을 예수를 통해서 이루려고 하는 마음에 대해서 예수님은 사탄 그리고 사람의 일이라고 말을 하고 있다.

인간의 마음속에는 하나님의 형상으로 인해서 생기는 생명의 법과 공격적이고 파괴적 본능으로 인해서 생기는 사망의 법이 있다. 사도 바울은 이 부분에 대해서 잘 고백하고 있다. "그러므로 내가 한 법을 깨달았노니 곧 선을 행하기 원하는 나에게 악이 함께 있는 것이로다. 내 속사람으로는 하나님의 법을 즐거워하되 내 지체 속에서 한 다른 법이 내 마음의 법과 싸워 내 지체 속에 있는 죄의 법으로 나를 사로잡는 것을 보는도다. 오호라 나는 곤고한 사람이로다. 이 사망의 몸에서 누가 나를 건져내랴."(로마서 7:21-24)라는 사도 바울의 고백에는 명백하게 사람의 마음속에 생명의 법과 사망의 법이 존재함이 드러난다. 베드로는 예수님이 하나님의 일을 말하고 있음을 들었으면서도 사탄, 곧 사람의 일인 사망의 법을 말하고 있다. 이에 대해서 예수님은 이러한 사망의 법을 부인하라고 말씀하신다. 이러한 성경말씀을 통해서 볼 때 자기 부정의 의미는 명백하다. 인간의 마음속에 존재하는 사망의 법인 죽음의 본능, 파괴적 성향, 자신을 무한히 확장하여 신처럼 되고 싶은 마음을 부정하라는 의미가 자기 부정이다.

이러한 자기 부정의 의미는 예수님의 인류를 향한 첫 번째 설교와 교훈에 잘 드러나 있다. "이때부터 예수께서 비로소 전파하여 이르시되 회개하라. 천국이 가까이 왔느니라."(마태복음 4:17)라는 성경말씀은 인류를 향한 예수님의 첫 번째 설교이다. 이 설교의 요지는 회개와 천국이다. 회개란 자신을 돌이킨다는 의미이다. 자신을 돌이킨다는 말은 반성과 같은 의미이고 자신을 반성하여 부정할 것을 부정하라는 의미이다. 이렇게 자기 부정을 하는 사람들은 천국으로 가는 길로 들어서게 된다. 이와 유사하게 예수님은 "심령이 가난한 자는 복이 있나니 그들이 위로를 받을 것임이요."(마태복음 5:3)라고 말을 하고 있다. 이는 인류를 향한 예수님의 첫 번째 가르침이다. 인간은 자신의 마음을 비울 필요가 있는데 자기 비움은 자기 부정과 같은 의미이다. 욕망이라고 불리는 무한한 잠재력의 실현, 누군가를 공격하여 파괴하고 싶어 하는 죽음의 본능, 자신을 보이기 위해서 다른 사람들을 이용하려는 마음이 부정의 대상이다.

2) 상담활동과 부정의 원리

상담은 문제 해결을 하는 활동이면서 동시에 내담자를 성장시키는 활동이다. 문제 해결 측면에서 상담을 보면 부정할 것과 새롭게 취해야 할 것으로 나누어진다. 부정할 것은 문제를 일으키는 원인을 제거하는 일이다. 내면의 역기능적 역동적 구조, 비합리적 신념, 잘못 형성된 행동 습관, 부정적 관점 등과 같은 심리적 요인들을 찾아내고 이를 제거하거나 고치는 일이 상담이다. 역기능적 대화의 형태, 잘못된 전략, 역기능적 가족 구조나 잘못 형성된 부모의 이미지, 실존적 질서의 위배나 분화되지 못한 자기 등을 제거하거나 고치는 일이 상담에서 주로 하는 활동이다. 여기서 열거하고 있는 것들은 모두 증상을 일으켜서 문제를 만들어 내는 요인들이다. 상담자는 임상적 활동을 통해서 이러한 원인들을 밝혀내고 이를 고치기 위해서 많은 노력을 하는 전문인이다.

상담은 어떤 경우에는 문제를 제거하거나 없애는 방향으로 진행되기도 하지만 이러한 문제들을 극복하기 위해서 성장하는 방식을 취하기도 한다. 성장의 방식은 두 가지로 구분된다. 하나는 문제를 재조명하는 방식이고 다른 하나는 새로운 강점 또는 장점을 찾거나 아예 새로운 영역을 개발하는 방식이다. 기존의 문제를 재조명하는 방식은 문제가 문제로만 남아 있지 않다는 생각에서 비롯된다. 모든 문제는 그 자체로 부정의 대상이기도 하지만 관점을 돌려서 보면 취할 것도 많이 있다. 이렇게 문제를 재구성하는 방식의 성장에서는 기존의 문제나 역기능을 활용하는 방식의 성장을 하게 된다. 새로운 영역을 구축하는 방식의 성장은 기존의 문제를 억제하여 힘을 발휘하지 못하게 하거나 증상이 발생하지 못하게 하는 방식이다. 아직 개발되지 못한 영역들을 충분히 개발해서 기존의 영역들이 문제가 되거나 괴롭히지 못하도록 만드는 방식이다.

앞에서 언급하고 있는 문제를 제거하는 방식의 상담과 성장을 통한 상담은 모두 부정의 방식에 관한 기독교 상담의 원리와 관련이 있다. 문제를 제거하는 방식의 상담은 자신 속에 존재하는 잘못된 요인을 제거하는 부정의 방식이다. 잘못된 요인을 제거하게 되면 자신 속에 일정한 공간이 생기는 자기 비움의 효과가 발생한다. 자기 비움은 자기 부정의 하나이다. 성장을 통한 상담은 자신을 키우는 방식과 자신을 채우는 방식으로 나누어진다. 자신의 결핍을 충족함으로써 자신의 온전함을 추구하는 성장 방식은 자기 충족이다. 이는 자기 부정의 대상이 결핍인데, 결핍을 채워서 자신의 온전함을 추구하는 방식의 상담이다. 이러한 방식의 자기 부정은 자기 채움이다. 자신의 성장은 결핍이나 모자람에 초점을 맞추기보다는 강점이나 장점 또는 자신의 세계를 더 크게 발전시키는 방식인 자기 초월이 있다. 자신을 현재의 자신보다 더 크게 발전시켜서 자신을 확장시키는 방식이 자기 부정의 또 다른 방식인 자기 초월이다. 자기 비움, 자기 채움, 자기 초월은 모두 자기를 부정하는 방식들이다. 자기 부정에 관한 성경말씀들을 살펴본 뒤에 각각의 방식에 대해서 좀 더 자세히 살펴보도록 하자.

3) 자기 부정의 세 가지 방식

인간은 어떻게 자신을 부정할 수 있을까? 이 질문에 대해서는 이미 앞에서 언급한 바와 같이 자기 비움, 자기 채움, 자기 초월로 대답할 수 있다. 자기 비움이란 버리기를 의미한다. 자신의 속에 있는 무엇인가를 버리는 행위가 자기 비움이다. 물리적으로 말하면 책상 서랍에 들어 있는 물건을 버리고 서랍을 빈 채로 두는 행위가 비움이다. 비움의 대상은 인간 속에 들어 있는 죄성에 의한 것들이다. 죄성으로 인해서 발생되는 생각, 감정, 행동 등과 같은 것들을 자신 안에서 밖으로 버리는 행위가 자기 비움의 방식이다. 예를 들면, 미움의 감정을 마음속에 품지 않고 버리는 행위가 자기 비움이다. 미움은 근본적으로 화와 같은 종류의 감정이기 때문에 화 속에 들어 있는 메시지를 바꾸면 된다. 화는 "나는 옳고 너는 틀렸다."라는 메시지를 갖는다. 미움 속에도 같은 메시지가 있다. 자신이 옳다는 신념을 버리고 다른 신념으로 대체하는 방식이 자기 비움이다. 인간이 옳다고 주장하는 신념은 자신의 입장에서 그리고 자신의 관점에서 옳다는 의미이다. 만일 입장과 관점이 달라지면 옳음은 그름이 될 수 있다. 이렇게 자신의 신념을 부정하고 새로운 신념으로 대체하면서 자신이 옳다는 신념을 버리게 되면 이는 자기 비움이다.

자기 채움의 방식은 자신 안에 있는 결핍을 충족함으로써 결핍으로부터 오는 많은 부정적 생각, 감정, 그리고 행동들을 부정하게 되는 것이다. 심리적으로 결핍이 있는 사람들은 자신도 모르는 사이에 다른 사람들을 질투하고 미워하는 열등감의 행위를 하게 된다. 자신도 이러한 부정적 감정에 휩쓸리지 않고 긍정적 생각이나 감정 그리고 행동을 하고 싶지만 그렇게 잘 되지 않는다. 왜냐하면 마음속의 결핍으로 인해서 발생되는 현상이기 때문이다. 이런 경우에 자신의 부정적 현상들을 부정하기 위해서 충족하고 채우면 된다. 다른 사람들에게 주목 받고 인정 받고 싶은 마음은 인간의 보편적인 마음이다. 어린 시절부터 충분하게 사랑과 주목을 받지 못한 사람들은 다른 사람들보다 열등한 느낌과 감정을 갖는다. 이러한 경우에 다른 사람들로부터 충분히 사랑과 인정을 받으면서 자신의 열등한 느낌을 해결하면 부정적 감정은 많이 사라지고 옅어진다. 채움을 통해서 자신의 부정적 감정이나 생각 그리고 행동을 부정하는 방식이 자기 채움이다.

자기 초월 방식은 자신의 부정적 감정, 생각, 행동을 직접적으로 건드리기보다는 자신을 키워서 문제가 되지 않도록 하는 방법이다. 인간은 자신을 초월하여 자신보다 더 큰 존재와 관계를 맺으려는 초월성을 가지고 있다. 이러한 초월적 욕구는 자신을 넘어서 보다 더 큰 존재로 향하도록 인간을 방향 지운다. 이러한 방식은 마치 이차원의 존재에게는 문제가 되는 것들이 삼차원의 존재에게는 문제가 되지 않는 원리와 같다. 이차원의 존재에게 앞에 있는 산이나 강 그리고 계곡들은 큰 문제가 된다. 이러한 것들을 극복하기 위해서는 다리를 놓거나 터널을 뚫어서 문제를 극복하는 방식이 이차원적 방법이다. 그러나 삼차원의 존재가 되면 이러한 것들은 전혀 문제가 되지 않는다. 왜냐하면 날 수 있기 때문이다. 인간의 미움도 마찬가지이다. 인간은 자신의 입장과 관점에서 옳다고 생각하는 마음 때문에 미움이 생긴다. 그러나 인간이 자신보다 더 큰 존재인 예수님의 생각을 따라가 보면 미움을 에너지로 승화시킬 수 있다. 미움도 다른 사람들을 향한 마음이고 다른 사람들을 향한 사랑의 다른 모습이다. 미움과 사랑이 하나라는 관점에서 보면 미움도 전혀 문제가 되지 않는다. 마찬가지로 불안은 모두 삶에서 나온다. 살려고 하기 때문에 불안하고 두렵다. 그러나 삶과 죽음이 하나라는 마음을 갖기 시작하면 인간의 불안은 전혀 문제가 되지 않는다. 오히려 불안하면서 삶의 의미를 느끼고 죽음을 생각하면서 인간은 불안을 희열로 바꾼다. 이렇게 차원을 달리하는 자기 초월을 통해서 인간은 자신의 부정적 감정, 생각, 행동을 부정할 수 있게 된다.

4) 부정의 원리와 임상적 이해

(1) 상담 속의 자기 부정

상담에서는 앞에서 언급한 세 가지 방식을 이미 적용하고 있다. 자기 비움의 방식은 특히 인지심리치료에서 많이 사용하는 방법이다. 인지심리치료에서는 인간의 비합리적 신념을 바꾸기 위해서 논박의 방법을 많이 사용한다. 내담자가 가지고 있는 비합리적 신념을 부정하기 위해서 내담자의 생각을 논리적으로 반박한다. 예를 들면, 내담자가 모든 사람에게 인정을 받고 싶은 마음을 호소하고 있다고 하자. 그러면 상담자는 모든 사람에게 인정을 받는 마음의 모순점을 지적한다. 이렇게 모순을 지적함으로써 내담자가 합리적 생각을 하도록 돕는다. 내담자의 합리적 생각은 모든 사람에게 인정을 받을 수 없음을 이해하고 이를 부정하면서 새로운 합리적 생각을 갖도록 한다. 모든 사람이 아니라 인정을 받을 수 있는 사람에게 인정받기 또는 인정받을 수 있는 사람에게도 일정한 조건하에서 인정을 받을 수 있다고 생각하는 합리성을 확보하게 된다. 이러한 합리적 사고는 비합리적 신념을 부정하여 자신을 비움으로서 가능해진다. 행동주의 심리학에서 주장하는 소거나 제거와 같은 기법은 모두 자기 비움과 관련이 있다. 잘못된 행동 형태들을 제거하기 위해 그 행동을 강화하지 않고 새로운 행동을 강화한다. 잘못된 행동에 주목하지 않으면 이러한 행동은 제거되고 새로운 행동을 익히게 된다. 잘못된 행동을 비움으로써 자기를 부정하게 된다.

자기 채움의 방식은 주로 분석 전통의 이론들이나 인본주의 심리학에서 볼 수 있다. 분석 전통의 이론들은 결핍이 이상심리를 발생시키는 주요한 원인으로 보고 있다. 이들은 결핍의 원인이나 성향을 파악하고 이러한 결핍을 충족하기 위한 다양한 방법을 사용한다. 충분히 놀지 못한 사람들은 충분히 놀 수 있도록 함으로써 끝나지 않은 주제를 끝내게 만든다. 어린 시절에 충족되지 못한 것들을 성인이 되어서 충족하도록 함을 통해서 자신에게 생긴 아이와 같은 성향들을 고칠 수 있도록 돕는 방식이 분석 전통의 이론들이다. 이들은 채움을 통해서 부정적 감정, 생각, 행동들을 바꾸어 나가는 부정의 방식을 사용한다. 인본주의 심리학에서는 미처 생각하지 못하거나 경험하지 못함으로써 발생되는 부정적인 것들을 경험을 통한 관점 전환으로 해결하려고 한다. 예를 들면, 컵에 물이 반밖에 없어서 불안해하는 내담자에게 컵에 물이 반이나 있음을 알게 함으로써 불안을 줄이려고 한다. 같은 현상을 달리 보게 함으로써 새로운 것들을 충족하거나 알게 하여 불안을 줄이는 방법이다. 이러한 방식들은 모두 자기 채움의 방법들이다. 자기 채움을 통해서 자기를 부정하고 새로운 자기를 만들어 낸다.

자기 초월의 방법은 주로 영적으로 사람들을 성장시킴으로써 자기를 부정하도록 만든다. 자기 안에 들어 있는 부정적 사고나 결핍 그리고 모자란 것들은 자기만이 아니라 모든 인간이 이러한 현상을 겪고 있음을 알도록 한다. 하나님과 인간의 관계에서 보면 인간은 그 누구도 완전하거나 완벽할 수 없다. 하나님의 차원에서 인간을 조망하고 조명하여 자신이 인간 중 하나임을 알도록 한다. 또한 인간은 모두 죄인이고 피조물이기 때문에 누구도 예외 없이 부족한 점이나 열등한 점이 있다. 이러한 마음이 신적인 마음이고, 하나님과 예수님의 마음이다. 그렇기 때문에 인간은 판단의 대상이 아니라 사랑과 돌봄의 대상이다. 자신도 다른 사람들과 마찬가지로 돌봄과 사랑의 대상이기 때문에 자신 안에 있는 부족한 점을 사랑하고 돌보는 마음이 필요하다. 이렇게 사랑하고 돌봄으로써 인간은 자신의 문제나 결핍 그리고 부족한 점을 다른 차원에서 보고 이러한 점들을 성장의 동력으로 활용할 수 있다. 예를 들면, 열등감이 있는 사람들은 어차피 부족한 사람이라고 생각하여서 자신이 열등감으로 인해서 노력하고 애쓴 점들을 인정하고 이를 활용할 자원으로 만든다. 그러면 자기를 초월하여 자신의 문제를 더 이상 문제 삼지 않고 오히려 자원화할 수 있게 된다.

(2) 기독교 상담 속의 자기 부정

기독교 상담에서는 비움, 채움, 초월이라는 세 가지 자기 부정의 방식을 통해서 내담자를 전인적으로 도울 수 있다. 일반 상담에서는 각 이론에 따라서 이 세 가지 부정의 방식을 부분적으로 사용하지만 기독교 상담에서는 이 세 가지 부정의 방식을 한 내담자에게 모두 적용하여 사용할 수 있다. 결핍에서 오는 부정적 생각, 감정, 행동은 비움의 대상이다. 이러한 부정적 생각, 감정, 행동은 모두 자기중심성이라는 인간의 근본적 성향과 관련을 맺고 있다. 결핍이 많은 사람은 자기중심적으로 해석을 해서 부정적 생각, 감정, 행동을 갖는다. 따라서 비움의 대상은 자기중심성 그리고 자기중심성으로 인한 부정적 감정, 생각, 행동이다. 그러나 결핍 자체는 채움의 대상이다. 부족하고 결핍된 부분을 채워서 자기중심적으로 해석하는 오류를 범하지 않도록 할 필요가 있다. 그리고 자신을 꾸준히 초월할 수 있도록 돕는 방식의 상담을 통해서 자기중심성이 힘을 발휘하지 않도록 할 수 있다.

비움, 채움, 초월은 상담과정에서 적절한 방법으로 사용될 수 있다. 상담자는 내담자에 따라서 비움, 채움, 초월 중에 어떤 것을 먼저 적용할지를 임상적으로 판단하게 된다. 결핍이 많아서 비움이나 초월의 적용이 어려운 경우에는 먼저 채움을 통해서 내담자의 부정적 감정이나 생각 또는 행동을 줄일 수 있다. 그다음에 내담자의 자기중심성을 부정하는 비움의 방법을 사용하거나 아니면 초월을 통해서 자기 부정의 방식을 적용하는 상담을 할 수 있다. 상담자는 이렇게 내담자의 성향, 문제, 행동 양식과 같은 여러 가지 임상적 내용을 종합적으로 판단하여 내담자에게 비움, 채움, 초월의 부정 방식을 적용하는 방법을 활용하는 상담을 진행할 수 있다.

다른 방식의 기독교 상담적 활용은 내담자에 따라서 비움의 방식만을 적용할지, 초월의 방식만을 적용할지 또는 채움의 방식만을 적용할지에 대한 판단과 그 맥을 같이 한다. 아마도 채움의 방식이 적절한 내담자가 있고 초월이나 비움의 방식이 더 적절한 내담자가 있을 수 있다. 이러한 임상적 판단은 기독교 상담자가 내담자의 특성과 문제를 임상적으로 이해한 후에 수행할 수 있다. 이러한 임상적 경험이 쌓이면 기독교 상담자는 자신의 임상적 지식으로 부정의 방식이 적용되는 내담자군을 형성할 수 있다. 주로 비움의 방식이 적용되는 내담자의 특징이 무엇인지 또는 채움의 방식이 적용되는 내담자의 특징이 무엇인지를 실제 임상 경험을 통해서 이해하고 알아 가면서 기독교 상담자로서 성장하게 된다.

내담자별 이해뿐만 아니라 기독교 상담자는 부정의 방식을 적용하면서 실제로 알게 되는 상담 과정에 대한 이해도 임상적 지식으로 갖출 수 있다. 비우는 방식이 적용된 구체적 임상적 과정, 초월시키는 방식이 적용되는 구체적 임상적 과정 그리고 채우는 방식이 적용되는 구체적 임상적 과정을 이해하면서 내담자가 자신의 문제와 성향을 잘 부정하도록 돕는다. 이러한 구체적인 과정은 실제 임상 장면에서 상담을 진행하면서 얻어지는 임상적 지식이다. 기독교 상담자는 부정의 방식을 적용하면서 알게 되는 임상적 지식을 상담전문가로서 쌓아갈 필요가 있다.

3. 역설의 원리

1) 성경의 진리와 역설

하나님의 진리를 이해하려고 할 때 인간은 역설에 직면하게 된다. 인간은 유한한 존재이기 때문에 무한한 존재인 하나님의 진리를 이해하는 데 있어서 많은 한계를 갖는다. 진리가 가지고 있는 여러 측면을 동시에 이해할 수 없거나 하나의 관점이나 입장으로 이해할 수 없을 때 역설의 원리가 등장한다. 인간의 삶에는 역설이 들어 있다. 이러한 역설 때문에 예수님은 그의 가르침에서 "나는 부활이요 생명이니 나를 믿는 자는 죽어도 살겠고"(요한복음 11:25)라는 말을 한다. 예수님의 "죽어도 살겠고"라는 말씀에는 모순이 있다. 인간은 죽으면 끝이라고 생각하는데 예수님은 죽음이 곧 삶이라고 말하고 있다. 인간의 이성으로는 모순적으로 들린다. 인간은 죽음이 곧 삶이라고 말하는 예수님의 말씀을 당연히 이해하기 어렵다. 인간은 이러한 예수님의 말씀이 모순이라고 느낀다.

역설이란 "자기 모순적 주장이거나 둘 또는 그 이상의 주장들이 서로 모순적이거나 많은 사람이 믿고 있는 입장이나 관점에 모순되는 주장"(Elwell, 2001: 891)을 말한다. 인간은 모순적 존재이기 때문에 인간이 진리에 접근하면 할수록 인간은 이러한 역설에 직면하게 된다. 예를 들면, 삼차원의 존재인 인간이 사차원의 진리를 이해하려고 하면 모순에 직면하게 된다. 삼차원의 존재인 인간은 시간의 순서에 따라서 논리적으로 생각한다. 이러한 현상이 발달이다. 인간의 삶은 발달단계별로 낮은 단계부터 높은 단계까지 순차적으로 구성되어 있다. 이러한 순차적 구성은 논리적으로 모순이 없다. 그러나 이러한 순차적 시간상의 구성이 의미가 없거나 불필요한 사차원의 존재는 아이이면서 동시에 노인일 수 있다. 아이이면서 동시에 노인인 사람은 삼차원의 존재에게는 불가능하다. 삼차원의 존재인 인간이 사차원의 존재를 설명하려면 '아이-노인'이라는 말을 사용하게 된다. 아이-노인이라는 말은 그 자체로 모순적이다. 이렇게 그 자체로 모순을 안고 있는 주장을 역설이라고 한다.

기독교 진리에는 이러한 역설적 주장이 많이 있다. "살고자 하면 죽을 것이요. 죽고자 하면 살 것이요." "높아지고자 하는 자는 낮아지고 낮아지고자 하는 자는 높아질 것이요." "우리는 속이는 자 같으나 참되고 무명한 자 같으나 유명한 자요 죽은 자 같으나 보라 우리가 살아있고 징계를 받은 자 같으나 죽임을 당하지 아니하고 근심하는 자 같으나 항상 기뻐하고 가난한 자 같으나 많은 사람을 부요하게 하고 아무것도 없는 자 같으나 모든 것을 가진 자로다."(고린도후서 6:8-10) 등과 같은 모순이 되는 듯해 보이는 주장이 많이 있다.

앞의 주장들은 삶과 죽음, 높음과 낮음, 참과 거짓, 유명과 무명, 근심과 기쁨, 가난과 부요, 소유와 무소유 등과 같은 내용이다. 이러한 역설적 주장은 두 가지로 요약된다. 하나는 서로 다른 세계에 대한 현상이고 다른 하나는 한 가지가 두 가지로 나타나는 현상이다. 서로 다른 세계의 것들이 동시에 존재하는 경우에 역설이 생긴다. 또한 근본적으로 하나인 현상이 두 개의 다른 것으로 나타날 때 역설이 존재한다.

　서로 다른 두 세계의 주장이 하나로 나타나면서 모순으로 보인다. 두 세계란 눈에 보이는 세계와 눈에 보이지 않는 세계이다. 가난과 부요, 소유와 무소유, 유명과 무명, 높음과 낮음, 근심과 기쁨, 참과 거짓은 모두 다른 두 세계에 대한 역설적 주장들이다. 눈에 보이는 현실적 세계와 눈에 보이지 않는 영적 세계에 관한 내용을 한 문장으로 엮으면 모순되어 보인다. 현실 세계에서의 부요, 높음, 소유, 기쁨, 참, 유명한 것들이 영적 세계에서는 가난, 낮음, 무소유, 근심, 거짓, 무명한 것일 수 있다. 역도 성립한다. 현실 세계란 다른 말로 하면 세속적 세계인 현실 세상을 의미하고 영적 세계는 신적 세계인 하나님의 세상을 의미한다. 이 두 세계는 서로 다른 가치관을 가지고 있다. 현실 세계에서는 점유, 소유, 사회적 위치를 통해서 유명해지고 알려진다. 사람은 많은 것을 소유하고 높은 자리를 점유하며 많은 사람에게 인기 있는 유명세를 누리면 즐거워하고 기뻐한다. 그러나 이러한 것들은 모두 영적 세계인 하나님의 세상에서는 부질없거나 오히려 심판의 대상이 될 수 있다. 하나님의 세계에서는 진리를 알고 조용하게 알려지지 않으면서 겸손하고 낮은 자세로 사랑을 하면서 많은 사람을 돌보는 가치관을 가지고 있다. 그렇기 때문에 세속적 세상의 가치관에 물들면 거짓의 사람이 될 수 있다. 이러한 거짓을 참이라고 믿으면, 참된 것 같으나 거짓의 삶을 사는 사람이라는 역설적 문장이 가능해진다. 같은 방식으로 부요한 것 같으나 가난한 자이고 유명한 자 같으나 무명한 자이다. 그리고 높은 자 같으나 낮은 자이고 낮은 자 같으나 높은 자이다.

하나가 두 가지로 나타나는 현상은 삶과 죽음이다. 삶과 죽음은 동전의 앞뒷면과 같이 하나가 두 가지 방식으로 드러난 현상들이다. 이는 마치 빛과 어두움이 하나이면서 다르게 나타나는 현상과 같다. 빛이 줄어들면 어두움이 되고 어두움이 줄어들면 빛이 된다. 마찬가지로 삶이 진행되면 죽음이 되고 죽음이 없어지면 삶이 된다. 인간은 시간이 지나면서 나이를 먹는다. 흔히 40세, 50세라고 하는 나이는 결국 죽음의 나이와 같다. 40년을 살았다는 의미는 40년을 죽었다는 의미와 같다. 왜냐하면 삶과 죽음이 하나인데 나이란 삶 쪽의 연수만을 계산한 현상이다. 이러한 현상을 한 문장으로 사용하면 모순이 들어 있는 역설적 문장이 된다. 살아있으나 죽은 자이고 죽은 자 같으나 살아있는 자이다. 빛 가운데 있는 자이나 어두움에 있는 자이고 어두움에 있는 자 같으나 빛 가운데 있는 자이다.

2) 상담이론과 역설의 원리

역설의 원리를 보여 주는 대표적 상담이론은 정신분석이다. 인간은 근본적으로 리비도와 공격성이라는 두 가지 모순되는 힘에 의해서 갈등하는 존재이다(Arlow, 1995: 15). 이런 의미에서 정신분석은 갈등이론이다. 인간은 자신의 내면세계에서 자신의 모순된 두 가지 힘으로 인해서 갈등하면서 많은 역동을 경험하는 존재이다. 한편으로는 자신의 욕구를 충족하면서 살고자 하는 마음이 있지만 다른 한편으로는 파괴하면서 무너뜨리고자 하는 마음이 있다. 이 모순된 마음은 인간으로 살면서 끊임없이 자신을 서로 다른 두 방향으로 이끈다. 이러한 갈등의 마음은 의식적으로 경험하기도 하지만 무의식적으로 경험하면서 죄책감이나 수치심 그리고 분노와 같은 감정들을 만들어 낸다.

인간의 내면에서 경험되는 서로 정반대의 모순된 본능적 힘은 인간을 생물학적이면서 동시에 사회학적으로 살아가도록 만든다 (Arlow, 1995: 15). 생물학적 존재로 인간은 동물적 욕구를 충족하면서 살아간다. 자신의 본능적 욕구에 충실하게 살면서 다른 존재들을 이용하고 파괴하면서 산다. 이는 동물적 삶을 의미한다. 인간이 본능적 욕구에 충실하게 되면 동물의 삶과 별반 다르지 않다. 다른 한편으로 인간은 다른 사람들과 더불어 사는 사회적 존재이다. 자신이 삶을 영위하기 위해서는 다른 사람들이 필요하기 때문에 타인을 배려하고 도우면서 살아가는 삶이 사회적 존재로서의 인간이다. 본능을 충족하기 위해서 타인을 이용하고 파괴하는 동물적 삶과, 타인과 더불어 살아가기 위해서 배려하고 돕는 사회적 삶이 인간의 내면에 동시에 존재한다. 동물적 삶은 죽음의 본능과 관련이 있고 사회적 삶은 생명의 삶과 관련이 있다. 인간은 죽음의 본능과 생의 본능이 서로 다른 방향을 가진 상태로 모순적으로 살아가도록 만들어졌다. 인간은 죽기도 하지만 살기도 하는 역설의 삶을 사는 존재이다.

Jung은 이 세상이 빛과 어두움, 선과 악, 긍정과 부정인 정반대의 극으로 이루어져 있다고 보면서, 그의 이론에서 의식과 무의식, 남성성과 여성성, 좋은 원형과 나쁜 원형, 자아와 그림자 등과 같은 서로 반대되는 성향이 존재한다고 보았다(Douglas, 1995: 105). 그는 자신의 이론에서 의식, 남성성, 좋은 원형 그리고 자아 등이 무의식, 여성성, 나쁜 원형 그리고 그림자를 억누르는 성향이라고 말한다. 이러한 서로 다른 두 반대의 성향은 갈등을 만들고, 이러한 갈등이 무의식적으로 진행되면 신경증이라는 증상을 만들어 낸다. 그러나 이러한 갈등이 발생했을 때 이 두 목소리를 의식 속에 동시에 떠올리면서 듣게 되면 통합을 할 수 있는 가능성이 열린다. Jung은 이렇게 서로 반대되는 극단적 성향을 의식 속에서 통합하기 위한 여러 가지 개념과 기법을 발달시켰다. Jung의 이론은 성경의 진리인 역설의 원리를 이론 그 자체로 잘 보여 주고 있다. Jung이 본 세상은 그 자체로 모순적이다. 그리고 그의 이론들도 이러한 모순에서 출발하고 있다. 인간이 결국 모순적 존재이기 때문에 인간의 삶이 역설적 성격을 지니고 있다. Jung의 개념들을 한 곳에 놓으면 모순적 문장이 된다. 인간은 여성이기도 하고 남성이기도 하다. 인간은 의식적이면서 동시에 무의식적이고 자신을 부정하면서 자신을 찾으려고 한다.

정신분석과 분석심리학은 모두 정신역동이론들이다. 이러한 이론들은 인간 속에 근본적으로 서로 반대되는 성향이나 힘이 존재하면서 각각 서로를 견제하거나 억누르는 방향으로 작용한다고 말한다. 상반되는 힘이나 양극단에 있는 견제하는 성향이 서로를 억누르려고 하면 긴장이 발생한다. 긴장은 서로 다른 두 힘이 한 곳에 동시에 존재할 때 발생한다. 이러한 긴장은 때로 해소되기도 하고 더 고조되기도 한다. 서로 반대되는 힘이 환경적 영향과 맞물리면서 마음속에서 더 많은 긴장을 만들어 내기도 하고 긴장을 해소하기도 한다. 이러한 긴장의 해소와 증가가 심리적 역동이다. 역동이론들은 인간이 모순을 가지고 있는 존재임을 본능적 힘과 서로 다른 성향이라는 개념으로 증명하고 있다. 인간은 살고자 하면서 죽고 죽고자 하면서 살려고 하는 모순을 가지고 있다. 인간은 빛 가운데 거하려고 하면서 동시에 어두움을 추구한다. 인간은 자아의 작용에 의해서 합리적 선택을 하기도 하지만 그림자의 작용에 의해서 비합리적으로 살려고 하기도 한다. 이처럼 인간은 모순을 가진 역설적 존재이다.

3) 역설적 원리와 임상적 이해

인간이 모순적 존재임을 인식하지 못하고 한쪽만 바라보게 되면 증상이 발생한다. 하나가 둘로 나타나는 역설이든 둘이 하나로 나타나는 역설이든 어느 한쪽만을 바라보면서 살면 인간은 증상을 발달시킨다. 인간은 근본적으로 역설의 원리에 따라서 사는 존재인데 그 역설을 부정하고 하나로만 살려고 하기 때문에 인간 존재의 실존을 부정하는 삶을 살게 되는 것이다.

(1) 하나가 둘로 나타나는 역설로 인한 증상

삶과 죽음, 믿음과 의심, 우월과 열등은 모두 하나가 둘로 나타나는 역설의 원리로 인해서 발생하는 삶의 현상이다. 하나는 각각의 항목에 따라서 다르게 나타난다. 삶과 죽음은 생명 현상이다. 생명은 언제나 죽음과 삶을 반복한다. 생명 현상은 죽으면서 살고, 살면서 죽는다. 생명 현상을 죽음에서 보면 무의미하지만 삶에서 보면 활기차고 즐거우며 의미가 넘친다. 믿음과 의심은 불확실성에 대한 태도의 다른 표현이다. 불확실성을 그대로 두는 태도는 믿음이지만 불확실성을 확실하게 만들려고 하면 의심하게 된다. 우월과 열등은 비교를 통해서 발생하는 감정이다. 비교를 통해서 우위를 점하게 되느냐 그렇지 않느냐에 따라서 우월과 열등이 결정된다. 이렇게 하나가 두 가지 다른 방식으로 표현될 때 역설이라고 한다. 물론 여기서 언급하고 있는 세 가지 이외에도 역설의 원리에 해당되는 현상은 더 많이 존재한다.

이러한 역설의 원리에 따라서 생각해 보면 인간은 살면서 죽음을 생각하거나 죽으면서 삶을 생각하는 삶을 산다. 또한 인간은 의심하면서 믿고, 믿으면서 의심하는 삶을 산다. 수많은 다른 인간과 비교하면서 인간은 우월감을 느끼기도 하고 열등감을 느끼기도 한다. 그러나 우월감은 더 우월한 대상과의 관계에서는 열등감으로 바뀌고, 열등감은 더 열등한 대상을 만나면 우월감으로 바뀐다. 이렇게 하나의 두 측면을 동시에 바라보면서 살아가는 삶이 건강하고 성숙한 삶의 방식이다. 이렇게 두 측면을 동시에 바라보지 못하고 한 측면만을 보면서 살아가면 문제가 발생한다.

삶과 죽음으로 인한 증상 삶과 죽음이 하나임을 인식하지 못하면 인간은 여러 가지 다른 증상을 경험하게 된다. 만일 누군가가 살려고만 한다면 이러한 사람은 불안, 두려움, 염려, 걱정, 초조, 공포, 공황장애와 같은 신경증적 증상을 겪는다. 위험이나 어려움에 의해서 발생하는 죽음의 현상들을 받아들이지 않고 피하려고만 하기 때문에 신경증이 발생한다. 인간이 위험이나 어려움에 직면할 때 버려야 할 것, 즉 죽어야 할 것이 등장한다. 예를 들면, 사업을 하다가 어려움을 만났을 때 사업을 살리려고만 하면 불안, 초조, 두려움, 무서움, 심한 경우에는 공포와 같은 공황장애를 겪게 된다. 사업을 하다가 어려움에 직면한 사람은 이제 사업 중에서 정리해서 버려야 할 대상이 무엇인지를 생각해야 한다. 이러한 현상을 사회에서는 구조조정이라고 한다. 구조조정이란 버려야 할 것과 살려야 할 것을 동시에 추진하는 사업이다. 일부 사업을 정리해서 죽이고 다른 사업을 살리는 노력이 구조조정이다.

수많은 내담자가 이렇게 삶을 살면서 살려고만 하기 때문에 결국에는 불안, 두려움, 공포, 공황장애와 같은 증상을 가지고 상담자를 찾는다. 상담자는 내담자의 불안 속에 들어 있는 죽어야 할 것이 무엇인지를 찾아내서 제대로 죽여야만 내담자의 증상을 줄일 수 있다. 예를 들어, 남편에게 버림을 받을까 봐 불안한 아내가 상담을 받으러 왔다고 하자. 이 경우에 아내는 남편이 자신을 조금이라도 버리는 행동이나 태도를 보면 불안해한다. 이때 상담자는 내담자인 아내에게 "버림을 받으면 어떤가요?"라는 질문을 할 수 있다. 많은 경우에 내담자는 버림을 받으면 쓸모가 없는 존재가 된다고 대답한다. 아내는 남편에게 언제나 쓸모 있는 존재가 되려고 한다. 언제나 쓸모 있는 존재라는 대답은 아내가 남편과 사는 방식이다. 이런 경우에 상담자는 내담자에게 쓸모 있는 경우와 쓸모없는 경우로 나누어서 남편과 관계할 수 있다고 말할 수 있다. 쓸모 있는 경우는 삶의 영역이고 쓸모없는 경우는 죽음의 영역이다. 부부 관계에서 서로 쓸모 있는 경우가 있고 쓸모없는 경우가 있다. 이런 경우를 구분해서 받아들이면 아내의 불안과 두려움은 점점 줄어들게 된다. 아내가 남편에게 언제나 쓸모 있는 존재가 되려고 하면 죽음의 영역인 쓸모없는 경우를 받아들이지 못해 전전긍긍하면서 불안해한다.

마찬가지로 죽으려고만 하는 사람 또한 증상을 경험한다. 죽음만을 바라보는 사람의 대표적 증상이 우울이다. 우울한 사람은 언제나 죽음을 가까이 두면서 늘 죽고 싶은 마음을 가지고 산다. 이렇게 죽고 싶은 마음이 2주간 지속적으로 들면 주요 우울증이라고 진단한다. 우울한 사람은 살아도 사는 것이 아니고 죽는 편이 낫다고 호소한다. 상담을 하는 도중에도 늘 "말하면 무엇하나?" "이렇게 상담을 받으면 무엇하나?" "살아서 무엇하나?"와 같은 말을 자주한다. 분명히 상담을 통해서 좋아지고 있음에도 불구하고 소용이 없거나 자신은 구제불능이라고 상담자에게 하소연한다. 이때 상담자는 우울한 내담자에게 사는 것에 대한 소망을 이야기할 수 있어야 한다. 우울한 내담자에게 좋아지고 있는 점을 부각하며 삶에 대한 희망을 이어가도록 하면서 내담자가 삶의 영역으로 넘어오도록 도울 때 내담자의 우울 증상이 줄어든다. 죽으려고만 하는 내담자가 삶의 가치와 삶의 희망을 갖도록 함으로써 내담자를 우울에서 벗어나도록 돕는다.

삶과 죽음은 모두 생명현상과 맞닿아 있다. 생명은 태어나면서부터 삶과 동시에 죽는다. 불안한 증상을 없애려고 하면 살면서 죽는 연습이 필요하다. 죽음의 현상들은 작은 정리에서부터 사망에 이르기까지 다양한 스펙트럼을 가지고 있다. 물건이 아까워서 버리지 못하는 행위에서부터 위험한 상황에 처해서 손해를 볼 것 같은 마음 그리고 실제로 생명이 없어질 것 같은 극단적 공포에 이르기까지 다양하다. 이러한 죽음의 현상들을 받아들이면서 인간의 삶은 살면서 죽고, 죽으면서 산다는 역설적 원리를 이해하면 신경

중 증상들은 없어진다. 우울한 증상을 없애려면 죽으면서 사는 연습이 필요하다. 인간은 결국 죽지만 사는 순간 또는 살아있는 동안의 가치를 받아들이는 노력을 하게 될 때 우울의 증상은 줄어든다. 이러한 노력 중 하나가 생명의 소중함을 아는 것이다. 결국 꺼질 촛불이라 할지라도 촛불이 켜진 동안에는 많은 사람에게 도움을 주면서 많은 것을 할 수 있도록 돕는다. 촛불은 닳아 없어지는 죽음으로 달려가지만 촛불이 켜진 동안에 일어나는 아름다움까지 의미가 없다고 할 수 없다. 결국 죽지만 삶의 소중함을 마음에 간직한 사람은 우울 증상을 극복하면서 감동의 삶을 살 수 있다.

  믿음과 의심으로 인한 증상   믿음과 의심은 불확실성이 다르게 나타나는 현상이다. 불확실할 때 이를 도외시하여 모든 것을 확실하다고 믿기만 하면 맹목적인 믿음이 된다. 이렇게 맹목적인 믿음을 가진 사람들은 다른 사람들에 의해서 쉽게 속임을 당하게 된다. 의심해야 할 때 의심하지 않고 의심의 사인을 무시하거나 불확실한 상황을 견디지 못해서 믿으려고만 하면 현실검증력이 떨어진다. 현실검증력이 떨어지는 맹목적 믿음을 가진 사람들은 다른 사람들을 너무 쉽게 믿기 때문에 나중에 억울한 일을 경험하는 경우가 종종 있다. 이러한 사람들은 억울, 화, 원망, 분노와 같은 증상을 갖게 된다. 이러한 대표적인 사람들이 피해자들이다. 피해자들은 합리적으로 의심이 필요한 상황에서 이러한 의심을 하지 않은 채로 상대방을 너무 믿었기 때문에 억울한 일을 자주 당한다. 결국 맹목적인 믿음을 가진 사람들은 종종 피해자 증후군을 가지고 삶을 살아가게 된다.

한편으로 의심하기만 하는 사람들은 편집증적 삶을 살게 된다. 편집증적 삶이 행동으로 주로 나타나면 강박증이 된다. 의심은 불확실성을 확실히 하려고 하는 마음에서 발생한다. 불확실성을 그대로 두거나 수용하는 마음이 아니라 불확실성을 견디지 못해서 확실하게 하려고 하면 의심하고 이를 뒷받침하는 행위를 하게 된다. 예를 들면, 부부관계에서 남편이 부인이 자신을 좋아하는지에 대해서 불확실하고 불분명한 마음이 있다고 하자. 이 경우에 남편이 부인에게 자신을 좋아하는지에 대해서 분명하고 확실한 입장을 밝히려고 한다면 남편은 부인의 일거수일투족을 바라보게 된다. 이러한 행위는 부인 입장에서는 마치 자신을 감시하는 듯한 느낌을 갖게 만든다. 감시 당하는 느낌이 들면 부인은 화를 내거나 행동이 위축된다. 남편은 이러한 부인의 행동의 변화가 자신을 좋아하지 않기 때문이라고 생각하여 부인의 행동을 더욱 감시하게 된다. 불확실한 부인의 마음을 남편이 그냥 두지 못해서 나타나는 이러한 증상이 편집증이다. 편집증은 의심에서 시작되는 심리적 증상이다.

맹목적인 믿음만을 가진 사람은 불확실성을 경험에서 오는 믿음으로 바꾸어야 한다. 이러한 사람들이 피해자의 증상을 갖지 않으려면 불확실성에 눈을 뜨고 예민해져야 한다. 의심의 눈을 가지고 믿기 어려운 것들은 합리적으로 의심하는 태도가 필요하다. 현실검증력이란 현실을 경험하면서 검증하는 능력으로 믿기 어려운 것과 믿을 수 있는 것을 구분하는 능력이다. 믿기 어려운 것은 합리적 의심을 통해서 검증하는 마음이 필요하다. 이러한 방식을 통해서 맹목적 믿음에서 벗어나 현실에 근거한 믿음을 가질 필요가 있다. 의심하는 사람들은 믿을 수 있는 것들을 바라보는 마음이 필요하다. 일관성 있게 지속적으로 경험되는 것들은 믿음의 대상이다. 항상성, 지속성, 일관성이 보이는 행동이나 대상은 모두 믿을 수 있는 것이다. 그렇기 때문에 무조건 믿지 않으려는 마음을 바꾸어서 이러한 믿음의 대상을 받아들이는 노력이 필요하다.

인간은 믿으면서 의심하고, 의심하면서 믿는 삶을 산다. 불확실성을 인정하고 이러한 불확실성에 근거하여 믿을 수 있는 것과 의심할 수밖에 없는 것을 구분하는 지혜가 필요하다. 인간은 경험을 근거로 믿음의 삶을 살게 된다. 경험을 통해서 믿음의 삶이 아닌 의심의 대상이 되는 것들은 의심하면서 살게 된다. 이렇게 인간은 믿으면서 의심하고, 의심하면서 믿는 역설의 원리를 삶으로 깊이 받아들일 때 증상을 줄이면서 살아갈 수 있게 된다. 경험을 통해서 불확실성이 안정성으로 나타나면 믿음이고, 불확실성이 불안정성으로 나타나면 의심이다. 이 둘은 모두 불확실성이라는 축에서 서로 다르게 나타나는 현상에 불과하다.

우월감과 열등감으로 인한 증상　열등감과 우월감도 하나가 다르게 나타나는 심리적 현상이다. 우월감과 열등감은 비교를 통한 우위를 점하려는 노력으로 만들어진 심리적 현상으로, 비교 우위는 우월감으로 그리고 비교 열위는 열등감으로 나타난다. 비교를 통한 위치의 점유는 많은 경우에 경쟁으로 나타난다. 형제자매 간의 경쟁, 학교에서 다른 학생들과의 경쟁, 기업 간의 경쟁, 스포츠 분야의 경쟁, 국가 간의 경쟁 등 인간 사회는 거의 모든 영역에서 비교를 통해서 우위를 점하려고 한다. 이러한 비교 우위는 필연적으로 열등감과 우월감을 낳는다. 비교 열위를 점한 사람이나 단체 그리고 국가의 국민들은 자신이 왠지 못난 것 같고 다른 사람들보다 쓸모없는 것 같은 느낌을 갖고 산다. 비교 우위를 점한 사람이나 단체 그리고 국가의 국민은 자신이 잘난 것 같고 자신보다 더 잘난 사람은 없는 것 같은 마음이 생긴다.

열등감은 인지 왜곡, 우울, 경계선적인 행동양식 등과 같은 증상을 만들어 낸다. 인지 왜곡을 하는 열등감을 가진 사람들은 다른 사람들을 잘 신뢰하지 못하고 다른 사람들의 말이나 행동을 왜곡하는 현상을 만들어 낸다. 예를 들면, 열등감이 있는 사람에게 어떤 사람이 좋은 물건을 사실적으로 보여 주면 열등감이 있는 사람은 이를 사실로 받아들이기보다는 자신에게 자랑한다고 생각한다. 사실을 자랑이라고 왜곡되게 받아들이는 것이다. 자랑으로 받아들인 사람들은 사실적으로 물건을 보여 준 사람을 미워하게 된다. 자신을 무시한다고 생각하거나 자신을 배려하지 않고 잘난 척한다고 생각하게 된다. 이렇게 함으로써 자신도 심리적으로 어려움을 겪지만 다른 사람들과의 관계 또한 왜곡하게 된다.

열등감은 많은 경우에 우울 증상을 만들어 낸다. 자신을 타인과 비교하면서 자신을 못난 사람이라고 질책하여 자신은 쓸모없으며 다른 사람에게 부담만 되는 사람이라고 스스로를 인식하게 된다. 같은 사건을 경험해도 자신에게만 이렇게 불행한 일이 벌어진다고 지각하고, 행동적으로 위축되면서 무엇인가를 하고 싶은 마음이 없어지기도 한다. 열등감은 자신에 대한 확신이 없기 때문에 이랬다 저랬다 하는 행동을 하게 한다. 다른 사람이 말을 하면 그 말이 맞는 것 같고 또 다른 사람이 다르게 말을 하면 그 말도 맞는 것 같다.

그래서 종종 이러지도 못하고 저러지도 못하는 딜레마에 자주 노출된다. 의존적 경향이 생기면서 다른 사람들에게 붙고 싶은 마음이 많아진다. 자연스럽게 자신을 불쌍하게 내보이면서 다른 사람이 자신을 구원해 주거나 좋아해 주기를 바라는 마음을 가지고 산다.

우월감은 자기애적 증상을 만들어 낸다. 경쟁에서 승리한 사람들은 경쟁에서 진 사람들을 자신보다 못한 사람으로 취급한다. 다른 사람이 자신을 칭찬하기를 바라고 인정해 주기를 바란다. 다른 사람들이 자신보다 못하다는 느낌이나 마음을 가지고 삶을 살기 때문에 다른 사람들을 무시하는 말이나 행동을 자주 한다. 그리고 경쟁에서 진 사람들은 쓸모없거나 형편없는 사람이라고 생각하는 경향이 있다. 이러한 경향으로 인해서 다른 사람들을 부리는 지배적 행동을 하게 된다. 다른 사람들을 자신의 유익을 위해서 심리적으로 착취하는 행동을 하며 이러한 심리적 착취를 당연하고 자연스럽다고 생각한다. 다른 사람이 자신의 잘못을 지적하면 몹시 화를 낸다. 화를 내면서 자신이 잘난 사람임을 끝까지 주장하는 행동을 한다. 다른 한편으로 다른 사람이 얼마나 못난 사람인지, 또는 얼마나 형편없는 사람인지를 증명한다. 그렇기 때문에 세상은 자기중심적으로 진행된다고 믿는다. 그리고 그렇게 되지 않으면 분노를 통해서라도 자기중심적으로 돌아가도록 만든다. 우월감을 가진 사람들은 다른 사람들이 자신을 우러러 보지 않거나 자신을 찬양하는 행동이나 모습을 보여 주지 않으면 불쾌해하고 화를 내는 경향이 있다. 이러한 감정이 생기면 이들은 다른 사람들을 무시하는 행동이나 태도를 취한다. 이들은 자신처럼 잘나 보이는 사람들을 만나면 끊임없이 경쟁을 하려고 하고, 경쟁을 통해서 다시 우위를 점하려고 한다. 이렇게 우위를 점해야만 마음이 편안해진다. 수평적 관계를 어려워하고, 자신보다 못한 사람들에게 우월감을 느끼거나 우월하다고 생각되는 사람들과 경쟁을 하면서 다툼을 만들어 낸다.

열등감과 우월감이 만들어 내는 증상을 극복하기 위해서는 비교라는 축을 벗어나야 한다. 비교를 벗어나기 위해서 비교에 대한 철학적 생각이 있어야 한다. 인간이 비교를 하는 이유는 모두 비교할 만한 존재이기 때문이다. 아예 차이가 나면 비교할 생각을 하지 않게 된다. 그래서 인간은 서로 비교하지 말고 자신과 너무나 차이가 나는 인격인 하나님과 비교를 하면 된다. 하나님과 인간은 너무나 차이가 나기 때문에 비교가 되지 않는다. 그렇기 때문에 인간은 하나님 앞에서 자신의 위치를 깨닫고 자신이 피조물임을 알게 된다. 피조물들끼리는 비교를 해 보았자 피조물이다. 그렇기 때문에 인간은 서로가 비교의 대상이 아니라 격려하고 이해해야 할 대상이다. 왜냐하면 피조물인 인간은 각각 쓰임새가 있고 부족하고 모자라며 연약한 존재이기 때문에 각각의 역할을 찾아서 서로의 쓰임새에 맞게 협력해야 하는 존재이기 때문이다. 비교할 대상이 아닌 서로 협력하고 협조해야 할 대상이 바로 인간이다.

(2) 서로 다른 두 세계가 하나로 나타나는 역설로 인한 증상

하나가 둘로 나타나는 역설도 있지만 서로 다른 두 세상의 주장이 한 곳에 존재할 때도 역설이 발생한다. 상담 영역에 해당되는 후자의 역설은 눈에 보이는 세상과 눈에 보이지 않는 세상 그리고 독립된 세상과 연결된 세상이다. 상담은 마음과 관련된 활동이기

때문에 눈에 보이는 물리적 세상 그리고 눈에 보이지 않는 마음 또는 영적 세상과 관련이 있다. 눈에 보이지 않는 마음이 눈에 보이는 몸에 담겨 있다. 눈에 보이는 세상은 물리적 세상이고 눈에 보이지 않는 세상은 심리영적 세상이다. 이 두 세상을 한쪽만 살리려고 하면 문제 증상을 경험하게 된다. 독립과 연결은 상담 영역에서 언제나 대두되는 중요한 주제이다. 독립하고 싶은 마음과 연결하고 싶은 마음이 충돌을 일으키면서 여러 영역에서 문제를 일으킨다. 인간은 독립적이면서도 연결되어 있고, 연결되어 있으면서도 독립적이다. 이 둘 중에 어느 한 세상에만 속하려고 하면 증상이 발달하게 된다.

눈에 보이는 세상과 눈에 보이지 않는 세상으로 인한 증상   인간은 언제나 물리적 세상에 속해 있으면서도 동시에 심리영적 세상을 살고 있다. 이러한 역설의 원리를 부정하고 어느 한쪽 세상만 살리고 하면 증상이 발달하게 된다. 인간은 영혼과 육인 영, 혼, 육으로 구성된 존재이다. 인간은 눈에 보이는 물리적 세상에 존재하는 육인 몸과, 눈에 보이지 않는 세상에 존재하는 영혼으로 구성되어 있다. 그렇기 때문에 인간은 눈에 보이는 세상인 물리적 세계와 눈에 보이지 않는 영혼의 세상인 심리영적 세상에 동시에 존재한다. 이렇게 두 세계에 동시에 존재하는 인간이 어느 한쪽 세상만을 살려고 하면 문제가 생긴다.

물리적 세상만을 살려고 하는 사람들은 정체성 혼란인 경계선적 증상, 파편화된 자기로 인한 불안과 두려움, 타인만을 의식하는 가짜 자기로 인한 긴장, 어색함, 공허와 허무 등과 같은 증상을 경험한다. 물리적 세상만 살려고 하는 사람들은 자신이 살면서 경험하는 많은 내용을 조직화해서 일관성 있게 받아들이는 자기가 부족해진다. 인간은 물리적 경험을 하게 되면 이러한 경험이 의미하는 바를 인식하여 자신의 일부로 받아들이는 자기의 기능을 가지고 있다. 이러한 자기의 기능은 눈에 보이지 않는 심리영적 세상에서 이루어진다. 물리적 경험에 의한 내용과 자기에 의한 해석적 기능이 합해져 인간이라는 존재를 구성하게 된다. 그러나 물리적 세상에만 존재하려고 하는 사람들은 이러한 자기의 기능이 모자라거나 작동하지 않는다. 그렇기 때문에 경험이 자신의 마음속에 파편적으로 존재한다. 내적 일관성이 떨어지고 이를 조직하여 자신의 일부로 받아들이는 능력이 부족하기 때문에 자기의 파편화, 가짜 자기, 그리고 물리적 세계의 자극에 흔들리는 경계선적 증상을 만들어 낸다. 이러한 사람은 불안하고 두려워하며 작은 자극에도 쉽게 흥분하거나 긴장하는 증상을 겪는다.

심리영적 세상만 살려고 하는 사람들은 현실검증력이 떨어지면서 망상 증상을 경험하게 된다. 자신이 생각하거나 바라보는 방향이 현실 세계인 물리적 세상과 어떤 관련이 있는지에 대해서 살펴보지 않는다. 이러한 사람들은 환상적 생각을 가지고 살기 때문에 이러한 환상적 생각이 현실인 물리적 세상에서 어떻게 달성되고 이루어지는지 알지 못한다. 이로 인해서 생각만 있고 이를 현실화하는 방안이 없거나 부족하다. 이들은 상상은 많고 풍부하지만 이러한 상상이 환상인지 아니면 망상인지를 구분하고 검증하는 능력이 부족하다. 이러한 사람들은 쉽게 우울해지거나 망상으로 인한 편집증 또는 강박증과 같은 증상을 경험하기 쉽다. 이러한 증상들은 모두 현실검증력에 문제가 있거나, 자신이 현실에서 어렵다고 생각하여 할 수 있음에도 불구하고 이를 실현하지 않으려고 하기 때문에 생기는 문제이다. 이러한 문제 중에 앞에서 언급한 성공-실패라는 개념이 있다(김용태, 2016). 성공-실패는 물리적 세상인 현실에서는 성공을 했지만 심리영적 세상에서는 실패를 한 역설을 표현한 개념이다. 성공-실패의 사람들은 현실 세계에서는 사회적으로 성공한 지위를 가지고 있지만 심리영적 세상에서는 실패를 하여 증상을 갖게 된다. 이러한 증상 중 하나가 공황장애나 만성 우울이다. 마음을 오랫동안 돌보지 않으면 만성적으로 우울 증상을 갖는다. 그리고 마음의 불안을 오랫동안 회피하면 불안 장애인 공황 발작을 일으키는 경우가 종종 있다.

인간은 물리적이면서 동시에 심리영적이라는 역설의 원리를 이해하고 이 둘을 동시에 살아가는 능력을 길러야 한다. 물리적 현실에서 진행되는 현상들은 이상적이고 영적인 방향성을 가지고 조절할 수 있어야 한다. 그리고 어떤 생각이 들거나 영적 존재에 대한 느낌을 가지고 있다면 이러한 생각이나 느낌이 현실인 물리적 세계와 어떤 관련성이 있는지를 알아보는 노력을 해야 한다. 인간의 생각은 물리적 세계인 몸에 갇혀 있다. 인간은 생각만큼 몸을 움직이기 어렵고 몸이 허용하는 만큼 생각하는 훈련이 필요하다. 이렇게 함으로써 인간은 물리적 세계와 심리영적 세계를 연결하는 감정에 대한 민감한 이해를 통해서 이 두 세계를 같이 살 수 있다. 감정은 물리적 세계와 영적 세계를 연결하는 중요한 고리의 역할을 한다. 감정이나 느낌은 자극에 대한 반응으로서 인간의 몸에서 경험되는 정서적 현상이다. 가슴이 따듯해지거나 몸이 후끈거리거나 손에 땀이 나는 현상은 모두 심리영적 세계의 것들이 몸으로 경험되는 정서적 표현이다. 그렇기 때문에 몸에서 느껴지는 감정에 대한 이해가 중요하다. 또한 감정을 통해서 알게 되는 생각이나 영적인 세계를 민감하게 바라보는 능력을 개발하여야 두 세계를 동시에 살아갈 수 있다. 혼인 심리적 세계는 육인 몸과 영을 연결하는 중요한 연결 고리이다.

독립된 세상과 연결된 세상으로 인한 증상　자유를 추구하면서 독립된 세상에서만 살려고 하는 사람들은 외로움, 허전하고 공허한 느낌과 미성숙이라는 문제를 경험하게 된다. 인간은 근본적으로 대상을 추구하는 존재이다. 다른 사람들과 관계 속에서 정서적 지지를 통해 자신의 존재를 확인하고 이를 통해서 자존감을 갖는다. 사랑과 지지를 받으면서 정서적으로 연결되어 있을 때 인간은 든든한 느낌을 받는다. 이러한 든든한 느낌은 정서적 애착이라는 단어로 표현되기도 한다. 애착이 잘 된 사람은 이미 연결되어 있으면서 의존적으로 세상을 사는 사람이다.

이러한 의존이 싫어서 연결을 끊고 독립된 세상만을 살려고 하면 인간 존재의 일부분을 부정하는 오류를 범하게 된다. 정서적 지지가 없는 독립된 세상은 외롭고 춥다. 약한 정서적 연결을 가진 수많은 내담자는 슬픈 마음을 가지고 눈물로 호소를 한다. 어떻게 하면 연결을 할 수 있는지 그리고 어떻게 하면 다른 사람의 마음을 얻을 수 있는지 호소한다. 연결은 다른 말로 하면 친밀감이다. 친밀한 느낌의 결여로 인한 독립된 세상은 독립적으로 느껴지지 않는다. 이러한 내담자들은 오히려 버림받고 밀쳐진 느낌을 갖는다.

연결이 없는 독립은 비참하고 초라하며 버림받은 느낌을 갖도록 만든다. 이러한 사람들은 종종 우울하거나 화를 내는 자기애적 증상을 드러낸다.

연결이 없는 독립의 세상을 사는 사람들이 직면하는 또 다른 문제 중 하나가 미성숙이다. 연결된 상태로 삶을 살아가는 사람들은 필연적으로 갈등을 경험하게 된다. 서로 매여 있는 관계에서는 기대가 다르고 입장이 다르고 추구하는 바가 다르기 때문에 자연스럽게 갈등이 발생한다. 이러한 갈등이 싫어서 연결을 끊고 독립된 세상을 살려고 하면 갈등의 양상, 이유, 원인, 해결 방안 등과 같은 수많은 성장의 요인을 도외시하게 된다. 인간은 갈등에 직면했을 때 이러한 갈등을 해결하면서 수많은 성장을 하게 된다. 이러한 성장은 반드시 변화를 전제로 한다. 성장하고 성숙하려면 변화를 하게 된다. 그러나 이러한 갈등이 싫어서 연결을 끊고 독립된 세상을 살려고 하면 이러한 성장 요인들을 다 놓치게 된다. 성숙할 기회를 놓치면서 갈등에서 무슨 일이 일어나는지 그리고 이러한 갈등을 어떻게 다루어야 하는지에 대한 인식이 없어진다. 일시적으로는 편안해지지만 결국에는 성장과 성숙을 하지 못하는 미성숙한 사람이 된다. 이러한 미성숙한 사람들은 앞으로 마주할 더 많은 인생의 문제들이 두려움으로 다가온다. 더 큰 삶의 문제가 다가올 때마다 연결을 피하는 회피적 세상을 살면서 무책임한 사람으로 살아간다. 연결을 끊고 독립된 세상만을 살려고 하다가 두렵고 무서우며 무책임한 회피적인 사람이 된다.

독립이 없는 연결된 세상만을 살려고 하는 사람들은 또한 의존적인 문제를 경험하게 된다. 의존적인 사람들은 자신의 정체성을 희생하면서 다른 사람에게 매여 있다. 자신의 생각, 느낌, 선호도보다 다른 사람의 생각, 느낌, 선호도를 더 우선시하면서 상대방에게 맞추려는 행동을 하게 된다. 맞추는 행동을 통해서 이들은 상대방이 자신에게 인정이나 칭찬과 같은 보상을 해 주기를 원한다. 그러나 이러한 보상이 이루어지지 않으면 억울한 마음을 갖게 된다. 억울, 원망, 분노로 이어지는 심리적 증상들은 모두 독립되지 못하고 의존하는 사람이 겪는 공통된 특징이다. 이들은 마음속에 자신은 쓸모없는 사람이라는 생각을 가지고 산다. 다른 사람이 인정해 주지 않으면 자신의 정체성을 세우기 어렵기 때문에 인정받지 못하면 비참한 느낌이 든다. 무가치함을 느끼면서 상대방의 인정을 구하기 때문에 이들은 다른 사람에게 매달려서 사는 느낌을 준다. 이들은 때로 편집증적 증상이나 우울 증상을 보이기도 한다. 상대방이 자신을 인정해 줌에도 불구하고 의심하는 경향을 보이기도 하고 이러한 인정이 이루어지지 않으면 우울해한다.

인간은 연결되어 있으면서 독립된 존재이다. 연결이 없는 독립은 존재하기 어렵고, 마찬가지로 독립이 없는 연결도 존재하기 어렵다. 인간은 연결 속에서 독립된 존재로 살아가고, 독립된 존재가 되어 자유롭게 연결하는 존재로 살아간다. 이러한 독립과 연결을 다르게 표현하면, 즉 매여야 자유로운 존재이다. 신체적으로 분리된 신생아는 이제 정서적으로 연결되는 과정을 거쳐서 하나의 독립된 인간이 된다. 정서적으로 안정된 애착을 형성한 아이는 독립적으로 그리고 자율적으로 세상을 탐구하는 자유를 누리기 시작한다. 정서적으로 불안정한 애착을 형성한 아이는 오히려 다른 사람의 인정을 받기 위해서 눈치보고 자유롭지 못한 구속된 속박의 삶을 살게 된다. 이런 아이들은 인정에 목말라 하는 속박된 상태인 구속된 삶을 살아가게 된다.

이러한 자유와 구속의 주제는 인간이 점유하고 있는 역할 속에서 심리적 주제로 드러나기도 한다. 아버지로부터 폭력을 경험하고 성장한 남성들은 아버지와 같은 사람이 되지 않으려고 많은 노력을 기울인다. 화를 내는 아버지와 같아지지 않으려고 화를 참으면서 결코 아버지의 행동을 되풀이하려고 하지 않는다. 괴물 같은 아버지와는 다른 사람이 되기 위해서 평화주의자로 자유로운 길을 걷는 많은 내담자들은 자신이 분노를 폭발하면서 아버지와 비슷한 행동을 보일 때 괴리감을 느낀다(김용태, 2014b). 이러한 내담자들은 자신 속에 들어있는 괴물 같은 모습인 공격성을 부인하려다가 아버지와 같은 자신의 모습을 만나게 된다. 부정하려던 자신의 모습을 만나면서 역설적으로 자신이 아버지와 같은 사람임을 알게 될 때 이들은 좌절하고 절망하게 된다. 이러한 사람들은 폭력이나 공격성으로부터 자유로워지려고 하다가 결국 폭력이나 공격성에 사로잡히는 사람들이 된다. 다시 말하면 자유로운 세상을 살려고 하다가 결국 구속되는 세상을 사는 셈이 된다.

이러한 자유와 구속의 현상은 단지 역할과 심리 속에만 경험되지 않고 사회적으로도 경험된다. 앞에서 언급한 아버지의 역할로 인한 모순은 아버지와 같지 않으려는 노력이 오히려 아버지처럼 되는 현상에 맞닿아 있다. 아버지처럼 살지 않으려고 하다가 아버지의 이미지에 사로잡혀서 결국은 아버지처럼 되는 현상이 역할로 인한 자유와 구속이다. 많은 돈을 벌어서 자유롭게 되고자 하여 기업의 주인이 되면, 돈을 쓰는 데는 자유롭지만 동시에 그 역할이 자신을 자유로부터 구속하게 된다. 역할을 맡은 순간부터 그 역할에 대한 기대가 생기고 이러한 기대로 인해서 자유롭지 못한 삶을 살게 된다.

인간은 자유로운 세상과 구속되는 세상을 동시에 살아가는 자율적 세상을 살게 된다. 인간의 자유는 생각 속에만 존재하는 심리영적 특성이다. 이러한 자유가 현실인 물리적 세계 또는 구속이 존재하는 세계 속에서 살아가려면 자율이 된다. 자율은 자유가 구속을 만나면서 발생되는 두 세계를 동시에 살아가는 역설의 원리가 반영된 개념이다. 자유롭고 싶지만 몸의 한계를 느낀다. 자유롭고 싶지만 자신의 역할에 갇힌 존재임을 깨닫는다. 자유롭고 싶지만 지구를 떠나서는 살 수 없는 존재임을 알게 된다. 인간은 지구인으로서 중력으로 인해서 피가 말초 신경조직에까지 전달되는 피의 순환 현상을 매일 매순간 경험하는 존재이다. 중력이 없는 곳에서 잠시 살 수는 있지만 중력이라는 물리적 세상을 영원히 벗어날 수는 없다. 이렇듯이 인간의 자유는 일정한 제한이 있는 자유인 자율로서 존재한다. 따라서 자유롭기만 하려고 하거나 구속된 상태로만 살려고 하면 모두 증상을 경험하게 된다.

제6장
기독교 상담의 원리: 믿음, 소망, 사랑 편

1. 믿음의 원리

1) 성경의 진리와 믿음

"의인은 그의 믿음으로 살리라."(하박국 3:4)라는 하나님의 말씀은 인간은 믿음으로 산다는 삶의 원리를 말하고 있다. 여기서 의인이란 의로운 사람이라는 뜻으로, 자신이 의로운 행위를 하는 사람이 아니라 하나님과 관계가 있는 사람을 의미한다. 의로움이라는 단어는 개인적 행위를 나타내는 단어가 아니라 관계적 연결을 나타내는 단어이다. 아무리 옳은 행위를 개인적으로 한다고 하더라도 하나님과 관계가 없으면 죄인이다. 이때의 의로움은 도덕적이거나 윤리적 단어라기보다는 하나님과 관계에서 자신의 위치를 아는 것을 의미한다.

하나님과 인간의 관계는 창조주와 피조물의 관계이다. 인간은 하나님의 형상으로 지음을 받은 존재이다. 그러나 인간은 하나님이 금한 선악과를 따먹음으로써 죄인이 되었고 하나님과 살 수 없는 존재가 되었다. 선악과를 따먹은 결과, 인간은 네 가지 영역에서 문제를 안고 살아가게 된다. 첫째, 하나님과 인간의 관계가 단절되었다. 인간은 자신의 힘으로는 하나님께 나아갈 수 없는 불행한 존재가 되었으며 영적으로 하나님을 볼 수 없는 사람이 되었다. 이로 인해 인간은 영원히 죽을 수밖에 없는 존재가 되었다. 둘째, 인간과 인간의 관계가 단절되었다. 아담과 하와는 서로 불신하는 인간관계의 원형이다. 이러한 인간관계는 서로 갈등과 반목을 야기하여 서로를 죽이는 전쟁관계를 초래한다. 셋째, 인간과 자연과의 관계가 단절되었다. 인간은 자연으로부터 모든 것을 얻어야 살 수 있는 존재이지만 자연을 착취하여 자신의 욕심만을 챙기는 존재가 되었다. 이는 나중에 환경의 재앙을 초래하는 결과를 낳는다. 넷째, 인간은 자신으로부터 자신을 단절시키게 되었다. 자신 스스로를 믿지 못해서 인간은 자신에 대해서 수치심을 갖는 존재가 되었다. 자신을 부끄럽게 여기고 열등감을 느끼면서 살아가는 존재가 인간이다.

믿음은 단절된 모든 관계를 회복시키는 가장 중요한 삶의 원리이다. 믿음을 통해서 인간은 하나님께 나아갈 수 있다. 영적 단절을 극복하고 영원한 삶을 살 수 있다. 단절된 인간관계는 믿음을 통해서 회복된다. 불신과 의심을 통한 인간관계는 믿음을 통해서 신뢰의 관계로 변화된다. 믿음은 자연을 착취하려는 마음을 버리고 자연을 돌보는 관계를 만들어서 인간과 자연이 공존할 수 있도록 만든다. 자신에 대한 믿음을 만들어 가면서 인간은 자신에 대한 자존감을 회복하게 된다. 믿음은 불안하고 두려운 마음을 극복하게 만들고 자신에 대한 믿음을 가지고 살아가는 존재로 변화하게 만든다.

믿음은 보이는 세계와 보이지 않는 세계를 연결하는 고리이다. "믿음은 바라는 것들의 실상이요. 보이지 않는 것들의 증거니"(히브리서 11:1)라는 성경말씀은 믿음이 눈에 보이는 세상을 만든다고 말하고 있다. 하나님이 세상을 창조할 때 하나님이 좋아서 세상을 만들었다. 하나님은 자신이 원하고 바라는 것을 물질적 세계인 우주로 만들었다. 마찬가지로 인간도 자신이 원하고 바라는 것을 세상에 만들어 낸다. 집을 짓고 싶은 마음을 가진 사람은 결국 집이라는 구체적인 물질인 실제 상을 만들어 낸다. 인간은 마음에 품고 있는 것을 실현하면서 살아가는 존재이다. 마음에 무엇을 품었는지 보면 그 사람이 무엇을 실현할지를 알게 된다. 믿음은 이렇게 눈에 보이지 않는 것들의 증거이다.

믿음이 바라는 것들의 실상이고 증거라는 말은 눈에 보이지 않는 것이 눈에 보이는 것보다 더 근본이라는 의미이다. 물질세계는 눈에 보이지 않는 소망의 산물이다. 소망이 달라지면 물질세계는 달라진다. 집을 짓고 싶은 사람은 집이라는 물질을 만들어 낸다. 그리고 집이 마음에 들지 않으면 집을 없애고 다른 것을 만들어 낸다. 이렇게 눈에 보이는 물질세계는 단지 소망의 산물이기 때문에 부속물에 불과하다. 부속물을 만들어 내는 소망, 즉 마음이 더 근본적이다. 믿음은 인간의 삶을 근본적으로 좌지우지 하는 원리이다.

2) 믿음과 인간의 삶

삶의 원리로서의 믿음은 인간이 삶을 사는 데 필수불가결한 요소이다. 인간의 삶은 믿음이 없이는 가능하지 않다. "믿음, 소망, 사랑 이 세 가지는 항상 있을 것인데"(고린도전서 13:13)라는 성경 말씀은 이러한 인간의 삶에 대해서 언급하고 있다. 만일 인간의 삶에 믿음이 없다고 상상해 보라. 인간의 삶이 어떻게 될지는 너무나 간단하다. 믿음이 없는 인간은 아마도 동물의 삶을 살게 될 것이다. 믿음이 없다면 인간은 서로를 짓밟고 잡아먹고 잡아먹히는 삶을 살게 될 것이다. 그러나 믿음이 없는 삶의 형태는 인간의 삶의 영역에서 곳곳에 드러난다. 예를 들면, 서로를 불신하면서 권력을 차지하기 위한 사람들, 서로를 이겨서 자신만 살겠다고 남을 허물어뜨리려고 하는 돈만 아는 사람들, 살기 위해서 무슨 짓이든 하려고 하는 사람들은 믿음이 없이 짐승과 같은 삶을 살게 된다.

그렇다면 "믿음이 무엇이기에 믿음이 없이는 인간의 삶을 영위할 수 없을까?"라는 질문이 생긴다. 이 질문에 답을 하기 위해서는 믿음의 실체에 대해서 생각해 볼 필요가 있다. 역설의 원리에서도 언급했듯이 믿음은 불확실성과 관련이 있다. 확실한 세계를 생각해 보자. 가장 확실한 것은 사실이다. 사실 중에서 물리적 실체와 관련된 사실들은 증명할 필요가 없다. 눈에 보이기 때문에 누구든지 인정하고 이의를 제기하지 않는다. 예를 들면, "여기에 돌이 있다."라는 문장에서 돌은 누구나 돌이라고 인정을 한다. 이 경우에 돌은 물리적 실체이다. 이러한 물리적 실체는 보여 주면 되고 증명할 필요가 없다. 물리적 실체가 아니라 하더라도 누구나 동의할 수 있는 명제들도 사실이다. 예를 들면, "물을 마신다."라는 문장에서 보면 물의 용도에 대해서 누구나 동의하고 있다. 마신다는 말은 물리적 실체가 아니지만 물과 관련된 기능을 나타내는 말이다. 물리적 실체인 물과 마신다라는 기능으로 이루어진 문장에 대해서 사람들은 누구나 인정하고 동의한다. 이러한 현상을 명제적 실체 또는 사실이라고 한다. 이렇게 명제적 실체나 물리적 실체처럼 누구나 동의를 할 수 있는 것들은 사실로서 존재하며 이러한 사실들에 대해서는 믿음이 필요 없다. 이러한 것들은 단지 보여 주기만 하면 동의를 얻어 낼 수 있다.

그러나 동의를 하기 어렵거나 잘 모르는 것들에 대해서는 믿음이 필요하다. 예를 들어, "신이 존재한다." 또는 "남편 또는 아내가 나를 사랑한다." 등과 같은 명제들은 모든 사람의 동의를 얻을 수는 없다. 이러한 명제들은 그럴 수도 있고 그렇지 않을 수도 있다. 신의 존재 유무나 사랑의 존재 유무 등은 모두 증명하기 어렵거나 증명한다 하더라도 받아들이는 데 한계가 있는 명제들이다. 사실과 달리 이러한 현상들은 받아들이는 사람과 받아들이지 않는 사람으로 나누어진다. 받아들이는 사람은 "나는 신이 존재함을 믿는다." 또는 "나는 남편이 나를 사랑한다고 믿는다."라고 말을 한다. 이렇게 믿음은 불확실을 확실화하기 위해서 필요한 현상이다. 믿음의 대상은 확실한 사실이 아니라 불확실한 현상이다.

이렇듯 인간의 삶에는 불확실한 것들이 많이 존재한다. 특히 인간의 마음과 영혼의 영역에는 많은 것이 불확실한 상태로 존재한다. 심리적 영역에는 마음의 존재 유무, 마음속에 들어 있는 것들에 대한 생각들, 마음과 마음이 연결되는 방식 등과 같은 많은 것이 포함된다. 예를 들면, 약속은 이러한 마음과 마음의 연결과 관계된 현상이다. 약속을 하고 그 약속을 믿고 약속 시간과 장소에 나간다. 만일 이러한 약속을 지키지 않으면 믿음이 깨진다. 영적 영역에 대해서는 영의 존재 유무, 영과 영의 연결, 영과 심리, 몸과의 관계 등과 같은 많은 것이 이러한 영역에 포함된다. 예를 들어, 영적 존재인 신에 대한 마음과 생각이 믿음과 관련된 현상이다.

3) 믿음의 세 가지 영역과 상담

믿음은 크게 세 가지 영역으로 구성되어 있다. 신뢰인 '믿어지기', 의지인 '믿기' 그리고 선물인 '믿고 싶기'이다. 믿어지기, 믿기, 믿고 싶기는 모두 믿음의 측면을 보여 주는 단어들이다. 믿음은 수학적인 개념인 입방체와 같이 여러 측면을 가진다. 각각의 측면들은 모두 믿음의 입체적 현상을 구성하는 요인들이다. 그렇기 때문에 이 측면들은 분리되어 개별적으로 작동되는 요인들이 아니라 전체적으로 한꺼번에 실행된다. 믿기의 요인, 믿어지기의 요인, 믿고 싶기의 각각의 요인만 주로 작동이 될 때는 믿음의 온전한 형태를 구현하기 어렵다.

(1) 믿어지기와 신뢰

인간이 부분적 존재이기 때문에 세상에서 믿음의 삶은 믿어지기인 신뢰가 주로 부각되어 있다. 부분적 존재인 인간은 자신의 필요나 세상의 방향성으로 인해서 믿음을 온전히 실천하지 못하고 한

두 측면을 부각시킨다. 믿음이 부족한 세상조차도 믿음의 한 측면인 신뢰를 통해서 인간관계를 맺는다. 많은 사람이 부부관계에서 제일 중요한 것이 부부간의 신뢰라고 말한다. 부부는 서로를 믿고 신뢰할 때 공동의 삶을 살 수 있다. 만일 서로 믿지 못하고 불신을 하게 된다면 부부의 삶은 매우 어려워진다. 부부의 삶 자체가 약속으로 이루어졌기 때문에 믿음의 한 영역인 신뢰를 필요로 한다.

부부의 삶뿐만 아니라 부모 자녀 간의 관계도 신뢰로 이어져 있다. Erik Erikson은 인간의 삶을 8단계로 구분해서 발달단계를 만들었다. 그는 발달단계 중 첫 단계를 "기본적 신뢰 대 불신"이라고 이름을 지었다. 세상에 태어난 아이들은 부모로부터 신뢰를 형성하지 못하게 되면 마음에 불신을 형성한다. 이렇게 불신을 형성한 아이들은 많은 정신적 문제를 갖게 된다. 영유아들은 부모로부터 지속적으로 같은 방식으로 일관성이 있는 양육태도를 통해서 신뢰를 형성한다. 신뢰는 항상성, 일관성, 지속성과 관련이 있다. 신뢰는 경험을 통해서 형성되는데, 한 번의 경험이 아니라 여러 번의 경험을 반복적으로 하게 될 때 만들어진다. 이때 영유아들은 믿음에 있어서 적극적 행위자가 아니다. 믿음의 신뢰 측면에서 보면 영유아들은 믿음의 수혜자로서 의존적이고 수동적 입장에 놓이게 된다. 부모는 믿음을 공급하는 공급자의 역할을 수행하여 자녀로 하여금 자신을 믿을 수 있도록 만든다. 신뢰는 믿음의 경험적 측면이다. 자신이 누군가로부터 얻은 경험이 일관성이 있고 지속적이며 항상성을 보이면 신뢰를 형성하게 된다.

믿음의 경험적이고 수동적 측면의 신뢰를 경제 영역에서는 신용이라고 부른다. 많은 은행이 소비자에게 신용카드를 발급하고 신용카드를 통해서 신용을 점검한다. 일정 기간 동안 돈을 빌려주고 이를 제때에 갚으면 신용이 좋은 사람이라고 하고, 이때 돈을 갚지 못하고 연체하면 신용 불량자라고 한다. 이러한 신용 불량자에게 는 많은 불이익이 따라다닌다.

윤리적 영역에서의 믿음은 정직성으로 나타난다. 정직한 사람 에게는 언제나 '믿을 만하다.'라는 수식어가 붙는다. 정직성은 진 실과 거짓말과 관련이 있다. 정직한 사람은 다른 사람들에게 진실 이나 사실을 말함으로써 상대방이 자신을 믿도록 한다. 정직한 사 람의 이러한 진실한 태도 역시 경험을 통해서 형성된다. 지속적으 로 같은 방식으로 일관성 있게 진실과 사실을 말하는 사람들은 믿 을 만하다고 한다. 정직한 사람이 얻는 믿음 역시 경험적 측면의 신뢰이다.

상담 장면에서 신뢰는 여러 가지 모양으로 작동을 한다. 상담자 는 내담자와 관계를 형성하기 위해서 공감과 이해를 하게 된다. 내 담자는 상담자로부터 받은 이러한 경험을 통해 상담자를 신뢰하게 되고, 이와 같은 상담자와 내담자의 신뢰 관계를 라포(rapport) 형성 이라고 부른다. 이러한 신뢰 관계가 형성되면 내담자는 자신의 마 음을 두려움 없이 열 수 있게 된다. 즉, 자신의 은밀하고 비밀스러 운 부분을 상담자에게 말하고 이를 통해서 자신의 마음을 치유하게 된다. 상담자로서 전문적 훈련을 받을 때 제일 먼저 받는 상담 훈련 이 라포 형성이다. 내담자들로 하여금 상담자를 신뢰하도록 상담자 는 내담자를 공감하고 이해하며 그들을 존중하는 훈련을 받는다.

(2) 믿기와 의지

믿음의 다른 측면 중 하나가 믿기이다. 믿기는 믿음의 의지적 측면이다. 믿기는 믿기로 작정하는 의지라고 볼 수 있다. 부모와 자녀관계에서 부모는 자녀를 믿기로 작정한 사람이다. 부모는 자녀가 아직 어리고 부족하며 무엇을 할 수 있는지 없는지 알 수 없는 때에도 자녀를 사랑하기로 작정한다. 사랑 속에는 자녀에 대한 믿음도 들어 있다. 자녀에 대한 믿음은 자녀들이 부모를 속이는 경우에도 넘어가 주기도 하고 자녀들의 말을 일부러 믿어 주기도 한다. 그리고 어떤 부모들은 자녀들에게 "나는 너를 믿는다."라고 미리 말을 함으로써 자신이 자녀를 믿고 있음을 표현하기도 한다. 이러한 믿음의 태도인 믿기를 통해서 자녀는 부모에 대해서 더 안심하는 마음을 갖기도 하고 자유로운 마음을 갖기도 한다. 부모가 자녀를 믿기로 하는 마음이 헌신이다.

헌신은 관계 형성의 기초이다. Balswick과 Balswick(1999: 20, 84)은 가족 관계의 기초로서 헌신을 제안하고 있다. 헌신은 믿기로 작정을 함으로써 발생하는 행동적 현상이다. 자녀를 잘 키우고 싶어 하는 부모는 자녀에게 헌신한다. 경제적으로 성공하고 싶어 하는 사람들 중에는 회사를 설립하거나 회사 생활에 헌신한다. 무엇인가를 믿고 이를 행동적으로 실천할 때 헌신을 하게 된다. 아이를 키우든 회사를 설립하든 아니면 회사 생활을 성공적으로 하든 간에 상관없이 헌신하는 사람의 마음속에는 일정한 믿음이 있다. 믿음은 막연한 정서적 상태가 아니라 적극적 상태로서 인간은 헌신을 통해 믿기를 실천한다. 부모나 회사 설립자들은 모두 가족이나 회사의 기초를 만드는 사람들이다. 이들이 없이는 가정이나 회사가 존재할 수가 없으며 이들을 통해서만 존재할 수 있다. 영어 표현으로 보면 더 분명하게 이해되는데, 회사, 학교, 단체, 국가의 설립을 위해서 처음에 헌신한 사람들을 'founding fathers'라고 부른다. 기초를 만드는 아버지들이라는 뜻이다. 이들은 모두 헌신을 통해서 단체나 기관, 가정이나 국가가 이루어지도록 만든 사람들이다.

헌신을 하기로 한 사람은 모두 믿음을 다른 사람에게 주는 공급자이다. 부모는 자녀에게 자신이 믿는 것들을 가르치고 행동으로 보여 준다. 자녀들은 부모가 믿는 것을 내면화함으로써 자신의 세계관이나 삶으로 만들어 간다. 부모를 좋아하고 존경하는 자녀는 부모의 믿음을 자신의 것으로 받아들여서 확장해 나간다. 부모를 존경하지 않거나 싫어하는 자녀조차도 부모를 닮아간다. 그리고 자신도 모르는 사이에 부모와 같은 생각이나 믿음 그리고 행동 양식을 가지고 있음을 보면서 놀라기도 한다. 회사를 만드는 설립자도 같은 믿기를 실천하면서 직원들에게 믿음을 공급한다. 이들은 자신이 믿고 있는 비전을 회사를 통해서 실현하길 원한다. 자신의 주변에 있는 사람들을 설득하여 자신이 믿고 있는 것을 공유하고 이러한 공유를 통해서 경제 공동체인 회사를 만들고 키워 나간다. 어떤 종류의 단체나 기관을 창설하거나 책임을 지고 헌신하는 사람들은 모두 믿음의 공급자이다. 이들은 자신이 믿고 있는 것들을 자신과 같이 일하는 사람들과 공유함으로써 기관이나 단체를 유지하고 발전시켜 나간다. 이렇게 함으로써 믿음의 공동체를 형성해 나간다.

하나님과 인간과의 관계에서 믿기는 언약으로 나타난다. 하나님께서는 인간을 믿기로 작정하시는데 이러한 하나님의 헌신을 언약이라고 한다. 하나님은 노아와 더불어 첫 번째 언약을 맺는다. 하나님께서는 "그러나 너와는 내가 내 언약을 세우리니 너는 네 아들들과 네 아내와 네 자부들과 함께 그 방주로 들어가고"(창세기 6:18)라고 말씀하신다. 하나님께서는 노아에게 홍수 후에 방주 속에 있는 모든 것을 땅으로 끌어내라고 말씀하시면서 노아에게 생육하고 번성하는 축복을 주신다(창세기 8:17). 그리고 하나님은 아브람과 두 번째 언약을 맺는다. "그날에 여호와께서 아브람과 더불어 언약을 세워 이르시되"(창세기 15:18), "내가 내 언약을 나와 너 사이에 두어 너를 크게 번성하게 하리라."(창세기 17:2), "보라 내 언약이 너와 함께 있으니 너는 여러 민족의 아버지가 될지라."(창세기 17:4)라는 성경말씀들은 하나님께서 아브람과 맺은 언약의 내용이다. 하나님께서는 언약을 맺으면서 노아와 아브람에게 믿기를 몸소 보여 주신다. 하나님께서는 노아와 아브람에게 자신의 헌신(commitment)을 보여 주고 이를 통해서 노아와 아브람이 복을 누릴 수 있도록 만드신다.

하나님의 이러한 언약은 예수 그리스도를 통해서 최고의 정점에 다다른다. "우리가 아직 죄인 되었을 때에 그리스도께서 우리를 위하여 죽으심으로 하나님께서 우리에 대한 자기의 사랑을 확증하셨느니라."(로마서 5:8)라는 말씀은 이러한 하나님의 언약을 잘 보여준다. 인간이 아직은 사랑할 만하지 않고 죄를 지어서 반항을 하고 거스르는 행동을 함에도 불구하고 하나님께서는 인간에 대한 사랑을 확증하신다. 이러한 하나님의 인류에 대한 사랑의 언약은 인류로 하여금 죄에서 해방을 받고 영원히 살 수 있는 길을 열어 준다.

이러한 하나님의 언약은 인간이 죄 속에 살지 않고 은혜 속에 살도록 한다. 하나님께서는 자신의 사랑을 예수 그리스도를 통해서 실천하면서 인간이 죄인인 상태에서 자신의 사랑인 헌신을 먼저 보여 주신다. 하나님의 언약은 이처럼 인간의 조건이나 상태와 관계없이 먼저 자신의 사랑을 확증하는 방식으로 믿기를 실천한다. 하나님께서는 인간에게 믿음의 공급자이고 인간이 하나님의 마음인 진리를 받아들이기를 원하신다.

상담 장면에서 믿기는 상담자를 통해서 내담자에게 나타난다. 상담자는 내담자의 상태나 조건에 관계없이 자신의 믿기를 실천하는 사람이다. 내담자가 아무리 상담자를 힘들게 해도 상담자는 내담자의 장점이나 강점을 믿으면서 이들의 문제를 해결하는 사람이다. 이러한 상담자의 헌신은 전문성으로 나타난다. 내담자들의 문제를 해결하기 위해서 전문적인 훈련을 받는다. 상담자는 내담자에게 전문성을 제공함으로써 내담자가 안전한 느낌 또는 안정감을 가지고 자신의 마음을 탐색하고 문제를 해결하도록 돕는 역할을 한다. 내담자들은 결국 상담자가 믿고 있는 긍정적인 마음을 받아들임으로써 자신의 문제들을 해결하고 증상을 완화시킨다. 상담자는 또한 내담자가 의심하고 어색해하는 관계를 풀어 나갈 때도 긍정적인 마음을 가지고 믿기로 작정한 사람이다. 이들의 믿기에 대한 헌신은 내담자와의 관계형성으로 나타난다. 상담자와 내담자의 신뢰관계 형성은 상담자의 믿기를 실천하는 헌신과 관련이 있다. 상담자는 내담자에게 믿기를 통해서 믿음을 공급하는 역할을 한다.

(3) 믿고 싶기와 소망

믿음과 관련된 신뢰와 의지는 믿고 싶은 마음인 소망이 없이는 가능하지 않다. 모든 인간은 하나님의 형상으로 창조되었다. "하나님이 이르시되 우리의 형상을 따라 우리의 모양대로 우리가 사람을 만들고 그들로 바다의 물고기와 하늘의 새와 가축과 온 땅과 땅의 기는 모든 것을 다스리게 하자 하시고 하나님이 자기 형상 곧 하나님의 형상대로 사람을 창조하시되 남자와 여자를 창조하시고"(창세기 1:26-27)라는 말씀에는 분명 인간이 하나님의 형상대로 창조되었다고 기록되어 있다. 인간의 마음속에 있는 하나님의 형상은 선험적으로 존재한다. 인간이 태어나기 이전부터 인간의 마음을 구성하는 실체 중 하나가 하나님의 형상이다.

하나님의 형상에 대한 신학적 관점은 실질적 견해(substantial view), 관계적 견해(relational view), 기능적 견해(functional view)로 구성되어 있다(Erickson, 2001: 520-529). 이 세 가지 견해 중에서 실질적 견해를 주장하는 학자들은 하나님의 형상은 인간의 마음에 특성이나 기질로 존재한다고 말한다. 하나님의 존재적 특성을 닮은 인간은 도덕성이나 합리성(Erickson, 2001: 521) 그리고 종교성(Elwell, 2001: 593)을 가진 존재이다. 인간은 도덕적으로 바른 행동을 할 수 있다. 이렇게 도덕적 행동을 하는 동안에 인간은 합리적 선택을 하게 된다.

인간은 하나님을 찬양하고 하나님과 관계를 맺을 수 있는 특성을 가진 존재이다. 하나님을 찬양하고 예배할 수 있는 존재로서 인간은 하나님을 믿는 믿음의 존재이다. 이러한 종교성은 문화나 민족과는 관계없이 나타난다. 이러한 특성에 대해서 Erickson(2001:

532)은 인간 안에 존재하는 하나님의 형상은 보편적(universal)임을 말하고 있다. 인간 안에는 자신보다 더 큰 존재인 하나님을 믿고 싶어 하는 마음이 있다. 이러한 마음은 하나님의 형상으로부터 기인한 인간의 특성이다. 하나님께서는 인간으로 태어나는 존재들을 성향이나 민족 그리고 배경과 관계없이 모두 하나님을 믿을 수 있는 종교적 존재로 만드셨다.

믿으려는 경향인 믿고 싶어 하는 마음은 일상생활에서 삶에 대한 긍정적 태도로 나타난다. 긍정적인 면과 부정적인 면이 동시에 존재하는 현상 중에서 믿고 싶어 하는 마음은 긍정적인 쪽을 보려는 마음으로 나타난다. 긍정적인 면을 보면서 무엇인가 잘될 것 같은, 괜찮을 것 같은, 그래도 좋을 것 같은 마음이 생긴다. 믿고 싶어 하는 마음은 다른 사람들을 쉽게 용서하기도 하고 어려운 일이 생겨도 견디게 해 주며 힘든 일도 할 수 있을 것 같은 소망적 생각을 갖게 만든다. 한국의 속담 중에 '믿는 구석이 있다.'라는 문장은 곧 이러한 믿는 경향인 소망적 마음을 잘 표현하고 있다. 믿는 구석이 있는 사람들은 쉽게 좌절하거나 포기하지 않는 경향을 보인다. 이러한 경향이 소망이다.

임상적으로 볼 때 수많은 내담자가 배신감을 가지고 상담에 오는 이유 중 하나는 믿고 싶어 하는 소망으로 인한 맹목적 믿음 때문이다. 부부 상담이나 가족 상담의 경우에는 이 주제를 가지고 상담에 오는 사람들이 많다. 이러한 사람들은 상대방을 무조건적으로 긍정적으로 보려는 마음 때문에 상대방의 말이나 행동에서 주는 사인이나 징후들을 미리 알아차리지 못하는 경우가 종종 있다. 부부간의 신뢰도 이러한 맹목적 믿음과 깊은 관련이 있다. 부부 중한 사람이 다른 사람을 속이는 경우에도 믿으려는 경향으로 인해서 상대방에 대해서 제대로 알아보거나 징후의 의미에 대해서 생각을 하지 않는 경향이 있다. 이러한 경향으로 인해서 나중에 믿음에 대해서 배신당한 느낌을 갖게 되고, 상대방에 대한 화와 분노 그리고 자신에 대한 부정적 자아개념을 갖게 되는 내담자들이 종종 있다.

믿고 싶어 하는 마음은 의심과 짝을 이루는 개념이다. 믿음의 반대 개념은 의심이다. 믿음은 하나님의 형상에서부터 왔지만 의심은 인간의 타락에서부터 왔다. 배신을 당한 경험이 있는 사람들은 다른 사람들을 믿기 어려워진다. 이들은 믿고 싶어 하는 마음보다는 의심을 하는 마음을 갖게 된다. 의심은 불안을 만들어 낸다. 의심하는 사람이나 의심을 받는 사람이나 모두 불안한 느낌을 갖는다. 자신이 보는 것이 제대로 보는 것인지 혼란스럽고 다른 사람들이 의심의 눈초리를 가지고 자신을 보면 자신이 왠지 그런 사람 같게 느껴져 불안한 마음이 생긴다. 불안이 커지면 불안과 관련된 많은 증상을 갖게 된다. 이러한 불안의 극단적 증상 중의 하나가 공황장애이다. 금방 자신이 느끼는 불행한 일이 벌어질 것 같은 극단적 의심은 곧 쓰러질 것 같고 숨을 쉬지 못할 것 같은 마음을 갖도록 만든다. 그리고 의심이 체계화되면 편집증의 형태를 갖게 된다. 일정한 틀을 가지고 다른 사람들을 의심하면서 자신의 의심하는 마음이 현실이라고 믿는 마음이 편집증이다. 이렇게 믿고 싶어 하는 마음의 다른 측면이 활성화되면 의심, 불안, 공황장애, 편집증과 같은 많은 이상심리들이 생긴다.

2. 소망의 원리

1) 천국과 소망의 원리

(1) 예수님과 천국

예수님은 그의 공생애를 시작하면서 설교사역, 가르치는 사역, 치유사역의 세 가지 사역을 하셨다. "회개하라 천국이 가까이 왔느니라."(마태복음 4:17)는 인류를 향한 첫 번째 설교이다. 예수님의 이 첫 번째 설교는 회개와 천국이라는 두 단어로 구성되어 있다. 예수님은 자신의 공생애를 시작하면서 인류에게 맨 먼저 천국에 대해서 말씀하고 있다. 천국에 가기 위해서는 회개가 필요하다. 예수님의 이러한 천국에 대한 사역은 "예수께서 온 갈릴리에 두루 다니사 그들의 회당에서 가르치시며 천국 복음을 전파하시며"(마태복음 4:23)라는 성경말씀에 잘 드러나 있다. 예수님은 인류에게 천국에 대해 마태복음 13장에서 '씨 뿌리는 자의 비유, 겨자씨 한 알의 비유, 가라지의 비유, 감추인 보화의 비유' 등으로 말씀하고 있다. 예수님은 첫 번째 설교에 이어 인류에 대한 첫 번째 가르침에서도 여전히 천국에 대해서 말씀하고 있다. 산상수훈에는 "심령이 가난한 자는 복이 있나니 천국이 저의 것이요."(마태복음 5:3), "의를 위해서 박해를 받는 자는 복이 있나니 천국이 그들의 것임이라."(마태복음 5:10)라고 기록되어 있다. 즉, 예수님은 인류에게 교육을 하면서도 여전히 천국에 대해 말씀하고 있다.

성경에서는 천국이 무엇인지 그리고 천국에 들어가려면 어떻게 해야 하는지, 천국을 바라보는 삶이 무엇인지 등과 같은 다양한 내용이 담겨 있다. 이러한 천국에 대한 다양한 내용은 예수님의 삶과 인격이 그대로 일치된다. 예수님은 그 자신이 천국이었다. 예수님은 천국에 대해서 소개하는 사람인 것처럼 성경에 나타나지만 사실은 예수님 자신이 천국이다. 예수님은 그 자체로 완전한 인간이면서 완전한 신이다. 이를 조직 신학에서는 이중 본성(dual nature)라고 부른다. 이중 본성을 가진 예수님은 인간 세상에 천국을 잠시 보여 주기 위해서 33년의 짧은 인생을 살다가 죽는다. '예수님이라는 천국 자체가 인간 세상에 영원히 존재하면 얼마나 좋을까?' 하는 생각이 사람의 마음속에 생긴다. 이러한 사람의 생각과는 달리 예수님은 잠시 살다가 돌아가셨다.

(2) 천국은 소망

"예수님은 무엇 때문에 잠시 왔다가 없어질 천국을 소개했을까?"라는 질문은 곧바로 천국에 대한 소망으로 이어진다. 짧은 인생을 산 천국이라는 예수님의 삶은 인간에게 큰 삶의 방향성을 제시하고 있다. 예수님은 인간에게 현실을 살면서 현실로만 살지 말고 천국을 소망하면서 살라는 삶의 방향성을 제시한다. 예수님은 시종일관 천국에 대해 설교하고 천국에 들어가기 위해서 무엇을 해야 하는지 가르치며 병을 치유하면서 천국의 삶이 무엇인지를 보여 주고 있다. 예수님의 이러한 사역에 따르면 인간은 무엇을 하든지 천국에 대한 방향성을 가지고 현재의 삶인 인간 세상의 현실적 삶을 살게 된다. 인간은 현실을 살되 현실에 안주하지 않으며 천국이라는 소망을 가지고 삶을 살게 된다. 인간의 삶도 예수님의 이중 본성과 같이 하나로 살기 어렵다. 인간도 현실을 살면서 천국을 소망하고 천국을 소망하면서 현실을 살게 된다. 즉, 인간도 이중성격의 삶을 사는 것이다.

인간의 이중성격의 삶은 이상적 현실주의 또는 현실적 이상주의라는 삶의 철학으로 나타난다. 이상적 현실주의란 현실을 살면서 이상적 성향의 삶을 산다라는 의미이고 현실적 이상주의는 이상을 살면서 현실적 성향을 산다라는 의미이다. 이 둘은 각각 서로 다른 기초를 가지고, 바라보는 방향이 다르다. 그러나 근본적으로는 같은 형태의 삶이다. 다른 말로 하면 이상적 현실주의는 지금 당면한 현실 속에서 어떠한 미래를 꿈꿀 수 있는지를 고민하고 이해하는 삶이고, 현실적 이상주의는 꿈을 먼저 꾸고 이러한 꿈을 어떻게 현실화시킬지를 고민하는 삶이다. 이상적 현실주의는 현실의 이상화이고 현실적 이상주의는 이상의 현실화이다. 각각의 삶에 대해서 예를 들어 보자. 현실의 이상화란 내담자의 문제를 해결하는 상담자의 삶이 문제해결에만 그치지 않는다는 의미이다. 내담자 한 개인의 문제를 이해하면 인간의 문제를 이해할 수 있다. 그리고 한 개인의 문제 해결은 인류의 문제 해결과 맞닿아 있다. 한 개인의 문제를 인류의 문제까지 무한히 확장하는 삶이 이상적 현실주의, 곧 현실의 이상화이다. 이상의 현실화란 인간의 마음의 문제를 해결하고 싶은 이상을 가진 사람은 이를 구체적으로 해결할 수 있는 방안을 갖는다는 의미이다. 꿈이나 이상을 가진 사람들은 이를 현실 속에서 달성할 수 있는 구체적 방안을 가질때, 이상을 현실화할 수 있다. 이러한 구체적 방안 중 하나가 상담자라는 직업을 갖는 삶이다.

(3) 현실적 이상주의와 이상적 현실주의

현실적 이상주의와 이상적 현실주의 속에는 언제나 소망의 원리가 들어 있다. 이러한 소망의 원리는 "그런즉 믿음, 소망, 사랑, 이 세 가지는 항상 있을 것인데 그중의 제일은 사랑이라."(고린도전서 13:13)는 말씀에 잘 나타나 있다. 인간이 현실을 살면서 희망이 없을 수 없다는 진리가 소망의 원리이다. 만일 인간의 삶 속에서 소망, 희망, 원망, 이상 등이 없다면 인간은 많은 문제를 갖게 되고 어려움이 생기고 두려움이 엄습해 올 때 이를 극복하기 어렵게 된다. 다른 말로 하면 소망은 인간의 삶을 지탱하면서 활력이 넘치게 하는 삶의 중요한 원동력이 된다. 소망은 어려움과 힘듦 그리고 두려운 현실을 지탱하는 힘이자 자신에게 주어진 현실을 즐겁게 그리고 힘차게, 활기차게, 웃는 마음으로 살아가도록 만드는 에너지이다.

2) 초월과 소망의 원리

(1) 초월의 의미와 성장

인간의 삶에 존재하는 소망의 원리는 인간이 초월적 삶을 살아갈 수 있도록 한다. 초월이란 자신 또는 자신이 살고 있는 현실을 넘어서는 현상이다(이규성, 2012: 60-61; Collins, 1995: 4; May & Yalom, 1995: 267). 인간은 자신이 처한 현실이나 현재 자신을 넘어서 더 큰 존재가 되려고 하거나 더 큰 현실 속에서 살아가려고 하는 경향을 가지고 있다. 이러한 인간의 경향은 자신과 자신을 넘어선 존재 또는 자신이 살아가고 있는 현실과 현실을 넘어선 세계 사이에 간격을 만들어 놓는다. 이러한 간격을 메꾸는 하나의 방식이 소망이다. 현재 자신보다 더 나은 자기가 되고 싶은 마음인 소망이 현재 자신에 만족하면서 살지 않고 앞으로 더 나은 자기가 되기 위해서 노력하면서 살도록 만든다. 마찬가지로 현실적 삶을 넘어서 이상적 삶을 살아갈 수 있도록 만드는 원동력이 소망이다.

소망은 인간으로 하여금 성장하도록 만든다. 인간은 현재 자신이 가지고 있는 조건이나 현실 그리고 현재 자신을 넘어서 더 큰 존재 또는 더 나은 현실을 만들기 위한 열망이 있다. 이러한 열망을 가진 사람들은 자신이 처한 현실에 쉽사리 굴복하지 않는다. 현실적으로 발생하는 여러 가지 어려움을 극복하기 위한 방안들을 만들어 낸다. 그리고 이러한 방안을 실행하면서 자신을 변화시켜 나간다. 예를 들면, 좋은 인간관계를 만들고 싶은 열망을 가진 사람들은 관계에 대해서 배워 나간다. 다른 사람들을 관찰하면서 대화의 형태나 관계 유형을 배운다. 관찰만 하지 않고 이들과 소통하고 교류하기 위해서 무엇을 더 갖추어야 하는지에 대해서도 배운다. 자신이 변화해야 하는 것과 변화시킬 수 없는 것을 구분하여 이에 대해서도 적응하면서 다른 사람들과 관계를 발전시켜 나간다.

자신을 변화시키기 위해서 때로는 자신을 변형시켜 나가기도 한다. 변형이란 구조의 변화이다. 자신이 가지고 있는 방향성을 변화시켜서 다른 방향성으로 전환하거나 변환을 하게 된다. 이러한 방향성의 변화나 전환은 새로운 세계를 연다. 지금까지 자신이 전혀 알지 못했던 새로운 세계를 접하기도 한다. 변형을 통해서 인간이 변화하게 되면 인간은 새로운 차원을 접하게 된다. 일차원의 존재가 이차원의 존재로 변화하기도 하고 이차원의 존재가 삼차원의 존재로 변화하기도 한다. 예를 들면, 앞만 보고 산 사람들은 일차원의 삶을 살고 있다. 이들이 일차원의 삶으로 인해서 갈등이 생기거나 문제가 생기면 이를 극복하고자 한다. 실제로 일차원적 삶을 사는 사람들은 옆에 있는 다른 사람들과 문제를 겪는다. 이들은 다른 사람들을 신경 쓰지 않거나 다른 사람들의 말을 잘 듣지 않고 자신의 말만 해서 문제를 만들어 낸다. 이러한 문제를 겪으면서 더 나은 미래 그리고 더 나은 사람이 되려고 한다면 옆에 있는 사람들의 말에 주의를 기울이게 된다. 그리고 자신을 변화시켜서 이차원의 존재로 바뀌면 옆에 있는 사람들과 관계가 가능해진다. 이러한 변화를 통해 그동안 발생했던 문제를 해결할 수 있다.

(2) 즉각적 현실과 초월적 현실

소망의 원리는 즉각적 현실(imminent reality)과 초월적 현실(transcendental reality)이라는 측면과 직접적 관련이 있다. 앞에서 언급한 현재 사람이 겪고 있는 일차원의 문제는 즉각적 현실이다. 즉각적 현실이란 사람들이 살고 있는 지금 여기서의 세계를 말한다. 소망은 인간으로 하여금 즉각적 현실 속에 살면서도 이 현실을 넘어설 수 있는 다른 세계인 초월적 현실을 살도록 만든다. 초월적 현실은 즉각적 현실을 넘어선 세계이기 때문에 초월적 현실을 사는 사람들은 더 큰 인식, 더 큰 이해, 더 큰 시각을 갖는다. 초월적 현실을 살게 되면 즉각적 현실에서 발생한 문제의 성격을 전혀 다른 시각으로 이해할 수 있다. 예를 들어, 불안한 사람들은 자신이 처한 현실에 있는 두렵고 무서운 것에 사로잡힌다. 그러나 죽음을 받아들인 사람들은 자신이 살려고만 하기 때문에 이러한 불안이 생긴다는 것을 알게 된다. 삶을 넘어서 존재하는 죽음을 받아들인 사람들은 삶만 생각하는 사람들보다는 더 큰 시각을 가진 사람들이다. 이들은 죽음을 받아들인 초월적 현실을 살면서 자신이 가진 불안을 극복할 수 있다.

소망 중에서 가장 큰 소망은 죽음을 극복한 부활에 의한 영원한 삶에 대한 소망이다. 예수님이 말씀하시는 천국은 영원한 삶에 대한 소망을 말한다. 영원한 삶에 대한 소망을 갖게 되면 인간이 살고 있는 현재의 삶인 즉각적 현실은 아주 짧은 시간임을 알게 된다. 죽음이 없는 영원한 삶은 초월적 현실이고 살려고만 하는 이 세상에서의 삶은 즉각적 현실이다. 예수님이 천국을 이 세상에 가져왔다는 의미는 인간이 즉각적 현실을 살면서도 초월적 삶을 살라는 메시지이다. 이러한 메시지는 인간이 겪고 있는 모든 문제들을 즉각적 현실로만 바라보지 말고 초월적 현실로 바라보도록 만든다. 유한한 존재인 인간은 몸을 가지고 있기 때문에 많은 문제를 겪는다. 피곤하고 배고프고 몸에 이상이 생기면서 많은 심리적 문제들을 같이 겪는다. 그러나 이러한 몸에 대해서 초월적 생각을 하기 시작하면 몸에 대한 집착에서 벗어날 수 있다. 몸을 즉각적 현실로만 생각하지 않고 초월적 현실로 바라보면 몸은 언젠가는 없어지는 대상이다. 이렇게 잠시 있다가 없어지는 대상인 몸을 일시적이라고 생각하면 몸이 아파도 견딜 수 있다. 이러한 인내와 더불어서 몸에 의해서 제약을 받지 않는 영원한 삶인 초월적 현실을 살아가려는 소망을 가질 수 있다. 이러한 소망은 유한한 존재인 인간에게 언제나 희망을 주면서 살아가도록 만든다.

3) 상담과 소망의 원리

(1) 현실과 이상의 간격

인간의 삶은 현실과 이상이라는 구조를 가지고 있다. 인간은 현실을 살면서도 이상을 바라보면서 산다. 현실과 이상 사이에는 간격이 있을 수밖에 없다. 인간은 비록 정도의 차이는 있지만 이러한 간격을 가지고 산다. 현실과 이상 사이의 간격은 자기에 관한 심리학 측면에서 보면 현실적 자기와 이상적 자기로 나누어진다. 현실적 자기는 현재 자기이고, 이상적 자기는 앞으로 되고 싶고 바라는 자기이다. 지금 당장 여기서 경험하고 존재하고 있는 자기가 현실적 자기이다. 예를 들어, 다른 사람이 비난을 하거나 잘못을 지적할 때 위축되거나 부정적 감정이 드는 자기는 현실적 자기이다. 이상적 자기는 바라고 소망하는 자기이다. 다른 사람이 자신을 지적하거나 비난하더라도 부정적 감정이나 위축되지 않고 편안한 마음으로 그 말을 받을 수 있는 자기가 이상적 자기이다. 현실과 이상을 세계로 확장하면 현실 세계와 이상 세계이다. 현실 세계는 현재 많은 사람이 살면서 경험하고 있는 세계로, 예를 들면 남북이 분단되어 있는 한국, 미국이나 중국 주도의 국제 사회, 전쟁을 겪고 있는 몇 나라들, 다종교를 가진 한국 등과 같이 현재 많은 사람들이 살면서 겪는 그 틀 속에서 존재하는 세계이다. 이상 세계는 많은 사람이 바라는 세계로, 이 세상에 전쟁이 없거나 혜택이 모두 골고루 돌아가는 사회이거나 정치적 권력이 동등하게 있는 평등한 사회 등이다.

인간이 가지고 있는 이러한 간격을 어느 측면으로 보는가에 따라서 인간은 문제나 증상을 경험할 수도 있고 즐겁고 힘찬 소망을 가지고 살 수도 있다. 간격이 부정적인 측면으로 경험되면 인간은 실망, 서운, 섭섭, 좌절, 절망, 우울, 걱정, 염려, 초조, 불안, 두려움, 공포, 공황장애 등과 같은 감정들을 경험한다. 현실과 이상 사이의 간격을 단시간에 메꾸려고 하거나 이를 급하게 줄이려고 하면 불안 종류의 감정이 생긴다. 이러한 간격을 메꾸려 하다가 실패하면 우울 종류의 감정을 경험하게 된다. 이러한 감정들이 많아지면 인간은 온갖 종류의 이상심리 증상을 만들어 낸다. 편집 장애, 불안 장애, 우울 장애, 섭식 장애 등과 같은 많은 심리적 증상은 모두 인간이 가진 간격을 급하게 메꾸려고 하면서 경험된다. 그러나 인간이 가지고 있는 간격을 긍정적인 측면으로 경험하게 되면 인간은 소망, 희망, 열망 등과 같은 감정들을 갖는다. 간격이란 아직도 하고 싶은 것이 존재하고 있음을 말해 준다. 예를 들면, 이상적 자기와 현실적 자기 사이의 간격은 자신이 이루고 싶은 자신이 있음을 말해 준다. 더 발전하고 싶고 더 좋아지고 싶으며 더 좋은 자신이 되어서 현재보다는 더 나은 자기로 변하고 발전하고 싶어 하는 마음이 이러한 간격이다. 따라서 간격을 이렇게 자신이 이루고 싶은 것으로 이해하고 받아들이면 긍정적 감정을 갖게 된다. 긍정적 감정은 사람의 마음을 밝게 만들고 부정적 감정이 생기더라도 그것을 일시적으로 경험하도록 만든다. 이러한 긍정적 감정은 모두 희망 또는 소망이다. 희망이나 소망을 가진 사람들은 비록 어려운 환경에 처해 있다 하더라도 절망적으로 느끼지 않는다. 왜냐하면 절망을 넘어서 바로 뒤에 자신이 하고 싶고 이루고 싶은 자기가 있기 때문이다.

모든 내담자는 즉각적 현실에서 겪는 증상을 초월적 현실에 대한 소망을 통해서 극복하고 나아지려는 삶을 살기를 원한다(Cox, 1997). 내담자들이 상담에 찾아오는 이유는 자신이 더 나아지고 싶기 때문이다. 자신이 현재 살고 있는 현실인 즉각적 현실 속에서 겪는 증상들이나 문제들을 해결하고 더 나은 삶을 살고 싶어 하는 열망으로 상담에 온다. 내담자들은 증상이나 문제를 넘어서 새로운 세계에 대한 열망 또는 희망을 갖는다. 이러한 열망이나 희망을 상담에서는 동기라고 부른다. 상담 장면에서 상담자들은 내담자의 동기가 얼마나 높은지 또는 낮은지에 대해서 평가한다. 동기가 높은 내담자는 상담의 효과도 높은 편이지만 동기가 낮은 내담자는 상담의 효과가 낮은 편이다. 동기는 미래에 대한 기대와 관련을 갖는다. 자신의 문제나 증상을 넘어서고 싶은 기대가 희망이나 소망으로 나타난다. 많은 내담자들은 상담자에게 "제가 좋아질 수 있을까요?" 또는 "문제가 얼마나 심각한가요? 가능성이 있나요?" 등의 질문을 한다. 이러한 질문들은 이미 내담자의 초월적 현실에 대한 기대인 희망 또는 소망을 담고 있다.

(2) 기대인 소망과 인지심리치료

내담자의 이러한 기대와 관련된 상담이론은 인지심리치료이다. 인지심리치료에서는 신념을 다룬다. 신념이란 자신이나 세계 그리고 주변 사람들에 대한 믿음을 의미한다. 인지심리치료에서는 신념에 대해서 비합리적 신념과 합리적 신념으로 구분하고 있다. 비합리적 신념 속에는 이루어질 수 없는 소망 또는 믿음이 있다. 예를 들면, "모든 사람에게 사랑을 받고 싶다."라든지 "모든 사람이

나만 바라봐 주었으면 좋겠다." 등과 같은 생각을 말한다. 이러한 생각들은 모두 마음속에 신념으로 자리 잡고 행동을 만들어 간다. 이들은 열심히 다른 사람들에게 인정을 받기 위해서 봉사를 한다든지 아니면 다른 사람들과 관계를 만들어 가기 위해서 노력한다. 이러한 행동들의 이면에 비합리적인 신념이 자리 잡고 있는데, 이러한 비합리적 신념들은 모두 기대와 관련이 있다. 아직 이루어지지 않은 비합리적인 생각인 기대는 모두 내담자에게 문제나 증상을 만들어 낸다. 이러한 문제나 증상들은 현재 내담자가 지금 자신이 살고 있는 세계인 즉각적 현실에서 일어난다. 상담자는 내담자의 이러한 비합리적 신념을 바꾸고 변화시켜서 현실에 맞는 기대를 하도록 상담을 한다. 인지심리치료 입장에서 상담이란 비합리적 신념을 합리적 신념으로 바꾸는 과정인데, 이는 기대를 변화시키는 활동이다. 상담자는 상담을 통해서 문제나 증상을 만들어 내는 기대를 관계를 정상화시키고 문제나 증상을 해결하는 기대로 이끈다. 상담은 한마디로 기대의 변화이다. 불가능한 소망을 가능한 소망으로 바꾸는 작업이 곧 상담이다. 상담을 통해서 내담자는 자신의 소망을 현실 가능하도록 만든다. 현실 속에서 이루어질 수 있는 소망을 갖도록 함으로써 상담자는 내담자의 문제를 해결한다.

소망의 원리가 인지심리치료에서는 기대 조절로 나타난다. 현재 자신의 현실에서 이루어지는 생각과 자신이 바라고 원하는 생각 사이의 간격이 너무 커져서 비현실적이 되면 비합리적 신념이 된다. 자신이 바라는 생각을 자신이 처한 현실에 비추어서 실현 가능한 신념으로 바꾸면 이는 합리적 신념이 된다. 예를 들면, 모든 사람에게 인정을 받고 싶은 내담자가 있다고 하자. 이 내담자가 모든 사람 대신에 몇 사람 또는 자신에게 중요한 사람에게 인정받고 싶은 생각으로 자신의 비현실적 신념을 조정하면 합리적 신념이 된다. 인간에게는 여전히 소망이 존재하는데 이 소망이 지나치게 현실과 거리가 멀게 되면 비합리적 신념이 된다. 이러한 소망을 조정하여 현실 속에 가능하도록 만들면 이는 합리적 신념이 된다.

　기대를 조절하게 되면 앞에서 언급한 이상적 현실주의가 되거나 현실적 이상주의가 된다. 모든 사람에게 인정을 받고 싶은 사람이 몇 사람 또는 중요한 사람으로 기대를 조절하면 이는 이상적 현실주의이다. 인정을 받고 싶은 마음은 자신이 바라고 원하는 이상적 세계를 꿈꾸는 마음이다. 인정을 통한 이상적 세계는 이제 현실에서 가능한 생각인 몇 사람 또는 중요한 사람으로 나타난다. 이상을 현실에서 가능한 방식으로 기대를 조절하는 이상적 현실주의라는 소망의 원리가 작동하게 된다. 현실적 이상주의라는 소망의 원리는 주로 자신이 원하는 것이 이루어지지 않을 것이라는 비관론을 가진 내담자에게 잘 적용된다. 비관적 생각을 가진 내담자들은 현실의 장벽으로 인해서 자신이 가진 소망이 이루어지지 않을 것이라는 생각을 가진 사람들이다. 예를 들어, 화를 내는 부모로 인해서 우울한 내담자를 생각해 보자. 이 내담자는 부모가 화를 자주 내기 때문에 자신은 평화롭게 그리고 부드럽게 살고 싶은 소망을 이룰 수 없다고 생각하면서 산다. 이 내담자는 화와 평화(부드러움)를 반대 개념으로 인식하여 화를 내면 평화를 이룰 수 없다고 생각하거나 평화를 이루기 위해서는 화로 인한 갈등이 없어야 한다고 생각한다. 그러나 화와 평화는 동전의 앞뒷면과 같은 현상이다. 화로 인한 갈등과 부드러움으로 인한 평화는 모두 한 가지가 다르게 나타나는 현상이다. 갈등은 평화를 위해서 필요하고 평화는 또한 갈등을 암시하고 있다. 이렇게 동전의 앞뒷면인 갈등과 평화를 어느 측면으로 바라볼 것인가라는 질문은 기대의 조절과 관련이 있다. 화를 평화와 반대의 개념으로만 바라보는 생각을 화와 평화를 같은 선상에 놓고 이해하는 기대로 바꾸면 현실 속에서 이상을 바라볼 수 있게 된다. 화를 통해서 평화를 볼 수 있게 되고 평화 속에서 갈등을 바라볼 수 있게 된다. 이는 현실적 이상주의이다. 이때의 기대 조절은 바라보는 각도나 관점의 조절이다. 이렇게 기대 조절을 통해서 소망의 원리가 작동하는 상담을 진행할 수 있다.

3. 사랑의 원리

1) 성경의 진리와 사랑의 원리

사랑은 생명 창조와 생명 유지를 하도록 하는 성경적 진리이다. 하나님 자신이 사랑이라는 성경말씀은 하나님께서 생명을 창조하고 유지하는 행위를 하고 계심을 말하고 있다. 하나님께서는 천지를 창조하고 지금도 천지를 돌보신다.

(1) 사랑과 생명의 창조
"하나님은 사랑이심이라."(요한일서 4:8)라는 성경말씀은 하나님께서 창조의 주인인 창조주임을 나타내는 표현이다. 사랑의 반대

말은 미움인데 미움에 대해서 성경은 다음과 같이 기록하고 있다. "형제를 미워하는 자마다 살인하는 자니"(요한일서 3:15)라는 성경 말씀은 미움이 사랑의 반대 개념으로서 파괴적 행위임을 말하고 있다. 사랑이 창조적 행위인 데 반해서 미움은 생명을 파괴하는 행위이다. 이러한 내용을 뒷받침하는 성경의 내용도 있다. "누구든지 하나님을 사랑하노라 하고 그 형제를 미워하면 이는 거짓말하는 자니 보는 바 그 형제를 사랑하지 아니하는 자는 보지 못하는 바 하나님을 사랑할 수 없느니라."(요한일서 4:20)라는 성경말씀은 사랑과 미움을 정반대로 말하고 있다.

성경의 진리는 빛과 어두움과 같이 사랑과 미움이 같은 장소나 같은 순간에 동시에 공존할 수 없음을 말한다. 빛과 어두움은 서로 공존할 수 없는 존재이다. 빛이 존재하는 곳에 어두움이 존재할 수 없고 어두움이 존재하는 곳에 빛이 존재할 수 없다. 마찬가지로 사랑이 존재하는 곳에 미움이 존재할 수 없고 미움이 존재하는 곳에 사랑이 존재할 수 없다. 이 둘은 마치 대척점에 서 있으면서 동시에 같은 장소나 같은 순간에 존재할 수 없는 실체들이다. 사랑과 미움에 관한 성경말씀은 이러한 사랑과 미움의 속성을 말하고 있다.

사랑과 미움은 인간의 마음속에 영역별로 존재하거나 다른 순간에 공존할 수 있다. 예를 들면, 부부간에 또는 부모 자녀 간에는 서로 사랑할 때와 미워할 때가 있다. 사랑의 때와 미움의 때가 다르다. 그리고 한 사람을 미워하면서도 다른 사람을 사랑할 수 있다. 마찬가지로 하나님을 사랑하면서도 인간을 미워할 수도 있다. 이런 경우는 모두 사랑의 대상이나 사랑의 영역이 미움의 대상이나 영역과 다르다. 사랑과 미움은 때와 장소 그리고 영역 그리고 대상에 따라서 다르게 나타난다.

미움 이외에도 사랑과 관계된 성경말씀은 창조이다. 사랑이고 빛이신 하나님은 천지를 창조하고 "보시기에 좋았더라."(창세기 1장)라고 말을 한다. 하나님께서는 첫째 날부터 여섯째 날까지 천지를 창조하시고 그 끝에는 언제나 보시기에 좋았더라고 말을 하고 있다. 하나님 자체가 사랑이기 때문에 사랑은 끊임없는 창조의 행위를 하도록 만든다. 천지를 창조하시는 첫째 날부터 여섯째 날까지 하나님의 창조 행위는 멈추지 않는다. 이러한 창조는 하나님 자체가 사랑이기 때문에 가능하다. 이는 마치 옥토인 땅이 끊임없이 생명체들을 만들어 내는 원리와 같다. 땅이 비옥하면 무엇을 심어도 잘 자란다. 심겨진 생명의 씨앗들은 옥토 속에 새로운 생명으로 탄생하여 수많은 생명체들을 만들어 낸다. 이렇게 만들어진 생명체들은 또 다른 수많은 생명이 살아갈 수 있는 생명의 근원이 된다.

하나님께서는 생명을 창조하는 근원이시다. 그래서 하나님의 손길이 닿는 곳에는 언제나 새로운 생명들이 만들어진다. 예수님을 통한 새로운 생명의 말씀인 진리가 들어가는 곳에는 언제나 새로운 인간, 사회, 문화, 질서 등이 만들어진다. 왜냐하면 생명을 담고 있는 말씀이 새로운 생명들을 탄생시키기 때문이다. 새로운 생명은 없는 것이 만들어지기도 하지만 있는 것이 변하기도 한다. 이러한 현상은 '새 술은 새 부대에'라는 예수님의 말씀과 바로 연결되어 있다. 새 술은 생명을 담은 새로운 생각이기 때문에 이러한 생각은 헌 부대인 기존의 낡은 제도에는 담기 어렵다. 그렇기 때문에 생명을 담은 새로운 생각은 새로운 제도에 담아야 한다. 인간의 인격도 마찬가지이다. 하나님의 새로운 말씀은 생명의 진리를 담기 위해서는 새로운 인격이 필요함을 말하고 있다. 세속적이고 자기중심적 인격을 가지고는 생명의 말씀을 담을 수 없기 때문에 인간은 하나님의 말씀을 들으면 변화할 수밖에 없다. 하나님의 말씀에 의해서 변화된 새로운 생명체가 영적 인간이다. 영적 인간은 인격의 변화를 전제로 한다. 하나님의 말씀은 자기중심적인 인간을 새로운 인격체인 영적 인간으로 변화시킨다. 사랑인 하나님 자체가 생명을 창조하는 주인이고 하나님의 말씀인 생명의 진리는 모든 것을 변화시켜서 새로운 생명체를 만든다.

(2) 사랑과 생명의 유지

사랑은 창조된 생명을 유지하게 하고 이를 유지하기 위해서 끊임없는 돌보는 일을 하도록 한다. 사랑으로 창조된 생명체들은 이제 사랑의 대상이 된다. 하나님께서는 천지만물을 창조하신 분이기 때문에 이 세상의 모든 생명체는 하나님의 사랑의 대상이 된다. 사랑의 대상인 천지 만물과 인간은 하나님의 끊임없는 돌봄 속에 존재하게 된다. 이는 마치 농부가 심은 벼와 농작물들을 돌보는 행동과 유사하다. 농부는 자신이 심은 벼와 농작물들이 잘 자라는지를 살핀다. 벼와 농작물들이 잘 자라게 하려고 농부는 거의 매일 논과 밭에서 일한다. 농부는 잡초를 뽑고 소독을 하고 물을 대면서 벼와 농작물들의 상태를 살핀다. 이러한 농부의 행위와 유사한 하나님의 행위를 나타내는 성경말씀이 있다. "나의 도움은 천지를 지으신 하나님에게서로다. 여호와께서 너를 실족하지 아니하게 하시며 너를 지키시는 이가…… 졸지도 아니하시고 주무시지도 아니하시리로다. 여호와는 너를 지키시는 이시라. 여호와께서 네 오른쪽에서 그늘이 되시나니 낮의 해가 너를 상하게 하지 아니하며 밤의 달도 너를 해치지 아니하리로다. 여호와께서 너를 지켜 모든 환난을 면하게 하시며 또 네 영혼을 지키시리로다. 여호와께서 너의 출입을 지금부터 영원까지 지키시리로다."(시편 121:2-8)라는 성경말씀은 하나님께서 지으신 생명을 어떻게 돌보는지를 잘 보여 주고 있다. 하나님은 생명을 지키고 유지하기 위해서 '졸지도 주무시지도 않으시면서' 처음부터 끝까지 돌본다. 이는 농부가 자신이 심은 농작물을 거둘 때까지 일을 멈추지 않는 것과 같다.

　생명을 돌보는 행위는 예수님의 말씀에서는 제자들에게 부탁하시는 내용으로 나타난다. 예수님은 부활 후에 베드로에게 나타나서 "네가 나를 사랑하느냐?"(요한복음 21:15-17)라는 질문을 세 번 던진다. 베드로가 자신이 예수님을 사랑하고 있음을 세 번 고백한다. 예수님은 베드로가 사랑한다고 고백할 때마다 "내 어린 양을 먹이라."(요한복음 21:15), "내 양을 치라."(요한복음 21:16), "내 양을 먹이라."(요한복음 21:17)라고 베드로에게 말씀하신다. 예수님은 자신이 승천하기 전에 마지막 부탁인 사명을 통해 베드로에게 예수님의 양인 하나님의 백성을 돌보라는 유언을 남긴다. 이는 하나님께서 창조하신 생명체인 인간을 사명을 가진 예수님의 제자들이 돌보라는 말씀이다. 하나님께서는 이제 자신만이 아니라 하나님을 믿는 모든 사람에게 하나님의 백성을 돌보라는 사명을 남기신다. 이러한 사명이 곧 대사명이다. "그러므로 너희는 가서 모든 민족을 제자로 삼아 아버지와 아들과 성령의 이름으로 세계를 베풀고 내가 너희에게 분부한 모든 것을 가르쳐 지키게 하라."(마태복음 28:19-20)라는 성경말씀은 하나님 자신이 창조한 인간을 어떻게 돌보는지를 나타내는 말씀이다. 하나님께서는 이렇게 하나님의 백성을 돌보는 사람들을 그냥 두지 않고 돌보신다. "볼지어다. 내가 세상 끝날 때까지 너희와 항상 함께 있으리라."(마태복음 28:20)라는 성경말씀은 하나님의 돌보는 행위를 말하고 있다. 하나님께서는 예수님이 승천한 이후에 성령을 통해서 자신의 백성만이 아니라 이들을 돌보는 자신의 제자들을 모두 돌보신다. 성령의 능력을 통해서 힘을 주고 이러한 힘을 바탕으로 하나님의 백성들을 돌보도록 한다. 성령의 시대인 현재는 이렇게 하나님의 돌봄 아래에 있다.

2) 인간의 삶과 사랑의 원리

사람도 하나님과 유사하게 무엇인가를 좋아하고 사랑을 하게 되면 자꾸 만들어 내고 만든 것을 보관하고 싶어 한다. 예를 들면, 진흙놀이를 좋아하는 아이들은 진흙을 가지고 무엇인가 자신이 원하는 것들을 만들어 낸다. 진흙을 뭉쳐서 사람을 만들 수도 있고 장난감을 만들 수도 있다. 그리고 자신이 만든 진흙 사람이나 진흙 장난감들을 전시하면서 자신의 작품을 감상한다. 이러한 인간의 행위는 마치 하나님께서 천지를 창조하고 창조된 천지를 보면서 "보시기에 좋았더라."(창세기 1장)는 행위와 같다. 하나님과 인간의 이러한 행위들은 모두 좋아하는 마음인 사랑의 마음의 결과로 발생한다.

(1) 사랑과 생명의 창조

'인간은 어떻게 생명을 창조하는 행위를 할 수 있을까?'라는 질문에는 간단한 답이 있다. 이는 사랑과 성이다. 사람의 마음속에는 근본적으로 누군가를 좋아하고 사랑하는 본능이 있다. 하나님은 인간을 자신의 형상으로 창조하면서 인간의 마음속에 이러한 사랑의 본능을 심어 놓으셨다. 이러한 사랑의 본능으로 인해서 인간은 끊임없이 누군가를 좋아하고 사랑하고 싶어 한다. 사랑하고 싶어 할 뿐만 아니라 사랑을 받고 싶은 마음을 가진 존재가 인간이다. 그러나 인간의 생명 창조는 하나님의 방식과 다르다. 하나님은 무에서 생명을 창조할 수 있는 분임에 반해서 인간은 무에서 생명을 창조할 수 없다. 인간은 기존에 있는 것을 통해서 생명을 창조하게 된다. 인간의 생명 창조 행위는 모두 씨를 뿌리는 행위를 통해서 이루어진다.

인간의 생명 창조 행위는 여러 영역에서 이루어진다. 대표적인 경우가 농부의 삶이다. 농부는 씨 뿌리는 행위를 통해서 생명을 창조해 나간다. 논과 들에 볍씨 또는 각종 종자를 뿌림으로써 새로운 생명들을 탄생시킨다. 생명들을 탄생시키기 위한 농부의 일은 아주 바쁘다. 논을 개간하고 밭을 일구어서 땅을 옥토로 만든다. 옥토가 아니면 뿌려진 씨들이 제대로 성장하기 어렵기 때문이다. 부드러운 흙은 씨앗이 발아할 수 있는 최적의 환경이다. 농부는 이렇게 씨앗이 발아하여 새로운 생명으로 태어나는 과정에서 많은 노력과 수고를 아끼지 않는다. 이러한 농부의 행위는 자신의 직업을 좋아하고 사랑하는 마음이 없이는 가능하지 않다. 농부는 앞으로 탄생시킬 많은 농작물을 마치 자식과 같은 마음으로 사랑하면서 이러한 농사의 수고로움을 기꺼이 감당하는 것이다.

　농부의 삶과 마찬가지로 인간은 자신과 새로운 생명을 태어나게 하기 위해서 성관계를 하게 된다. 성관계는 창조의 선제적 행위(procreative activity)로서 남성은 씨를 뿌리는 행위를 담당하고 여성은 씨를 품는 땅과 같은 역할을 담당한다. 성행위를 통해서 뿌려진 정자는 여성의 자궁 속에서 난자와 수정한 다음 임신기간을 거쳐서 생명으로 태어난다. 이러한 생명 창조 행위는 사랑을 통해서 이루어진다. 한 남자와 한 여자는 서로 좋아하는 연애과정을 거친다. 연애과정에서는 서로 좋아하는 사람인지 아닌지를 생각하고 판단한다. 성행위는 이러한 사랑의 행동적 측면이다. 사랑을 확인한 남녀는 성행위를 통해서 농부와 같이 씨를 뿌리고 이를 생명으로 탄생시키는 과정을 갖는다. 이러한 과정이 생명 창조의 행위이다.

　(2) 사랑과 생명의 유지

　사랑은 생명을 탄생시킬 뿐만 아니라 생명을 유지시키는 역할을 한다. 농부의 삶으로 다시 돌아가 보자. 농부는 씨를 뿌리고 수확을 할 때까지 많은 노력을 한다. 농부가 씨만 뿌리고 농작물들을 돌보지 않으면 농작물들은 제대로 성장하기 어렵다. 농부는 잡초를 제거하기 위해서 이른 아침부터 서둘러서 일을 한다. 잡초가 자라면 농작물들은 제대로 성장하기 어렵다. 잡초를 제거하기 위해서 제초제를 사용하여 잡초의 성장을 억제하고 필요하면 잡초들을 뽑는 직접적 행위도 하게 된다. 그리고 논이나 밭에 물을 주기 위해서 많은 노력을 한다. 비가 제때에 내리면 농부는 행복하겠지만 그렇지 않으면 농부는 물을 주기 위해서 인근 저수지에서 물을 끌어다가 농작물에게 물을 공급해야 한다. 요즘에는 스프링클러를 설치하여 비가 오지 않아도 지속적으로 물을 공급할 수 있는 장비를 사용하기도 한다. 잡초를 제거하거나 억제하는 행위, 물을 대는 행위, 그리고 수시로 논이나 밭을 살피는 행위 모두는 생명을 유지시키는 농부의 삶이라고 할 수 있다.

농부의 삶과 마찬가지로 인간은 자녀를 낳으면 자녀들을 돌보는 행위를 하게 된다. 자녀들의 성장이 원활하게 이루어지게 하기 위해서 자녀들을 먹이고 재우고 대화를 하고 바른 가치관을 갖도록 가르친다. 부모는 맨 먼저 아이들이 안전하게 살 수 있도록 많은 여건을 만든다. 경제적으로 넉넉한 삶을 꾸리기 위해서 경제활동을 한다. 자녀들이 심리적으로 안정된 삶을 살 수 있도록 심리적으로 품는 행위를 하게 된다. 자녀들에게 많은 사랑을 공급함으로써 자녀들이 심리적으로 충분한 사랑을 받고 자라는 사람이 되게 한다. 자녀들이 사회생활을 원활하게 하도록 살아가는 데 필요한 지식이나 기술을 가르친다. 또한 자녀들이 앞으로 자신의 삶을 원활하게 잘 살 수 있도록 많은 영적 지도를 하게 된다. 새로운 가치관을 불어넣고 자녀들에게 힘들고 어려운 일이 생기면 문제를 파악하고 해결함으로써 자녀들이 잘 살아갈 수 있도록 만든다. 아이들을 즐겁게 하기 위한 많은 부모의 행동들, 아이들을 안전하게 하기 위한 부모의 보호, 아이들이 사회생활을 제대로 하기 위한 교육적 행위들 그리고 아이들이 성장하여 자신을 떠나가도 배경으로 남아 있는 부모의 행위들은 모두 자녀의 생명을 유지시키는 부모의 삶이다.

3) 사랑과 인간 존재

앞에서 인간은 모순적 존재, 부분적 존재 그리고 작은 존재라고 밝힌 바 있다. 이러한 인간관과 사랑이 어떤 관련이 있는지를 살펴보자. 사랑은 이타적 행위이다. 자신을 비우고 다른 사람을 받아들이면서 그 사람을 위해서 일하고 봉사하는 마음이 사랑이다. 부모 자녀 관계에서는 부모가 자신이 힘들고 어려움에도 불구하고 자녀를 사랑하는 마음 때문에 기꺼이 어려운 일을 감내한다. 부모는 자녀를 위해서 수많은 일을 한다. 이러한 일들은 편안하게 쉬고 싶고 즐기고 싶은 마음을 거스르는 경우가 종종 있다. 예를 들면, 한밤중에 아이가 울면 부모는 자고 싶은 수면의 욕구를 거스르면서 아이를 돌본다. 아이가 배가 고픈지 아니면 아이가 불편한지를 살피면서 밤을 하얗게 새우는 경우도 많다. 이렇게 사랑은 인간이 자신의 욕구를 우선으로 사는 삶이 아니라 다른 사람의 필요와 요구를 중심으로 사는 삶이다.

(1) 인간 존재와 이기적인 삶

타인을 위하는 이타적인 마음은 모순적 존재, 작은 존재, 부분적 존재가 추구하는 삶과는 정반대에 있게 된다. 모순적 존재인 인간은 자신이 모순이 없다는 것을 증명하기 위한 삶을 산다. 예를 들면, 문제가 있는 사람들은 자신이 문제가 없음을 증명하려고 애를 쓴다. 자신이 가진 문제가 작거나(축소시키는 방어기제), 다른 사람들도 다 문제가 있다고 하거나(일반화의 방어기제), 자신이 가진 문제는 문제가 아니라고 하거나(부정의 방어기제), 자신이 가진 문제는 상황적이라고 하거나(회피의 방어기제), 자신이 문제를 가지고 있지만 다른 사람들에 의해서 발생한 것이라고 하면서(외재화의 방어기제) 자신의 문제를 인정하려고 하지 않는다. 이렇게 자신에게 모순이 없다고 증명하는 삶을 사는 사람들은 다른 사람들을 위해 자신의 것을 주는 삶보다는 다른 사람들로부터 받기를 바라는 이기적인 마음을 가지고 산다. 모순적 존재인 인간은 사랑하기보다는 받기를 원한다.

작은 존재인 인간은 자신의 존재를 높이기 위해서 큰 존재가 되려고 한다. 작은 존재인 인간은 자신의 존재를 큰 존재로 만들기 위해 여러 가지 방식으로 노력한다. 사회적 지위와 위치를 통한 노력, 많은 부를 축적하는 노력, 지식을 획득하여 학식이 있는 사람이 되려는 노력, 명성을 통해서 인기를 누리려는 노력, 더 아름다운 사람이 되어서 인정을 받으려는 노력, 더 착하게 행동을 하여 다른 사람들로부터 좋은 사람이라고 칭찬을 들으려는 노력 등은 모두 작은 존재가 큰 존재가 되려는 현상들이다. 이렇게 노력하는 작은 존재들은 자신을 높이려는 방향으로 모든 관심이 초점화되어 있기 때문에 다른 사람에게 관심이 없거나 관심을 두더라도 다른 사람을 사랑하기 어렵게 된다. 다른 사람들을 사랑하고 관심을 두는 노력을 하더라도 실제 마음속에서는 자신의 존재를 높이려는 목적을 가지고 있는 경우가 종종 있다. 이 경우는 겉으로는 타인을 위하는 사람의 형태를 취하지만 속에서는 자신의 존재를 고양하려는 이기적인 목적을 가지고 있다. 작은 존재가 큰 존재가 되려고 하면 이렇게 이기적인 삶을 살게 되어 타인을 사랑하는 삶을 살기 어렵다.

자신의 존재를 고양하기 위해서 부분적 존재인 인간이 완전한 존재가 되려고 하면 다른 사람들을 사랑하기가 어렵게 된다. 부분적 존재가 완전한 존재가 되려고 하는 노력은 인간이 이것과 저것을 모두 가지려는 마음과 유사하다. 예를 들면, 한 사람이 쉬기로 결정하면 다른 여러 가지 활동에는 참여할 수 없게 된다. 밖에서 즐거운 스포츠 경기가 한창 진행되는데 여기에 참여하게 되면 집에서 쉬는 행위를 접어야 한다. 집에서 쉬기로 결정하면 경기장에 나가는 행위를 접어야 한다. 인간은 한 곳에서만 존재하는 삼차원적인 존재이기 때문에 동시다발적으로 여러 곳에 존재할 수 없다. 하나를 선택하면 다른 하나를 놓아야 하는 존재가 인간이다.

　인간이 이렇게 부분적 존재임에도 불구하고 완전한 존재가 되려는 노력은 인간의 삶 여러 장면에서 발생한다. 완전한 존재가 되려는 노력은 자신이 스스로 완전해지려는 방식과 타인을 통해서 자신이 완전해지려는 방식으로 나타난다. 자신이 스스로 완전해지려는 노력은 완벽주의로 나타난다. 완벽주의는 모든 영역에서 자신이 잘할 수 있거나 어떤 한 영역에서 가장 완전한 형태로 일을 하는 경향을 말한다. 완벽주의는 심리적으로 자기애적 경향과 맞물려 있다. 자기애적인 사람들은 자신의 존재가 다른 사람들보다 더 완전한 존재라고 믿고 있기 때문에 다른 사람들이 하는 일이나 존재를 무시하는 경향이 있다. 다른 사람이 하는 일에 대해서 간섭하거나 다른 사람의 존재를 흠집 내어 자신이 더 나은 존재인 완벽한 존재라고 생각하는 경향을 자기애적 또는 자기도취적이라고 한다. 이렇게 자기도취적인 완벽주의자들은 모든 일을 자기를 통해서 하기를 원한다. 이러한 성향으로 인해서 이들은 일 중독 경향을 보인다. 끊임없이 일을 하면서 일을 통해서 성취하고 성취를 통해서 자신이 완벽한 존재임을 보이려고 한다. 다른 사람을 통해서 완벽해지려고 하는 경우는 자기애적 경향이 타인을 부리거나 거느리는 방향으로 나타난다. 많은 사람을 자신의 곁에 두면서 자신은 타인들보다 더 나은 존재인 완벽한 존재라고 믿는다. 이러한 경향은 정치적 권력을 통해서 드러난다. 그리고 많은 사람들로부터 인기를 얻으면서 자신의 존재를 고양하고 이를 통해서 자신이 더 완벽한 존재임을 과시하려고 한다. 이러한 경향의 작은 스케일은 데이트를 통해서 드러난다. 데이트를 하면서 연인에게 완벽한 모습을 기대하는 사람들 중에는 상대방의 어떤 면은 좋은데 다른 면이 마음에 들지 않는 경우가 있다. 모든 면을 골고루 갖춘 사람을 찾다 보면 찾을 수 없는 경우도 있고, 찾았다 하더라도 다른 것이 또 마음에 들지 않는 경우가 있다. 그래서 많은 연인이 자신이 원하는 것들을 충족하기 위해서 이 사람의 한 면과 다른 사람의 다른 면을 합쳤으면 하는 마음을 갖는 경우도 있다. 이렇게 완벽해지려는 완벽주의를 가지고 있는 사람들은 자신에게만 관심을 가지고 있기 때문에 다른 사람을 사랑하기 어렵게 된다.

(2) 사랑의 행위로서 인간 존재의 수용

그렇다면 모순적 존재, 작은 존재, 부분적 존재인 인간이 어떻게 사랑을 할 수 있을까? 앞에서 언급한 세 유형의 존재들은 모두 마음속에 이기적인 목적을 가지고 있다. 모순을 없애려고 증명하려는 행위는 모순적 존재를 거부하는 마음이다. 큰 존재가 되려고 경쟁하는 행위는 작은 존재를 거부하는 마음이다. 완전한 존재가 되려고 완벽주의적으로 자기도취적인 행위는 부분적 존재를 거부하는 마음이다. 이기적인 마음은 모두 자신의 실존을 거부하는 마음에서 비롯된다. 자신의 실존, 즉 존재를 거부하는 마음은 인간의 존재를 거부하는 마음과 같다. 이기적인 마음은 자신과 타인의 실존인 모순적 존재, 작은 존재, 부분적 존재를 거부함에서 비롯된다.

자기의 존재를 거부하는 마음은 생명을 죽이거나 파괴하는 역할을 한다. 모순을 없애고 큰 존재가 되어 완벽한 존재가 되려고 하면 인간은 끊임없이 일을 하는 일 중독적 경향을 갖는다. 이러한 경향은 자신을 돌보지 않게 만들고 타인을 끊임없이 이용하게 한다. 얼마나 많은 사람이 이러한 일 중독적 경향으로 인해서 영혼이 파괴되고 마음의 안정을 해치고 있는가? 일이 제대로 되지 않으면 불안과 염려, 두려움과 공포에 휩싸이고 결국 자신이 모순적이고 작으며 부분적이라고 확인되면 수치심에 빠지게 된다. 살아있는 것 같지만 살아있지 않은 사람들, 성공한 것 같지만 성공하지 못한 사람들, 완전해 보이지만 두려움에 떨고 있는 사람들은 모두 이렇게 자기를 거부하면서 생명의 파괴현상이 발생한 것이다.

그렇다면 우리는 생명을 파괴하는 행위로 가지 않고 어떻게 사랑하는 행위로 갈 수 있을까라는 중요한 질문이 생긴다. 앞에서 언급한 부정의 원리에서 보면 인간은 자신이 모순이 없고 큰 존재가 되려고 하며 완전한 존재가 되려는 경향을 부정할 때 자신과 타인을 사랑할 수 있는 기본적 조건이 형성된다. 기본적 조건이란 가장 소극적인 행위를 말한다. 인간은 자신의 존재인 실존을 거부하고 자신이 원하는 환상을 쫓아가려는 경향이 있다. 이러한 경향대로 삶을 진행시키면 인간은 생명을 파괴하는 행위를 하게 된다.

인간은 자신의 마음속에 있는 이러한 경향과 씨름하는 영적 분투가 필요하다. 모순이 있어도, 작은 존재여도, 부분적 존재여도 괜찮다고 하는 마음이 필요하다. 모순을 그대로 두면서 작고 부분적인 자신을 있는 그대로 바라보는 마음을 통해서 모순을 없애려고 하면서 크고 완전한 존재가 되려는 마음과 씨름을 하게 된다. 이러한 영적 분투는 자신과 씨름하는 성장의 길이다. 인간의 성장은 자신의 존재를 수용하고 이를 회피하는 마음과 씨름을 하면서 이루어진다.

인간이 자신의 존재를 있는 그대로 수용하는 길은 하나님과의 관계를 통해서 이루어진다. 하나님의 존재를 인정하고 그 분과 교류를 시작하면 인간은 자신이 어떤 존재인지를 인식할 수 있다. 하나님은 절대적인 존재이기 때문에 모순이 없고 흠이 없으며 커다랗고 완전한 존재이다. 이러한 하나님과 관계하기 시작하면 인간은 자신의 영적 위치를 깨닫게 된다. 인간은 자신이 보잘것없고 작으며 모순이 많고 한쪽으로 치우친 존재라는 영적 위치를 깨닫게 된다. 이러한 깨달음으로 인해서 인간은 자신이 모순적이고 부분적이며 작은 존재임을 받아들일 수 있게 된다. 그리고 이러한 인간을 사랑하는 하나님을 통해서 작고 보잘것없고 모자라며 부족한 존재이고 한쪽으로 치우쳐 있어도 괜찮음을 받아들이게 된다. 왜냐하면 하나님께서는 이러한 인간을 받아 주시고 사랑하시기 때문이다. 이러한 원리는 마치 부모가 자녀를 사랑하는 원리와 같다. 어린아이에 불과한 자녀들은 스스로 모순이 많고 어리석고 작고 보잘것없으며 자신의 욕구에 치우친 부분적 존재들이다. 이러한 자녀들이 괜찮을 수 있는 이치는 부모의 사랑 때문이다. 자녀들이 이렇게 보잘것없는 존재임에도 불구하고 삶을 건강하고 행복하게 살 수 있는 이유는 부모가 이들을 사랑하기 때문이다. 자녀들은 성장하면서 자신의 힘으로 인생을 산 것이 아니라 부모의 사랑으로 인생을 살고 있음을 점차 깨닫게 된다. 이러한 앎은 나중에 부모에 대한 감사함으로 그리고 사랑으로 나타난다.

인간이 모순적이고 작으며 부분적 존재임을 수용할 때 인간은 적극적으로 사랑할 수 있게 된다. 자신의 존재를 있는 그대로 수용하게 되면 인간은 자신을 돌보는 행위를 할 수 있게 된다. 모순으로 인해서 자신과 다른 사람이 상처를 받을 수 있음을 깨닫고 모순을 줄여 나가는 행위를 하게 된다. 이렇게 모순을 줄이면서 인간은 성장한다. 모순을 극대화하거나 없애려는 노력이 아니라 모순을 관리하면서 줄이려는 노력은 인간을 성장하고 발달하도록 만든다. 이러한 인간이 곧 성숙한 사람이다. 모순이 있음을 인식하게 되어 자신이 원하지 않음에도 다른 사람들을 힘들게 만들고 어렵게 만드는 경우가 발생할 수 있다. 이렇게 되면 다른 사람들에게 도움을 요청할 수 있다. 자신의 입장을 설명하고 아무리 모순을 줄이려고 해도 안 되고 다른 사람들이 해 줄 수밖에 없는 상황을 설명하여 이를 같이 극복하려는 노력을 하게 된다. 자신의 모순으로부터 타인을 힘들게 하는 상황을 서로 같이 나누면 이를 같이 짊어지려는 공동체의 모습을 가질 수 있게 된다. 자신이 부분적이고 작은 존재이기 때문에 다른 사람들의 도움이 절대적으로 필요하다. 이렇게 자신이 할 수 없는 것은 할 수 없다고 하고, 다른 사람에게 도움을 요청함으로써 타인과 더불어 사는 삶을 만들어 간다. 이러한 삶은 성숙한 사람을 통해서 이루어진다. 자신과 타인을 사랑하는 행위는 일방적으로 자신을 내어 주는 삶만이 아니라 더불어 같이 살아가는 삶을 말한다. 인간은 하나님과 달라서 완전히 자신을 내어 주는 삶을 살기 어렵다. 이렇게 사는 사람들은 일부 선교사와 같은 삶을 사는 사람들이다. 그러나 일상생활에서 타인을 사랑하는 삶이란 이렇게 자신과 타인을 모두 고려하는 공동책임과 같은 존재로서의 인식의 연대를 의미한다.

(3) 성과 공동체로서 사랑의 행위

자신과 타인의 연대의식을 통한 사랑의 행위는 남녀 간의 성관계에서 종종 볼 수 있다. 한 남자와 한 여자가 서로 좋아하고 사랑을 하게 되면 서로 간에 신체적 접촉이 자연스럽게 일어난다. 이러한 신체적 접촉은 단지 생리적 현상만이 아니라 심리적이면서 동시에 관계적이다. 좋아하는 마음은 심리적이고 좋아하는 마음으로 인해서 신체적 흥분 상태를 가져오게 되며 이는 생리적이다. 좋아하는 마음은 상대방을 통해서 이루어지기 때문에 관계적이다. 물론 좋아하는 마음이 없는 상태에서 신체적 흥분을 통해서 성적 욕구를 만족하려고 할 수도 있다. 이런 경우에 상대방은 단지 자신의 성적 욕구를 충족하기 위한 대상에 불과하다. 성적 욕구가 상대방을 좋아하는 마음이 없이 신체적으로 흥분을 하게 되면 이는 단지 생리적 현상에 불과하다. 이러한 경우는 자신의 욕구를 충족하기 위해서 상대방을 이용하거나 활용하는 방식을 취하게 된다. 그러나 상대방을 좋아하면서 발생하는 성적 욕구는 이미 이기적이고 자기중심적인 경향을 넘어선 것이다. 이런 경우에 성적 욕구는 단지 생리적 현상이 아니라 심리적이면서 관계적이기 때문에 자신과 타인을 동시에 고려하는 공동체적 성격을 띠게 된다. 이기적이고 자기중심적인 성적 욕구가 사랑을 통해서 자신과 타인을 동시에 고려하고 배려하는 현상으로 변화한다.

이런 의미에서 성적 욕구는 이제 자신만의 것이 아닌 타인과 공유된 욕구로 발전하게 된다. 좋아하는 사랑의 마음이 성적 현상으로 나타나고 성적 욕구를 두 사람이 같이 충족함으로써 관계가 더욱 돈독해지는 관계적 현상이 나타난다. 성적 욕구와 사랑이 서로 상호작용을 하게 되면 공동체적 연대의식을 가진 두 사람이 하나가 되는 현상이 나타난다. 사랑을 통해서 자신의 몸을 온전히 상대방에게 내어 주는 이타적 행위가 성관계를 통해서 나타난다. 성적 욕구는 상대방을 더 즐겁게 하고 충만하게 하기 위해서 자신의 욕구를 견디고 인내하는 방식으로 나타난다. 이러한 방식이 최고조에 달하는 현상이 성적 절정이다. 성적 절정은 자신의 욕구를 최대한으로 만족하는 시간이면서 동시에 상대방도 최고조로 만족하게 하는 이기적이면서 동시에 이타적인 행위이다.

이러한 성적 절정 상태에서는 근심이나 염려가 완전히 배제되고 기쁨과 온전한 평화가 존재한다. 아마도 이런 상태는 인간이 천국에 가지 않고 천국을 심리적으로 경험할 수 있는 현상일 수도 있다. 예수님은 공생애를 시작하면서 첫 번째 설교와 첫 번째 가르침에 대해서 모두 천국을 언급하였다. 천국에 대한 심리적 해석 중 하나가 평화 또는 평안이다. 인간은 회개를 통해서 마음의 평화를 회복하고 유지할 수 있다. 인간은 또한 자신의 마음을 비움으로서 걱정과 근심, 두려움과 공포가 없는 상태인 평화를 유지할 수 있다. 이는 예수님의 첫 번째 설교와 첫 번째 가르침이다. 이러한 평화와 평안 그리고 이에 대해서 즐거움과 기쁨을 온전히 만끽하는 현상이 성적 절정이다.

이러한 천국 현상은 일시적으로 가능하다. 인간은 영원히 천국에 살지 못하기 때문에 이 세상에서 잠시 천국 현상을 경험하다가 다시 세상의 염려와 두려움 그리고 불안을 경험한다. 이는 마치 예수님 자체가 천국인데 이러한 천국을 단지 3년간의 공생애 기간 동안만 보여 주신 현상과 마찬가지이다. 인간은 이 세상을 살면서 잠시 동안 천국을 경험하다가 다시 죄된 세상을 경험한다. 이러한 잠시 동안의 천국 현상은 인간이 앞으로 영원한 천국의 삶을 살기 위한 예표이다.

천국은 사랑이 가득 찬 곳이면서 동시에 이타적이고 타인을 있는 그대로 사랑하는 곳이라고 추정해 볼 수 있다. 이러한 곳이 천국이라면 인간은 사랑을 통해서 천국을 잠시 경험해 볼 수 있는데 이러한 경험이 성적 절정을 통해서 가능하다. 물론 이러한 천국 경험이 단지 성적 절정만을 통해서 경험된다는 의미는 아니다. 하나님과 하나가 되는 영적 합일과정이나 자신을 온전히 내어주는 이타적 사랑에 의해서도 천국을 경험할 수 있다. 그러나 이러한 경우는 특별한 경우이다. 일상생활에서 천국 경험이 가능한 경우는 성적 절정을 통해서이다.

4) 세 가지 형태의 사랑

인간은 세 가지 형태인 소극적 사랑, 중립적 사랑 그리고 적극적 사랑을 통해서 다른 사람들과 관계를 한다.

(1) 소극적 사랑: 생명을 지키고 보호하는 형태

소극적 사랑이란 자신의 생명을 지키고 보호하는 행위를 말한다. 자신의 생명을 지키고 보호하는 것은 평상시에도 필요하지만 힘들고 어려우며 험한 상황 속에서 특히 필요하다. 평상시에 자신의 생명을 지키고 보호하기는 자신의 정체성을 유지하는 일이다. 자신이 좋아하는 것이나 필요로 하는 것들을 자신이 원하는 방식으로 획득하고 이루어 나가면서 자신의 정체성을 유지한다. 주변의 환경이 호의적이거나 평화로우면 정체성을 유지하는 일은 그다지 어렵지 않다. 이런 상황에서는 자신의 필요를 말하거나 자신이 원하는 것 중심으로 자신의 삶을 유지할 수 있으며, 특별히 다른 사람들이 자신을 비난하거나 어려움을 주지 않으면 정체성을 유지하는 일은 별로 어렵지 않다.

그러나 환경이 적대적이거나 상황이 어려워지면 자신의 생명을 보호하고 유지하는 일은 그다지 쉽지 않다. 예를 들어, 통제적 부모와 사는 아이를 생각해 보자. 부모는 자신이 원하는 대로 아이를 통제하려고 한다. 아이가 자신의 의견을 말하거나 자신의 선호를 밝히면 부모는 이를 도전으로 받아들이거나 부모의 뜻을 거부하는 태도로 받아들일 수 있다. 이렇게 되면 부모는 아이를 비난하거나 폭력을 행사할 수도 있다. 이런 상황에서 아이는 자신의 정체성을 유지하면서 자신이 원하고 바라는 것을 제대로 실행하기 어렵다. 이렇게 아이가 자신의 생명을 유지하지 못하거나 보호하지 못하고 부모가 원하는 대로 성장하게 되면 아이는 자신의 정체성을 잃어버리게 된다. 통제적 부모 밑에서 성장하면서 반사회적으로 성장하거나 우울한 삶을 사는 아이들은 자신의 생명을 지키거나 보호하지 못한 예 중 하나이다. 자신의 생명을 지키거나 보호하지 못하는 아이들이 종종 범하는 실수 중 하나가 상대방에게 맞추는 삶을 사는 것이다. 이러한 삶을 타인지향적 삶의 형태라고 한다. 타인지향적 삶은 이타적 삶과 다르다. 이타적 삶은 자신 안에서 발생하는 사랑의 마음에서 비롯되지만 타인지향적 삶은 불안과 두려움에 의해서 만들어진다. 타인지향적 삶의 모양은 이타적 형태를 띠지만 내면적으로는 지극히 자기중심적이고 이기적 형태의 삶이다. 왜냐하면 다른 사람을 위하고 살피는 행동을 하지만 이러한 행동은 불안과 두려움에 근거하고 있어서 불안하지 않거나 두렵지 않으면 이러한 형태의 행동을 멈추게 되기 때문이다. 그리고 이러한 이타적 형태의 행위는 자신의 불안과 두려움을 달래는 수단이다. 이런 의미에서 타인지향적 형태의 이타적 삶은 이타적이 아니다.

이렇게 힘들고 어려운 상황 속에 사는 아이는 타인을 먼저 생각하는 이타적 생각이 아닌 자신의 생명을 지키는 소극적 사랑의 생각을 할 필요가 있다.

상대방에게 맞추면서 자신을 잃어버리지 말고 상대방에게 맞추면서도 자신의 삶을 살아야 한다. 아이가 이러한 삶을 선택하면 타인들에게 비난을 받는 경우가 종종 있다. 이타적으로 살아야 한다는 당위적 신념을 가진 사람들은 아이의 이러한 행위에 대해서 이기적이라고 비난하게 된다. 그러나 비난을 받더라도 자신의 생명을 유지하고 지키는 일이 우선이다. 남들 눈에는 이기적으로 보일지 모르지만 결국 자신의 생명을 유지하고 지킴으로써 나중에 다른 사람들에게 부담을 주거나 짐이 되는 존재가 되지 않는다.

소극적 사랑은 사랑의 최소한의 이타적 행동 원칙이다. 사랑에서는 적극적으로 다른 사람들을 돕는 최대한의 이타적 행위가 있지만 상황이 어려워지고 힘들어지면 이타적 사랑을 최소한으로 줄이는 자기보호의 원리에 다다르게 된다. 최소한의 이타적 행위 원칙이 적극적 이타적 행위를 하는 사람들에게는 이기적으로 보일지 모르지만 이는 지금의 이기적 행위를 통해서 나중에 다른 사람들에게 피해를 주지 않는 소극적 의미의 사랑이다. 이러한 소극적 사랑은 하나님께서 모세를 통해서 주시는 말씀과 일치한다. "오직 너는 스스로 삼가며 네 마음을 힘써 지키라."(신명기 4:9)라는 하나님의 말씀은 소극적 사랑의 중요성을 말해 주고 있다. 인간은 자신의 마음과 영혼을 지키지 않으면 쉽게 영혼과 마음을 잃어버릴 수 있다. 그렇기 때문에 사람들은 스스로 삼가며 마음을 지키는 소극적 방법으로 영혼을 사랑해야 한다. 사랑은 적극적으로는 타인을 돕는 행위이지만 소극적으로는 다른 사람들에게 피해를 주지 않는 행위이다. 소극적 사랑은 이처럼 타인에게 피해를 주지 않기 위해서 필요로 하는 행위를 말한다.

소극적 사랑은 그 모양과 형태 면에서 주로 '하지 않기'로 나타난다. 싸움 중에 사태를 악화시키지 않기, 복수를 통해서 상대방에게 더 큰 피해를 주지 않기, 억울한 마음을 확장하여 상대방을 위협하거나 협박하지 않기, 과장해서 거짓을 만들어 내지 않기, 거짓말을 통해서 상황을 모면하려고 하지 않기 등과 같은 많은 '하지 않기'의 행위는 이러한 소극적 사랑을 동기로 한다. 예를 들어, 누군가가 관계를 하면서 다툼이 벌어졌다고 하자. 다툼이 벌어지면 어느 한쪽이 억울해지는 경우가 발생한다. 억울하다고 생각되는 쪽의 사람은 다른 사람에게 복수를 하고 싶어진다. 복수심을 가진 사람은

당한 만큼만 돌려주면 복수를 했다는 생각이 들지 않는다. 받은 것
보다 더 많이 돌려주어야 마음이 통쾌해진다. 이를 계량화해서 말
하면 상대방에게 둘만큼의 피해를 받으면 셋이나 넷 또는 그 이상
으로 돌려주어야 복수를 했다는 생각이 들게 되는 것이다. 이런 경
우에 받은 것보다 더 많은 것으로 복수하려는 마음을 붙잡고 씨름
하는 마음이 소극적 사랑이다. 이러한 씨름을 통해서 자신의 생명
을 보호하고 지키면서 또한 상대방도 지키고 보호하게 된다.

(2) 중립적 사랑: 지켜봐 주는 형태

중립적 사랑이란 상대방을 위하는 마음을 가지고 거리를 두고
상대방을 돕는 행위를 말한다. 중립적 사랑의 대표적 예가 침묵의
하나님이다. 하나님께선 인간을 돌보는 방식 중 하나로 침묵으로
서 사람들을 돌보고 사랑하신다. 기도를 하면서 하나님으로부터
응답을 받지 못한다고 느낄 때 사람들은 쉽게 실망하거나 좌절한
다. 이런 마음이 들면 일부 사람들은 하나님이 사람들을 창조만 하
고 돌보지 않는다고 생각하는 이신론(Deism)에 빠질 수도 있다. 이
신론은 하나님이 세상을 창조할 때 세상이 스스로 작동되고 운영
될 수 있도록 충분히 모든 것을 제공했기 때문에 하나님의 초자연
적 개입이 없어도 세상은 스스로 작동하고 있다는 믿음을 말한다
(Geisler, 1999: 189). 그리고 다른 일부 사람들은 하나님이 과연 존
재하는가라는 회의론(Skepticism)에 빠질 수도 있다. 아무리 기도
를 해도 하나님의 응답이 없다고 느끼면 사람들은 쉽게 하나님이
존재하는가라는 질문에 빠지게 된다. 이러한 질문에 빠지는 사람
들은 하나님의 존재 유무에 대해서 회의를 품게 된다.

침묵의 하나님은 부모가 자녀를 사랑할 때 응답하지 않는 현상과 같다. 예를 들어, 어린아이가 사탕을 많이 달라고 부모를 조르는 경우를 생각해 보자. 부모는 아이가 사탕을 많이 먹으면 이가 썩을 수도 있고 건강상에 문제가 올 수 있다고 여러 가지로 좋지 않은 결과를 초래한다고 생각한다. 이 경우에 부모가 아이를 말리기도 하고 달래기도 하고 야단을 치기도 한다. 이러한 행위는 적극적 사랑의 형태이다. 또한 부모는 자녀에게 화를 내지 않기 위해서 자신을 돌보는 행위를 하기도 한다. 이러한 경우는 소극적 사랑이다. 이러한 두 가지 형태의 사랑을 다 보였는데도 아이가 여전히 조르는 경우에 부모는 아이와 거리를 두고 무관심의 행동을 보이거나, 아이가 제풀에 지치거나 아이가 사탕을 먹으면 좋지 않다고 느낄 때까지 기다릴 수 있다. 이러한 경우가 중립적 사랑이다. 이 경우에 부모는 아이의 요청에 대해서 묵묵부답으로 일관하는 행동을 할 수 있다. 이때 아이는 부모가 자신을 사랑하는지 그리고 자신에 대해서 관심이 있는지라는 의문을 가질 수 있다. 이러한 경우에 아이가 부모가 자신을 돌보지 않는다고 느끼거나 부모가 책임을 지지 않는 사람이라고 생각하게 되면 아이는 부모를 제대로 이해하지 못한 것이다. 부모는 여전히 아이를 사랑하고 있는데 단지 사랑의 형태를 달리하고 있다. 부모는 아이를 돌보는 데 있어서 적극적 형태에서 중립적 형태로 사랑의 모양을 바꾸었을 뿐이다. 중립적 사랑이란 겉으로는 드러나지 않지만 마음에서는 자녀를 사랑하는 마음을 가지고 지켜봐 주는 사랑의 형태이다. 이런 마음은 누군가를 사랑하는 사람들에게서 흔히 볼 수 있는 사랑의 형태이다.

중립적 사랑은 상대방이 알아채지 못하는 많은 사랑의 언어를 담고 있다. 중립적 사랑을 하는 사람들은 사랑하는 사람을 위해서 많은 것을 하고 있다. 조용히 응시하는 눈길, 상대방을 주시하는 태도, 상대방을 헤아리는 마음, 무엇이 최적인가를 구별하는 생각, 말을 할 때가 언제인지를 분별하는 마음, 상대방을 향한 작은 몸짓들, 상대방의 요청에 작은 소리로 반응하는 말들과 같은 많은 것들이 중립적 사랑이다. 중립적 사랑은 비언어적이고 작은 행동이라서 마치 행동을 하지 않는 것처럼 보이지만 사실은 많은 사랑의 언어와 행동 그리고 태도를 담고 있다. 전통적으로 말을 하면 '정중동'이다. 조용한 가운데 움직임이 있는 사랑이 중립적 사랑이다. 자세히 보지 않으면 가만히 있는 것 같고 아무런 관심이 없는 것처럼 느껴지지만 자세히 그리고 면밀하게 관찰을 하면 많은 것을 하고 있다.

중립적 사랑의 대상은 이러한 중립적 사랑을 알아차리기 위해서 조용하게 자신의 마음을 비우는 작업이 필요하다. 하나님께서는 지금도 우리를 위해서 끊임없이 말할 수 없는 탄식으로 기도하고 계신다. 이러한 일은 성령께서 도맡아 하신다. 그러나 하나님의 이러한 성령의 운동은 눈으로 보이지도 않고 크게 드러나지 않기 때문에 하나님께서 우리를 위해서 아무것도 하지 않는 것처럼 보인다. 하나님의 활동을 이해하거나 느끼기 위해서 사람들은 자신의 마음을 비울 필요가 있다. 이러한 빈 마음은 하나님의 중립적 사랑을 알아차리도록 만든다. 사실 많은 사람은 시간이 많이 지난 뒤에야 이러한 중립적 사랑을 느낀다. 부모가 자신을 얼마나 사랑하고 있었는지, 하나님께서 말할 수 없는 탄식으로 우리를 얼마나 눈동자 같이 보호하고 있었는지를 성숙해지면서 비로소 느끼게 된다. 성숙함의 의미는 마음을 비우고 이러한 사랑을 느끼는 때를 말한다. 침묵의 하나님은 침묵으로만 계시지 않으며 세미한 음성으로 우리와 늘 함께 하신다. 이러한 하나님의 세미한 음성은 우리의 마음을 온전히 비우고 하나님의 임재를 느끼는 순간에 알아차리게 된다.

(3) 적극적 사랑: 돌보아 주는 형태, 인류를 구원하시는 하나님 예수님의 생애

적극적 사랑은 많은 사람이 사랑이라고 믿고 실천하는 형태의 행동 양식이다. 다른 사람들을 돌보고 필요를 채워 주며 자신의 유익을 구하지 않는 사랑의 형태가 적극적 사랑이다. 이러한 적극적 사랑은 예수님의 생애를 통해서 잘 알려져 있다. 인류를 구원하기 위해서 자신을 비워서 인간의 형태로 오신 예수님은 하나님의 인간에 대한 구체적이고 적극적 형태의 사랑이다. 예수님은 인류가 영원한 생명과 풍성한 삶(요한복음 10:10)을 살도록 자신을 기꺼이 주었다. 적극적 사랑은 이렇게 자신의 생명과 삶을 내어주고 이를 통해서 다른 생명들이 살아나고 유지하게 하는 역할을 한다. 이러한 예수님의 사랑의 형태는 부모의 사랑에서 분명하게 드러난다. 사랑의 본질인 생명 창조와 유지는 적극적 사랑의 결과이다. 자녀를 낳고 기르는 행위는 모두 적극적 사랑에 의해서 이루어진다. 부모는 자신의 시간과 땀을 통해서 자녀들을 돌보고 자녀들은 이러한 돌봄으로 인해서 생명을 유지하면서 번창하게 된다. 자녀들의 생명의 유지와 번창은 부모가 자신들의 삶을 희생하면서 자녀들을 돌보기 때문에 가능하다. 적극적 사랑은 이렇게 상대방을 직접적으로 돌보는 형태의 행동 양식이다.

적극적 사랑은 자기희생을 전제로 한다. 예수님이 인류의 구원과 풍성한 삶을 위해서 자신을 희생하였듯이 인간도 누군가를 사랑하고 좋아하면 그 대상을 위해서 자신의 삶을 희생하는 과정을 거친다. 사랑의 본질이 생명의 창조와 유지인데 이는 누군가의 생명을 희생하는 대가를 통해서 유지된다. 자기희생이란 자신의 삶의 일부분 또는 전부를 상대방에게 주는 행위이다. 자신의 삶을 누군가에게 주지 않으면 생명 창조와 유지는 일어나지 않는다. 이러한 현상은 "한 알의 밀알이 땅에 떨어져 썩지 않으면 수많은 밀알이 생겨나지 않느니라."라는 예수님의 말씀과 정확하게 일치한다. 생명의 창조와 유지는 이렇게 자기를 다른 사람들에게 내어 주는 적극적 사랑의 결과에 의해서 이루어진다.

자기희생적 적극적 사랑은 이타적 사랑을 의미한다. 자신을 타인에게 내어 주되 다른 사람들로부터 유익을 구하지 않는 삶이 적극적 사랑이다. 다른 사람들을 귀하게 여기고 이들이 잘되고 강건하게 되기 위한 삶을 구하는 모양이 이타적 사랑이다. 이타적 사랑이란 자신을 타인에게 내어 주고 이를 잊어버리는 모양을 갖는다. 만일 타인에게 무엇인가를 주고 나서 그 사람으로부터 무엇인가를 받기를 기대한다면 이는 이타적 사랑이 아니다. 이런 경우에는 형식적으로는 이타적 사랑의 모양을 갖추긴 하였지만 내용적으로는 이타적 사랑이 아니다. 이타적 사랑은 주고 잊어버리는 형태의 돌봄이다. 그래서 타인을 돌보고 잊히지 않는다면 이는 주었지만 준 것이 아니다.

다른 사람들을 돌보고 대가를 바라지 않는 마음은 부단한 자기 성장과 그 맥을 같이 한다. 오른손이 하는 일을 왼손이 모르게 하라는 예수님의 말씀은 이러한 점을 말하고 있다. 실제로 오른손이 하는 일을 왼손이 모를 수가 없다. 영적으로 보면 오른손이 하는 일을 왼손이 모르게 하려면 자신이 다른 사람을 위해서 희생을 한다고 여기는 대신 자신은 다른 사람들을 돌보는 일이 당연하며 이는 자신이 받은 사랑의 표현이라고 여기는 마음이 필요하다. 예수님의 생애로부터 모든 인간은 자신이 원하든 원하지 않든 간에 이미 생명의 빚을 진 자들이다. 이러한 빚을 진 자들은 자신의 빚을 예수님처럼 갚는 삶을 살 필요가 있다. 앞에서 언급한 자기희생은 이러한 빚을 진 자의 모습이다. 빚진 자의 삶이란 자신이 타인들에게 얼마나 많은 것을 의지하고 있으며 이들을 통해서 자신의 생명이 또한 유지되고 있는지를 깨닫는 삶을 말한다. 모든 사람이 서로 연결되어 있으면서 서로에게 빚을 진 자의 형태로 삶을 살아가고 있다고 깨달으면 이를 통해서 다른 사람들을 돌보는 행위가 곧 자신을 돌보는 삶임을 알게 된다. 이러한 앎과 깨달음을 통해 자기희생이 단순한 희생이 아니라 공존임을 알게 된다. 타인을 돌보는 삶이란 이러한 공존적 삶을 의미한다. 서로 공존하기 위해서 자신을 내어주는 이타적 사랑이 적극적 사랑이다.

적극적 사랑은 인간이 서로 돌보고 자신을 내어 주는 모양으로 연결된 삶이라는 공동체적 삶을 의미한다. 예수님은 이러한 공동체적 삶을 위해서 "너희는 서로 사랑하라."라는 말씀을 주셨다. 인간은 하나님이 아니기 때문에 한 사람의 희생만을 통해서 삶이 유지되지 않는다. 서로 희생하고 돌보기 위해서 서로에 대한 관심과 배려가 필요하다. 이러한 서로에 대한 관심과 배려는 더 나은 사랑의 관계인 이타적 삶을 위해서 필수적으로 요구된다. 일정한 만큼의 이타적 사랑은 사랑을 받는 대상자에게는 빚진 자의 삶이 된다. 이렇게 빚진 자는 고마움과 은혜의 마음으로 자신을 위해서 삶을 내어 준 사람에게 돌봄을 제공한다. 이러한 선순환의 관계가 공동체적 사랑의 삶이다. 서로가 돌봄으로 연결되고 돌봄을 통해서 서로를 지탱하고 유지하는 삶이 공동체적 사랑의 삶이다.

서로를 돌보는 형태의 공동체적 삶은 인간이 어떤 존재인지를 말하고 있다. 인간은 다른 사람들의 도움이 없이 홀로 살아가는 존재가 아니다. 인간은 작고, 부분적이며 모순적인 존재이기 때문에 서로를 필요로 한다. 작은 존재들끼리 서로 경쟁을 통해서 커지려는 악순환의 관계보다 서로를 도우면서 살아갈 수 있는 삶의 모양이 필요하다. 인간은 모순적이기 때문에 서로의 모순을 감싸 안아 주는 마음이 필요하다. 인간이 한쪽으로 치우치는 존재이기 때문에 서로의 치우침을 보완하는 마음이 필요하다. 인간이 작은 존재이기 때문에 여러 사람이 같이 힘을 합치는 형태의 삶이 필요하다. 자신의 삶을 조금씩 내어 주면서 상대방을 돌보는 마음이 인간의 존재를 무력화하기보다는 생명을 더 풍성하게 하는 삶의 방식이다.

5) 상담 속에 나타난 사랑의 원리

(1) 정서적 안정성과 심리적 기초 형성

사랑의 원리는 생명의 창조와 유지에 관한 내용이며 이는 심리적으로는 정서적 측면으로 나타난다. 갓 태어난 신생아나 영유아에게는 부모의 도움이 절대적으로 필요하다. 부모의 도움은 전방

위적으로 필요한데, 상담의 관점에서 보면 부모와 자녀 사이의 정서적 관계에 대한 도움이 생명을 심리적으로 유지하는 데 필수적이다. 이러한 면에 대해서 Erikson(1963, 1964, 1968)은 기본적 신뢰라는 용어를 통해서 말하고 있다(김용태, 2000: 219). 신생아와 영유아들은 태어나서 부모와 안정된 관계를 형성하기 위해 부모와 신뢰 관계를 형성해야 한다. 신뢰 관계가 형성되지 않으면 아이들은 불신을 갖게 되고 성장하면서 많은 문제가 생긴다. 이러한 신뢰의 관계는 부모와 자녀 사이에 정서적 안정성에 의해서 이루어진다.

이와 유사한 방식의 이해는 Bowlby의 애착이론에서도 볼 수 있다. 부모와 자녀 사이의 안정된 애착관계는 아이들로 하여금 심리적으로 안정된 삶을 확보할 수 있게 한다. 심리적으로 안정된 애착관계를 형성한 아이들은 향후에 자신의 삶을 자신감을 가지고 살아갈 수 있는 기반을 형성하게 된다. 불안정한 애착관계를 형성한 아이들은 정서적 불안정을 가지고 살아가게 된다. 정서적으로 불안정한 아이들은 자신감이 부족하고 무슨 일을 할 때 도전적이거나 모험적으로 일을 하기 어려워한다. 이러한 아이들은 어려운 일을 만나거나 관계가 힘들어지면 지나치게 자신을 과시하려고 하거나 위축되어서 어려움을 제대로 해결해 나가지 못한다. 정서적으로 불안정한 아이들은 회피의 방어기제를 사용하면서 현실을 제대로 직시하지 못하여 인지적으로 왜곡된 사고 구조를 갖게 된다. 관계에서도 많은 오해를 불러일으키는 행동을 하게 되어 다른 사람들과 쉽게 갈등을 불러일으킨다.

많은 대상관계 이론가도 부모와 자녀의 관계에서 발생하는 여러 가지 심리적 현상을 이론적으로 개념화하고 있다. 부모와 자녀의 관계에서 발생하는 편집과 우울 단계를 제시한 Klein의 대상관계 (Greenberg & Mitchell, 1983; Hinshelwood, 1991; Klein, 1986; Nichols & Schwartz, 1998; Slipp, 1991), 심리적 부조화로 인해서 발생하는 단계를 주장하는 Mahler와 동료들(Mahler, Pine, & Bergman, 1975), 자아를 중심으로 발생하는 대상관계를 말하는 Fairbern의 자아발달(Greenberg & Mitchell, 1983: 164) 등은 모두 발달초기에 심리적으로 발생하는 현상을 말하고 있다. 이러한 발달초기의 심리적 현상들은 모두 생명 유지와 관련이 있는 내용이다. 신체적으로 탄생이 일어나고 난 뒤에 심리적으로 어떤 현상이 벌어지는가에 대해서는 부모의 사랑이 절대적인 영향을 미친다. 부모의 사랑이 정서적으로 아이를 안정시키고 발달을 촉진하는 환경으로 작동한다. 이러한 환경이 조성되지 않거나 부족하게 되면 아이들은 많은 심리적 문제를 일으키는 심리적 구조를 형성하게 된다. 부모의 사랑으로 인해 아이들은 심리적인 기본 구조를 형성하며 심리적 기본 구조는 아이가 평생을 살면서 생명을 유지하게 하는 역할을 한다.

(2) 상담과정과 사랑의 원리

사랑의 원리는 상담의 과정에서 임상적으로 공감, 수용, 이해 등과 같은 단어로 나타난다. 마음에 상처를 입고 많은 심리적 문제를 안고 오는 내담자들에게는 환영해 주고 이들을 수용하고 받아 주는 사람이 필요하다. 이 세상에서 버림받은 느낌과 외로움을 가지고 찾아오는 많은 내담자들은 상담자의 공감, 이해 그리고 수용적 태도와 언어를 통해서 다시 사회와 세상에 복귀할 준비를 하게 된다. 이들에게 이러한 사랑의 언어가 필요한 이유는 정신적으로 죽어가는 생명들이기 때문이다. 사랑의 원리가 생명 창조와 생명 유지라는 측면에서 보면 모든 죽어가는 생명들에게는 이렇게 사랑의 언어가 필요하다. 살아있는 생명체들은 모두 유연하고 부드러운 특징을 가지고 있다. 살아있는 생명체들은 외부 환경과 교류하기 위해서 자신을 적절하게 조절하는 자기통제기능을 가지고 있다. 죽어가는 생명체들은 점점 자기통제기능을 상실하게 된다. 이러한 기능이 전혀 작동하지 못하면 생명체는 죽음을 맞이하게 된다. 정신적으로 문제를 가지고 오는 내담자들은 이러한 자기통제기능에 문제가 있는 사람들이다. 이들은 스스로 자신을 조절할 수 있는 유연한 능력이 줄어들고 점차로 경직된 상태가 증가한다. 편집증, 강박증, 우울증, 분노조절 장애, 성격 장애와 같은 모든 정신적이고 성격적인 문제들은 이렇게 유연한 능력의 감소와 경직성의 증가와 같은 생명이 죽어가는 현상과 밀접한 관련을 갖는다. 경직된 마음을 가지고 상담에 찾아오는 많은 내담자들을 살리는 사랑의 언어는 공감, 수용, 이해 그리고 허용이다. 상담자의 사랑의 언어를 통해서 내담자들은 자신의 마음속에 있는 분노, 슬픔, 우울, 두려움을 표현하게 된다. 이러한 감정들을 적절하게 표현하여 다루게 되면 내담자는 자신의 문제에 맞서서 이를 해결하여 다시 자기통제기능을 회복하게 된다. 이러한 자기통제기능은 내담자에게 유연성을 회복시켜서 죽어가는 생명이 살아나는 생명이 되도록 한다.

상담자는 정신적 산파와 같은 역할을 한다. 산파는 생명이 잘 태어나도록 출산을 앞둔 사람들을 돌보고 돕는 역할을 한다. 이들을 돌보기 위해서 산파들은 여러 가지 방법으로 산모들을 위로하기도 하고 힘을 실어 준다. 이러한 산파의 역할에 힘입어 산모들은 아이를 출산하는 두려움을 이겨 내고 생명을 탄생시킨다. 이러한 산파와 마찬가지로 상담자 또한 내담자의 죽어가는 생명을 살리는 정신적 산파이다. 상담자는 내담자를 가슴에 품고, 살아날 수 있도록 사랑의 원리를 작동시킨다. 내담자의 말을 이해하여 내담자로 하여금 마음을 놓을 수 있도록 한다. 긴장하고 초조하며 불안과 두려움에 떨고 있는 내담자는 상담자의 부드럽고 따듯한 태도, 마음을 헤아리는 공감적 언어와 수용적이고 허용적 분위기를 통해서 긴장이 풀어지고 초조한 마음을 내려놓게 된다. 이렇게 긴장이 완화되면 자신의 마음을 들여다보는 용기를 갖게 되어 자신의 문제를 해결해 나가기 시작한다. 이러한 과정을 거쳐서 내담자는 죽어가는 생명에서 살아서 활발하게 움직이는 생명으로 이행하게 된다. 정신적 산파로서 상담자는 내담자의 이러한 과정을 돕는 사람이다.

상담이 중기로 접어들면 상담자는 내담자의 문제점을 해결하기 위해 도전하는 활동을 한다. 내담자는 자기통제기능에 문제를 일으키는 비합리적 신념, 무의식적 충동, 회피적 태도, 자신을 보호하기 위한 방어기제, 자신을 확장하기 위한 환상과 공상 등과 같은 많은 문제를 직시하게 된다. 상담자는 이제 내담자가 자신이 가지고 있는 문제에 도전하고 이를 해결하기 위한 실마리를 제공하게 된다. 이러한 실마리는 상담자의 질문, 논박, 대안 제시, 설명 등과 같은 여러 활동을 통해서 제공된다. 상담자의 이러한 활동들은 모두 중립적 사랑이거나 적극적 사랑의 일환이다. 상담자는 내담자가 자신의 문제를 스스로 들여다볼 수 있도록 적극적 개입을 삼가는 중립적 사랑의 태도를 갖는다.

중립적 사랑의 태도를 가진 상담자는 내담자에게 종종 오해 받기도 한다. 내담자는 상담자가 자신에게 관심이 없다든지, 상담자가 너무 냉정하다든지 또는 상담자가 무능하다든지와 같은 여러 가지 비난을 쏟아놓기도 한다. 그러나 이러한 비난은 모두 상담자의 중립적 사랑의 태도를 통해서 무력화되어 내담자는 자신의 행동이 자신의 문제와 관련이 있음을 인식하게 된다. 스스로 자기 모순에 빠지기도 하고 딜레마에 빠져서 어느 쪽도 선택할 수 없는 입장을 갖게 되면서 자신을 더 잘 인식하게 된다. 이러한 때에 상담자는 자기모순에 빠진 사람들이 취하는 태도나 딜레마에서 벗어나는 방법들을 내담자에게 가르치게 된다. 이러한 가르침을 통해서 내담자는 자기모순과 딜레마에서 빠져나오는 방법들을 선택하여 행동으로 옮긴다. 이러한 과정에서 상담자는 다시 내담자를 격려하고 지지하여 자신의 문제를 해결하도록 돕는 역할을 한다.

상담 후기에 상담자는 내담자가 문제가 해결된 자신을 삶 속에서 그리고 현실 속에서 적응할 수 있도록 돕는 역할을 한다. 이러한 역할을 담당하기 위해 상담자는 지혜자로서 역할을 담당한다. 지혜자의 역할은 중립적 사랑과 적극적 사랑의 산물이다. 내담자는 변화된 자신의 마음을 관계 속에서 실천해 보고 이를 통해서 자신의 마음을 다시 점검하는데, 이때 상담자는 점검이 제대로 되었는지 확인하는 컨설턴트의 역할을 한다. 때로 말을 하지 않아야 할 때는 중립적 사랑으로, 말을 적극적으로 해야 할 때는 적극적 사랑을 보인다. 이러한 상담자의 활동을 통해서 내담자는 세상으로 나갈 준비를 한다. 상담이 끝나가는 무렵에는 상담자는 내담자로 하여금 자신의 마음을 지키고 스스로 자기를 통제하는 마음을 갖도록 당부하는 역할도 한다. 내담자가 너무 지나치게 자신의 마음을 다른 사람들에게 보이거나 아니면 지나치게 보이지 않아서 발생하는 문제를 확인하도록 한다. 상담자는 상담 후기에 소극적으로 행동할 때와 중립적 입장을 가져야 할 때 그리고 적극적으로 무엇인가를 보여 주어야 할 때를 적용할 수 있도록 돕는다. 이러한 적용은 모두 상담자의 지혜에 근거해서 진행하도록 한다.

| 참고문헌 |

김용태(2000). 가족치료이론: 개념과 방법들. 서울: 학지사.

김용태(2004). 초월의 현상으로서 범주 확장. 한국기독교상담학회지, 7, 20-44.

김용태(2006). 통합의 관점에서 본 기독교 상담학. 서울: 학지사.

김용태(2010). 사회심리영적 관점에서 본 수치심: 통합적 이해. 한국기독교상담학회지, 20, 111-132.

김용태(2011). 죄책감에 대한 통합적 이해: 신학적이고 심리학적 관점. 한국기독교상담학회지, 21, 71-94.

김용태(2014a). 슈퍼비전을 위한 상담사례보고서. 서울: 학지사.

김용태(2014b). 가짜 감정. 서울: 덴스토리.

김용태(2016). 중년의 배신. 서울: 덴스토리.

박성희(2001). 상담과 상담학: 새로운 패러다임. 서울: 학지사.

이규성(2012). 인간의 초월성에 대한 신학적 이해. 신학과 철학, 21, 57-92.

이장호(1987). 상담심리학 입문: 제2판. 서울: 박영사.

정원식, 박성수(1978). 카운슬링의 원리. 서울: 교육과학사.

한재희(2002). 상담패러다임의 이론과 실제. 서울: 교육아카데미.

홍경자(2001). 자기이해와 자기지도력을 돕는 상담의 과정. 서울: 학지사.

Adams, J. E. (1970). *Competent to counsel.* Grand Rapids: Baker.

Adams, J. E. (1973). *The Christian counselor's manual: The practice of nouthetic counseling.* Grand Rapids: Zondervan.

Adams, J. E. (1979). *A theology of Christian counseling: More than redemption.* Grand Rapids: Zondervan.

Arlow, J. A. (1995). Psychoanalysis. In R. J. Corsini & D. Wedding (Eds.), *Current psychotherapies: Fifth edition* (15-50). Istaca: F. E. Peacock Publishers, Inc.

Balswick, J. O., & Balswick, J. K. (1999). *The family: A Christian perspective on the contemporary home* (2nd edition). Grand Rapids: Baker Books.

Browning, D. S. (1987). *Religious thoughts and the modern psychologies: A critical conversation in the theology of culture.* Philadelphia: Fortress Press.

Clinebell, H. J. (1984). *Basic types of pastoral care and counseling: Resources for the ministry of healing and growth.* Nashville: Abingdon Press.

Coe, J. H., & Hall, T. (2010). *Psychology in the spirit: contours of a transformational psychology.* Downers Grove: IVP Academic.

Coe, J. H., & Hall, T. (2010). *Psychology in the spirit: contours of a transformational psychology* 김용태 역(2016). 변형심리학. 서울: 학지사.

Collins, G. R. (1981). *Psychology & theology: prospects for integration.* Nashville: Abingdon.

Collins, G. R. (2000). An integration view. In E. L. Johnson and S. L. Jones (Eds.), *Psychology & Christianity with contributions by Cary R. Collins, David G. Myers, David Powlison, Robert C. Roberts* (pp. 102-129). Downers Grove: InterVarsity Press.

Collins, G. R. (2001). *The biblical basis of Christian counseling for people helpers: Relating the basic teachings of Scripture to people's problems*. Colorado Springs: NavPress.

Collins, K. J. (1995). *Soul care: Deliverance and renewal through the Christian life*. Wheaton: Victor Books.

Corsini, R. J., & Wedding, D. (1995). *Current psychotherapies* (5th ed.). Itasca: F. E. Peacock Publishers, Inc.

Cox, R. H. (1997). Transcendence and imminence in psychotherapy. *American Journal of Psychotherapy, 51*(4), 511-521.

Crabb, L. (1977). *Effective biblical counseling: a model for helping caring Christians become capable counselors*. Grand Rapids: Ministry Resources Library, Zondervan Publishing Company.

Crabb, L. J. (1975). *Basic principles of biblical counseling: Meeting counseling needs through the local church*. Grand Rapids: Zondervan Publishing House.

Douglas, C. (1995). Analytical Psychotherapy. In R. J. Corsini & D. Wedding (Eds.), *Current psychotherapies: Fifth edition* (95-127). Istaca: F. E. Peacock Publishers, Inc.

Ellis, A. (1957). *How to live with neurotics: at home and at work*.

Elwell, W. A. (2001). *Evangelical dictionary of theology* (2nd ed.). Grand Rapids: Baker Academic.

Erickson, M. J. (2001). *Christian theology* (2nd ed.). Grand Rapids: Baker Books.

Erikson, E. (1963). *Childhood and Society*. New York and London: W. W. Norton.

Erikson, E. (1964). *Insight and Responsibility: Lectures on the Ethical Limitations of Psychoanalytic Insight*. New York and London: W. W. Norton Company.

Erikson, E. (1968). *Identity: Youth and Crisis*. New York and London: W. W. Norton.

Evans, C. S. (1990). *Soren Kierkegaard's Christian psychology: Insight for counseling and pastoral care.* Vancouver: Regent College Publishing.

Evans, C. S. (1998). Realism and antirealism in Kierkegaard's concluding unscientific postcript. In A. Hanny & G. D. Marino (Eds.), *The Cambridge companion to Kierkegaard* (pp. 154-176). Cambridge University Press.

Geisler, N. L. (1999). *Baker encyclopedia of Christian apologetics.* Grand Rapids: BakerBooks.

Greenberg, J. R., & Mitchell, S. A. (1983). Object Relations in *Psychoanalytic Theory.* Cambridge and London: Harvard University Press.

Hall, C. M. (1991). *The Bowen family therapy and its uses.* Northvale and London: Jason Aronson Inc.

Hill, C. E. (2004). *Helping & Skills: Facilitating exploration, insight, and action* (2nd ed.). Washington, DC: American Psychological Association.

Hinshelwood, R. D. (1991). *A Dictionary of Kleinian Thought.* Northvale and London: Jason Aronson Inc.

Hunter, R. J., Malony, H. N., Mills, L. O., & Patton, J. (1990). *Dictionary of pastoral care and counseling.* Nashville: Abingdon Press.

Jones, I. F. (2006). *The counsel of heaven on earth.* 임윤희 역(2010). 성경적 기독교 상담. 서울: 학지사.

Klein, M. (1986). A Contribution to the Psychogenesis of Manic-Depressive States in *Essential Papers on Object Relations* Ed. by Peter Buckley. New York and London: New York University Press.

Leith, K. P., & Baumeister, R. F. (1998). Empathy, shame, guilt, and narratives of interpersonal conflicts: Guilt-prone people are better at perspective taking. *Journal of Personality, 66*(1), 1-37.

Mahler, M. S., Pine, F., & Bergman, A. (1975). *The psychological birth of the human infant: Symbiosis and individuation.* BasicBooks: A Division of HarperCollinsPublishers.

May, R., & Yalom, I. (1995). Existential psychotherapy. In R. J. Corsini & D. Wedding (Eds.), *Current Psychotherapies: Fifth Edition* (262-292). Istaca: F. E. Peacock Publishers, Inc.

Myers, D. G. (2004). *Exploring social psychology* (3rd ed.). Boston: McGraw-Hill.

Myers, D. G., & Jeeves, M. A. (1987). *Psychology through the eyes of faith.* Washington DC: Christian College Coalition.

Miller, W. R., & Delaney, H. D. (2005). *Judeo-Christian perspectives on psychology: Human nature, motivation, and change.* Washington DC: American Psychological Association.

Miller, W. R., & Delaney, H. D. (2005). *Judeo-Christian perspectives on psychology: Human nature, motivation, and change.* 김용태 역(2015). 심리학에서 유대-기독교 관점: 인간 본성, 동기 그리고 변화. 서울: 학지사.

Nichols, M. P., & Schwartz, R. C. (1998). *Family therapy: Concepts and methods* (4th ed.). Boston and London: Allyn and Bacon.

Nystul, M. S. (1999). *Introduction to counseling: An art and science perspective.* Boston & London: Allyn and Bacon.

Powlison, D. A. (2000a). A biblical counseling view. In E. L. Johnson & S. L. Jones (Eds.), *Psychology & Christianity* (pp. 196-225), Downers Grove: InterVarsity Press.

Powlison, D. A. (2000b). Affirmations & denials: A proposed definition of biblical counseling. *The Journal of Biblical Counseling, 19*(1), 18-25.

Powlison, D. A. (2001). Questions at the crossroads: The care of souls & modern psychotherapies. In M. R. McMinn & T. R. Philips (Eds.),

Care for the soul (pp. 21-61), Downers Grove: InterVarsity Press.

Powlison, D. A. (2003). Think globally, act locally. *The Journal of Biblical Counseling*, Fall. 2-10.

Roberts, R. C. (2000). A Christian psychology view. In Eric L. Johnson and Stanton L. Jones (Eds.), *Psychology & Chrisitianity with contributions by Gary R. Collins, David G., David Powlison, Robert C. Roberts* (pp. 148-177). Downers Grove: InterVarsity Press.

Scheff, T. J. (2009). A social theory and development of depression. *Ethical Human Psychology and Psychiatry, 11*(1), 37-49.

Slipp, S. (1991). *Object Relations: A Dynamic Bridge Between Individual and Family Treatment.* Northvale and London: Jason Aronson Inc.

Thomas, R., & Parker, S. (2004). Toward a theological understanding of shame. *Journal of Psychology and Christianity, 23*(2), 176-182.

Vitz, P. C. (1977). *Psychology as religion: The cult of self-worship* (2nd ed.). Grand Rapids: William B. Eerdmans Publishing Company.

Vitz, P. C. (1997). A Christian theory of personality. In R. C. Roberts, & M. R. Talbot (Eds.), *Liming the psyche: Explorations in Christian psychology* (pp. 20-40). Eugene: Wipf and Stock Publishers.

Welch, E. T. (1997). What is biblical counseling, anyway? *The Journal of Biblical Counseling, 16*(1), 2-6.

Wells, M., & Jones, R. (2000). Childhood parentification and shame-proness: A preliminary study. *The American Journal of Family Therapy, 28*, 19-27.

Wicks, R. J., & Maynard, E. A. (2014). *Clinician's guide to self-renewal: Essential advice from the field.* Hoboken: Wiley.

Wiklander, M., Samuelsson, M., & Asberg, M. (2003). Shame reactions after suicide attempt. *Scand Journal of Caring Science, 17*, 293-

300.

Wilson, M. (2000). Creativity and shame reduction in sex addiction treatment. *Sexual Addiction & Compulsivity,* 7, 229–248.

Wright, K., & Gudjonsson, G. H. (2007). The development of a scale for meaning offence-related feelings of shame and guilt. *The Journal of Forensic Psychiatry & Psychology, 18*(3), 307–316.

Yourman, D. B. (2003). Trainee disclosure in psychotherapy supervision: The impact of shame. *Journal of Clinical Psychology, 59*(5), 601–609.

| 찾아보기 |

내용

저자 소개

김용태(Yong Tae Kim)
서울대학교 사범대학 수학교육과 학사(B. A.)
서울대학교 사범대학 교육학과 상담전공 석사(M. A.)
미국 풀러 신학교 신학부 목회학 석사과정 목회학 석사(M. Div.)
미국 풀러 신학교 심리학부 결혼과 가족학과 결혼과 가족치료학 박사(Ph. D.)

서울대학교 학생생활연구소(Student Guidance Center) 상담원
미국 벨리 트라우마상담소(Valley Trauma Center) 상담원
미국 아시아태평양 가족상담소(Asian Pacific Family Center) 상담원
미국 트라이시티 정신건강상담소 (Tri-city Mental Health Center) 인턴
한국청소년상담원(현 한국청소년상담복지개발원) 상담교수
한국가족상담학회(상담학회분과) 회장
한국심리치료상담학회(상담학회분과) 회장
햇불트리니티 상담센터 소장 역임
현 햇불트리니티 신학대학원대학교 기독교상담학과 명예교수
　　초월상담연구소 소장

〈저서〉
남자의 후반전(덴스토리, 2016)
가짜 감정(덴스토리, 2014)
슈퍼비전을 위한 상담사례보고서(학지사, 2014)
통합의 관점에서 본 기독교 상담학(학지사, 2006)
가족치료 이론(학지사, 2000)

〈역서〉
변형심리학(학지사, 2016)
심리학에서의 유대-기독교 관점(학지사, 2015)

기독교 상담의 이해와 원리

Understandings and Principles of Christian Counseling

2018년 1월 20일 1판 1쇄 발행
2022년 4월 20일 1판 3쇄 발행

지은이 • 김 용 태
펴낸이 • 김 진 환
펴낸곳 • (주)**학지사**

04031 서울특별시 마포구 양화로 15길 20 마인드월드빌딩 5층
대표전화 • 02) 330-5114   팩스 • 02) 324-2345
등록번호 • 제313-2006-000265호
홈페이지 • http://www.hakjisa.co.kr
페이스북 • https://www.facebook.com/hakjisabook

ISBN 978-89-997-1428-3 93180

정가 14,000원

이 도서의 국립중앙도서관 출판시도서목록(CIP)은 서지정보유통지원시스템
홈페이지(http://seoji.nl.go.kr)와 국가자료공동목록시스템(http://www.nl.go.kr/kolisnet)
에서 이용하실 수 있습니다.
(CIP제어번호: CIP2017031083)

출판 · 교육 · 미디어기업 **학지사**

간호보건의학출판 **학지사메디컬** www.hakjisamd.co.kr
심리검사연구소 **인싸이트** www.inpsyt.co.kr
학술논문서비스 **뉴논문** www.newnonmun.com
원격교육연수원 **카운피아** www.counpia.com